THE GATEWAY TO WEALTH & PROSPERITY

億萬富翁的成功習慣

通往財務自由與高成就之路

MILLIONAIRE SUCCESS HABITS

DEAN GRAZIOSI

狄恩・格拉齊斯——著　張家綺——譯

我想把這本書獻給我的摯友：東尼・羅賓斯、喬・波利許、丹・蘇利文，對我的人生、成就、富足造成深遠影響的三位朋友。

我對這三人的感激之情溢於言表，感謝他們在我最需要幫助的時候，走進我的生命。我也想把這本書獻給這幾年來遇見的人，謝謝他們願意透過書籍、演講和渴望踏上嶄新道路的人，無私分享自己的智慧，改變他人的一生。

我盡可能吸收我所閱讀與觀察到的所見所聞，內化我所學，滲透進我的思想與文字。你在書中讀到的練習、故事、秘訣、成功習慣，都是我數十年透過嘗試錯誤獲得的成敗經驗。然而，走上相同道路的前人貢獻良多，令我感激不盡。

所以，我想在此感謝所有改變我人生的人，希望我也幫得上你，為你帶來不同凡響的人生。

目錄

目錄

目錄

第10章

快樂習慣⑩ 成為更強大的一分子

運用偷吃步，成就更快達陣

每天來點創作時光

心懷感恩觀察他人工作

設定感恩鬧鈴

儲蓄是培養自信的來源

偶爾犒賞自己，為你帶來動力

終身投資自我

隨時微笑，活力滿點

從不如意中發現美好

從失敗中快速振作

把精力放在找出解決之道

向開朗的人挖掘快樂祕訣

想想開心的事，跳脫負面情緒

活得健康，願望萬千

不要妄自下結論

不輕易論斷、批評他人

目錄

好評推薦

「本書教你有錢人的成功習慣，微小的習慣，將帶來巨大的成就。今天的自己，要比昨天更進步，保持成長型思維，財富便不請自來。」

——張皓傑，HC愛筆記財經版主

「在各領域成功的人共同的特徵都是有良好的習慣，這本書無論你運用在任何領域，相信均能為你帶來豐富的收穫。」

——楊禮軒，算利教官

「狄恩．格拉齊斯擁有一種獨特能力，能把其他人複雜化的事情濃縮成人人都能照著做的高成就祕方。」

——賴瑞．金（Larry King），美國獲獎電視和廣播主持人

「在這本格外振奮人心的書中，狄恩．格拉齊斯交給我們一把通往滿滿幸福、財富和自由的鑰匙。本書為必讀之作。」

——布蘭登．博查德（Brendon Burchard），《高效習慣》（*High Performance Habits*）作者

「這本書提供超實用的祕訣，讓你更快速、輕鬆、零壓力就能享受夢想人生。還不快拿起來讀，賺大錢！」

——大衛．巴哈（David Bach），《拿鐵因子》（*The Latte Factor*）作者

「狄恩是一個富有同情心、閱歷豐富的嚮導，他只想帶領你躍升贏家行列。本書用心、充滿能量與得來不易的智慧，可以幫你改變人生，是想掌控自我人生的人必讀經典。」

——瑪莉．佛萊奧（Marie Forleo），美國瑪莉電視（MarieTV）和B學院（B School）創辦人

前言

有效率培養高成就的好習慣

我決定平心靜氣坐下，毫無保留、開誠布公我的個人習慣，說明我是怎麼從辛苦奮鬥的歷代家族背景，達成我意想不到的高成就，期望本書可以為你帶來深遠影響。當我在這裡寫下新版內容增加兩個全新章節的同時，本書已經銷售出三十萬冊，現在也持續熱銷中。坦白說，我從沒想過這本書會在世界各地大賣。

在閱讀本書時，你千萬別只是隨意翻看，也不要停留在前幾章，其餘擇日再看。認真讀進心裡，把學到的知識運用在人生中……差點忘了提，書中加入兩個全新章節後變得更精采了，教你怎麼效率達標、表現的比別人更加分。現在是你發光發熱的時刻，實現夢想吧！

一九四四年春天，有位名叫ＪＰ的男孩出生在美國洛杉磯市中心的貧民區，ＪＰ的移民父母在他ＪＰ還不到兩歲時就離異，母親為錢所苦，於是ＪＰ九歲開始出門賺錢，幫媽媽養家餬口。送報紙、賣盆栽和聖誕卡，你想得到的小商品，他幾乎無一不賣。但當母親再也無法照顧ＪＰ和弟弟時，兄弟倆就被送到寄養家庭。

ＪＰ因為缺乏父母管教，正值青少年時期的ＪＰ交了壞朋友、加入當地幫派，差點無法從洛杉磯約翰馬歇爾高中（John Marshall Senior High School）畢業。在ＪＰ升上高二後的某天，ＪＰ老師抓到他和朋友蜜雪兒在課堂上嬉鬧、互傳紙條，於是把他們叫到教室前面，對全班說：「你們看到這兩個人的行為了嗎？千萬別跟他們鬼混，因為他們從事哪一行都不會有出息與成就。」

當時的ＪＰ大可對自己說：「我永遠不可能有成就。」但他卻說：「管老師講什麼，有天我會證明他大錯特錯。」ＪＰ或許沒搞懂自己為什麼會這樣說，但諸如此類的時刻通常會造就我們的人生習慣，有可能激發高成就的好習慣，也可能養成讓我們裹足不前的壞習慣。

在前幾份工作中，ＪＰ培養出屬於自己的成功習慣，他告訴我：「我從九歲起就開始打工，十一歲時天天送報紙到高中畢業。我甚至曾在當地洗衣店掃地，幫吝嗇、視錢如命的鐵公雞老闆做雜務。我拚死拚活賣力工作，只為了賺一・二五美元的時薪，可是有天放學，他來電說：『昨晚我查看櫃子背面，居然乾淨到一塵不染，掀起一塊地毯，發現底下也沒有灰塵！你把店裡掃得乾乾淨淨，簡直就像我在旁邊緊盯著你！』我回他：『你請我來打掃，我盡全力掃乾淨，本來就是我的分內工作。』老闆滿意到幫我加薪，我的時薪變成一・五美元。

小氣如他，這個舉動簡直就像是宣布我贏了奧斯卡金像獎。說實在話，我從那段人生經歷學到寶貴一課，那就是不管是幫人做事，還是自己當老闆，成功的人不管做什麼都會全力以赴、盡力而為，彷彿老闆每分每秒都在緊迫盯人。」

有些人可能會認為，這會讓你變成容易吃虧的好好先生，可是我相信盡力而為是應該培養的成功習慣。好處無窮無盡，而且深具意義。以ＪＰ的例子來說，這個習慣讓他完成（而且是漂亮完成）索然無味的工作，讓他未來能接觸到他熱愛的產業。

繼續ＪＰ的故事之前，我想稍微談談這本書可以怎麼幫你打造屬於自己的成功習慣。

我會傳授你一條路徑和過程，好讓你套用成功習慣，並持之以恆。**你不必翻轉自己的世界，嘗試強迫自己一夕之間就啟動「新習慣」，打亂原先生活步調，最後繞了一圈又回到舊習慣。我要教你的是潛移默化、不知不覺改變日常習慣，排除對自己沒有好處的事，改套用能帶給你獲得豐足財富的習慣**。無論你是企業家、公司老闆、主管、投資客、職員或社會新鮮人，我提供的方法都很受用。接下來幾章提到的習慣、原則、祕訣、練習都可為你提升競爭力，將你推向另一個高峰。

這本書的重點雖然是財務成就，但我分享的方法可以將人生的其他層面推向高成就，包括家庭、親子、友誼、人際、心靈、健康、健身、愛情、熱情、親密關係等。不管過去別人告訴你什麼，在人生各方面，你都有資格享受成就、喜悅、豐饒。

我會透過各種方法帶領你培養出好習慣，分享我認識的成功人士的精采故事，他們是如何學會並套用慣例和行為，成為高成就者、高收入人士。同時我會提供小練習，幫你培養並執行全新習慣，也會分享我自己的人生小故事，希望可以激勵你學到新事物。

前述這些內容，稍後會再深究，現在讓我們回到先前ＪＰ賣力認真掃地的故事。

ＪＰ從高中畢業，但沒上大學，而是加入美國海軍，在大黃蜂號航空母艦（USS Hornet）上服役兩年。自海軍退役後，ＪＰ從事各式各樣的低薪工作，包括清潔工、加油站員工、保險業務員。他曾短暫在雷德肯*工作，後來因為跟老闆一言不合而被開除，甚至曾為了賺取微薄薪水，挨家挨戶賣過百科全書。

回首那段人生，ＪＰ說他學到另一個終生受用的成功習慣：「我會去敲五十扇讓我吃閉門羹的門，學習在敲第五十一，甚至一百五十一扇門時，保持我去敲第一扇門時的熱忱。」他學會克服碰釘子時的挫折感，學會與人溝通交流時要洗耳恭聽，學會說服他人行動。雖然當業務不是他的理想職業，但他還是培養出重要的成功習慣，讓他能在未來的人生路上有所突破。當時的他沒有意識到這個道理，但他培養出的習慣，使他不輕易放棄。在那個年代，挨家挨戶推銷百科全書、靠業績維生的業務員，平均只撐得了三天，ＪＰ卻撐了三年半。

儘管他盡忠職守，ＪＰ成年後仍然流落街頭。「二十歲出頭，我第一次無家可歸。我太太再也無法承受當媽媽的辛苦，最後把兩歲半的兒子交到我手裡，自己就這麼帶著我們全部的積蓄離家出走。後來，我發現她已經三個月沒繳房租，我們身無分文，又逾期未繳租金，於是被房東踢出家門。當時，我正在找工作，和兒子流落街頭，過著一貧如洗的日子，只能住在我僅有的一輛老車裡。我記得當時我對兒子說：『我們撐得過去的。』我去空地撿了可樂和七喜的飲料空罐，那時一個小空罐能換到兩分錢，一個大空罐則能換五分錢。身為一個男人和父親，破產、付不起水電瓦斯費，這真是最難熬的時刻。但我從這段經歷中學到，當你真的窮困潦倒，跌落人生低谷時，你唯一能做的只有仰望冀盼。」

即使ＪＰ的處境艱辛，他依然有人生展望，這是許多環境更好的人所缺乏的優勢。他下定決心要開一間自己的公司，挨家挨戶推銷了三年的百科全書後，他知道他不想繼續當別人的小職員，而是自己當老闆。

然而，眼前卻有一個大難關：ＪＰ名下僅存七百美元的資產。大家都告訴他，他開不了公司，需要更多資金、更高教育程度、更豐富的經歷、變得更聰明、比現在更繁榮的經濟，還有

* Redken Laboratories Inc.，萊雅集團（L'Oréal Group）旗下的美國護髮品牌。

其他數不清、他所欠缺的條件。覺得聽起來耳熟嗎？ＪＰ在聽過這麼多意見後，做了一件多半成功人士都會做的事：他只聽從自己的聲音，最後義無反顧開了公司。ＪＰ培養出的成功習慣就是相信自己，面對唱衰自己的聲音充耳不聞。「我覺得真的困難至極。我的意思是，開一間公司、零進帳、努力達到收支平衡，還要每天挨家挨戶去推銷自己的產品，怎麼可能同時兼顧這麼多事？這真的很難。剛創業的前兩年，我們每天瀕臨破產邊緣，可是兩年後，總算可以準時繳帳單，甚至償清帳單。我還記得我這麼說：『嘿，我們辦到了，還進帳兩千美元！我們成功了！』」

最後，ＪＰ利用他的說服力和溝通技巧，讓公司迅速茁壯成長。他ＪＰ的聆聽技巧更上一層樓，甚至能讀出顧客的深刻需求。「我覺得我真正擅長的技巧就是聆聽，我認真傾聽他人所說的每一句話，而不是思考接下來想說什麼。雖然不是馬上就能學會，但最後這變成我的專長。」

ＪＰ堅持和培養積極正向的成功習慣，例如：傾聽並理解他人、擁有願景、全力以赴做任何事、不去理會唱衰自己的人，吃閉門羹時保持正面心態……後來ＪＰ的公司在國際間大獲全勝。

也許你聽過一句老話：「起點並不重要，真正重要的是終點。」ＪＰ就是活生生的證據，完美演繹了這句諺語。他從最初的一無所有，躋身世界富豪。二〇一五年，他上榜《富比士》（*Forbes*）四百大美國富人榜，名列第兩百三十四名（淨值為二十八億美元）。JP的全名是約翰．保羅．德約里爾（John Paul Dejoria），是美髮品牌肯邦（Paul Mitchell）、培恩龍舌蘭酒（Patrón Tequila）等十幾間成功公司的創辦人。

德約里爾時常給予年輕創業人士忠告，教他們培養正向習慣，相信自己的直覺，不要畏懼風險。他說：「千萬別讓他人扯你後腿。我的意思是，他們懂什麼？我聽了幾十次的『別做夢了，你是不可能踏進美妝產業的。』人人都告訴我：『競爭太激烈，而且你又沒資金。』我剛展開培恩龍舌蘭酒的事業時，常常遭受冷嘲熱諷，有人說：『龍舌蘭？你打算一瓶賣三十七美元？你是在說笑吧？我花四美元就買得到一瓶了！』所以要跟著你的直覺走，而且一定要為別人做好事。」

約翰．保羅．德約里爾的故事讓我從頭到尾都激賞不已，但我最喜歡的部分，莫過於德約里爾和他朋友蜜雪兒．吉立安姆（Michelle Gilliam）的高中老師，當初是如何鐵口直斷說這兩人絕對不會有成就。嗯，若說這兩人證明這位老師大錯特錯，恐怕太輕描淡寫，德約里爾現在是改變世界許多人生命的億萬富翁，而蜜雪兒．吉立安姆現名蜜雪兒．菲利普斯（Michelle Phillips），是美國六〇年代媽媽與爸爸民謠搖滾合唱團（The Mama’s & the Papas）的創始成員，該樂團熱銷了四千萬張唱片的佳績。菲利普斯在德約里爾五十歲生日時，還特地幫他找到那位老師，當這名老師聽說自己以前教的學生很有成就時，只吐得出這句話：「該死，我真是沒長眼。」

正確的成功習慣，才能讓你步步高升

當我們聽到一些逆轉勝的故事，如某個名叫洛基或魯迪，一個不被看好的人，一步一腳印，終於爬上成功的高峰，會令人為之振奮。但德約里爾的故事卻可能讓你對自我能力產生懷疑，因為你或許會想：「我又不像德約里爾，沒有他的精力與膽識，根本辦不到他做的事啊！」若這是你的感受，請記住一件事，那就是**你的出身背景完全不重要**，這就是德約里爾故事中，最振奮人心的地方。**真正重要的是，你現在立足何方、想要前往何處**。

你必須全心全力付出，才走得到那一步！要是不讀這本書，你或許有一千件可以去忙的事，但很可能只會讓自己的感官變得遲鈍，過著根本不值得你繼續下去的人生。

人類有史以來，從未像現在這麼庸庸碌碌。我雖然熱愛科技，可是所有讓生活變得輕鬆的科技，其實只是讓我們無法放慢速度。承認吧！科技讓大家變得前所未有的盲、忙、茫。簡訊和電子郵件在口袋內嗡嗡作響，我們時時刻刻都可以接電話、看手機，反而變得更容易分心、更難集中精神，為了瑣碎小事忙得不可開交！許多人都覺得自己每天在衝刺人生，說到底卻只是原地踏步。不過，要是我告訴你一點也沒錯，請問你有什麼感覺？你的行動確實比以往快速，卻可能只是像隻反覆踩著滾輪的老鼠，而不是真的步步高升。除非你走在正確的軌道上，否則快速不能說是好事，有可能只會讓你更快墜入迷惘。要是擁有正確的成功習慣，你就能迅速邁向正確道路，因為你知道目的地近在眼前。我會用你可以消化的方式和你分享成功習慣，教你應用在不同情況。你很快就能關掉生活周遭的其他「雜音」，找到通往更高境界的清晰道路。就讓我告訴你，為何這一次與眾不同。

跟德約里爾一樣，你會認識到幾種馬上就能展開的小改變，對你的將來可是大有好處。國中一年級時，我有閱讀障礙，班上的湯普森老師也跟德約里爾的老師一樣嘲笑我。她常笑我笨，可是她有所不知，其實我有讀寫障礙，閱讀理解和簡單拼字都有困難，怎麼樣就是學不會。不過，這種困境往往藏有一線生機，即使是湯普森老師對我的誤解，也都為我帶來轉機。

事實上，在那種情況下會潛藏很多機會，但其中一種狀況會對你特別有幫助。就如同我無法像其他孩子般正常讀寫，卻反而賜給我一項特殊才能，正因為這個「缺陷」，我改用視覺與聽覺學習，也知道該如何創造懶人成功祕訣。只要按照食譜做菜，往往會比自己在黑暗中摸索或嘗試錯誤更快完成。

邁向成功的速成祕訣

取得好祕方就是邁向成功的速成通道。要是你想為親朋好友煮一頓食指大動的料理，完美複製你最愛的義大利餐廳所供應的肉丸義大利麵，有很多方法可以幫你達成目的。你可以親自走訪義大利，花幾個月學習廚藝；也可以直接去紐約州海德帕克（Hyde Park）的美國廚藝學院（Culinary Institute of America, CIA）苦讀幾年，取得義大利廚藝學歷；甚至為了調製祕密醬汁，嘗試無數食譜。

或許你可以挑某個週日守株待兔，趁主廚結束十二個小時的輪班後，望著他走向車時，趨前對他說：「嘿，主廚，我超愛吃你做的肉丸義大利麵。我本身不是廚師，也絕對不可能成為你的競爭對手，我只想為家人做出你美味的肉丸義大利麵，說真的，我不想浪費時間，所以我可不可以出一百美元，跟你買食譜？」接著，你就能回家，煮出主廚風味的肉丸義大利麵！而且當天就做得出來，畢竟你已經得到食譜。

這本書要給你的是另一種食譜。這就是我的工作：創造可以讓人們套用的成功祕方，而且是快速省時的食譜。世上或許有一百萬種成功法，你可能也讀過個人成長書籍，甚至參加過激勵或心靈成長的活動，只是不知何故，效果都不持久。這就是為什麼你正在讀這本書，我絕不會寫草率敷衍的內容，絕對不可能。

我承諾你，我可以提供微調習慣的祕訣，讓你不知不覺踏上你想走的道路。今天，我們只需要把你的習慣微調成億萬富翁的成功習慣，在不久的將來及接下來這幾年，你的人生會完全不同。我決定寫這本書時，開始反思自己的人生，釐清哪些習慣讓我走到今天這一步，而這些都會是你從本書裡學到的知識。

小改變帶來大進步

本書不是我個人的成功歷程，是人人皆適用的普遍原則。為此，我展開了一場探索，挖掘億萬富翁、頂尖運動家、商業龍頭、世界思想領袖的習慣，這些全是我在工作上認識的人。大多數的人都是白手起家，經歷了我們意想不到的辛苦時空背景。當我從他們的行動計畫中萃取精華，放入我的策略框架，竟發現轉變我們人生，也能對你生活造成巨大影響的小改變。這是本書想傳達的內容，帶你學習如何剔除舊習慣，套用躍升成功層次的新習慣。

我很感激你挑選這本書，甚至讀到這一頁，但請別闔上書。多數人買書是因為書名吸睛，買回家後卻只是擺在書架，盼望會有某種魔法，不用讀就能把知識和各個步驟傳送到大腦。我知道你很忙，閱讀一本書需要意志力、付出時間，可是請你務必花這點時間，拿出毅力讀下去。我答應你，我會盡自己所能，把故事說得生動有趣，傳授高超技巧與策略，擺脫阻礙你邁向成功的陋習，套用可以讓你人生、財富、幸福加倍成長的習慣。或許你覺得沒空實踐這些習慣，無法每天多擠出五個鐘頭，好好坐著讀這本書，但其實在閱讀過程中，你會發現自己就像拔掉電池，只不過換了一顆新的。我先前已經說過，現在還是值得再提醒一遍：**你不必額外花時間學習新習慣，只需要改掉舊習慣罷了**。當你揪出造成反效果的日常習慣後，就會發現擺脫這些陋習是多麼實際的做法。

成功法雖然有千百萬種，但我發現捷徑只有一條，也就是當成功習慣成為你的嶄新慣例，生活就會出現劇烈變化。

你會買這本書是有原因的。也許你出生在嬰兒潮時代*，盡忠職守地從事某份工作長達

三、四十年，認為現在是重新投資自我的時候。也許多年前曾有人告訴你「別再做白日夢了，找點正經事做，不如捧個鐵飯碗吧！」但目前處境澆熄你對工作和人生的熱情，尤其你知道自己的人生其實不該如此。

或許世界讓你沒有安全感，使你繼續做著同樣的工作，暗自期盼生活出現轉變。又或許你有自己的事業，只是進展不太順遂，打算更上一層樓。也或者你身處絕境、極度缺錢，需要開創一片新天地。

即使你是對未來茫然的大學生，不確定這世界是否還能帶給你父母年代時的契機，抑或你正準備全心全意發揮潛能、開創某種新事業……無論你是誰、處境如何都不重要，本書都能幫你掌握人生。別再當人生的溫度計，要當就當恆溫計。別再盼望「機運」會神奇降臨，你可以主動出擊，追求自我突破，以意想不到的效率達成目標。

在我們進入「改變」的正題前，我想要和你先分享「動機」。

---

* baby boomer，指出生在一九四六年至一九六四年之間的人。

第 1 章

為什麼很努力，成功卻遠在天邊？

「最重要的是，如果你想擁有信心、鼓起勇氣行動，就得先傾聽並察覺內心的聲音，相信自己該做的事，跟著直覺走，聽那小小的聲音告訴你：『還在等什麼？趕快拿起電話撥號啊』或『我的下一步就要這樣走。』」

——瑪莉．佛萊奧（Marie Forleo），瑪莉電視和 B 學院創辦人，
摘自與狄恩．格雷齊斯的訪談

現在是美國史上最動盪不安，甚至稱得上瘋狂的時刻。人民認為政黨分歧的政客不值得信任，仇視那些賣力賺大錢的創業人士，顯示社會規範正在改變。正如我先前的發現，多數人會告訴你，他們覺得自己比以前辛勤的工作，效率也變高，卻始終不見好的成果。他們想方設法登上成功台階，不知何故，成功卻遠在天邊。

你是否覺得始終無法得到應得或理想中的成果？我有個好消息，你不用因為覺得自己白費力氣而發瘋，這不是你的錯。除去科技的影響不說，有一個可能連你都沒察覺的因素。我們現在就來看看是哪個環節出錯了。

效率成長，薪資卻凍漲

在為這本書做研究時，有一份關於效率的數據引起我的注意。

觀察圖表1-1會發現多年來，效率和薪資以陡峭的四十五度角呈單邊成長。一九七三年開始，情況出現驟變，效率維持在同樣成長的趨勢，薪資卻持平。薪資和效率之間的龐大落差，究竟象徵什麼？這代表現代社會的辦事效率愈來愈高，卻沒有反映在薪資上。或許，你的確工作更認真、更快速，也運用科技完成了更多任務，只是薪資沒跟上腳步罷了。

這就是為什麼你會感覺比以前忙，手頭卻沒有變寬裕。更慘的是，差距會繼續擴大，我們可以視而不見，把問題怪在別人頭上，也可以積極培養讓收入三級跳、在自我領域成功的好習慣。

中產階級首當其衝，甚至有些人會說我們正邁向雙階級社會。我知道政客和強力鼓吹個人觀點的社會人士，正在猛力抨擊這一點。我現在僅指一個「明確範圍」，就是這個問題會如何影響你的家庭和經濟。

行行好，我不是在抨擊富人，我想在本書傳授你變得富裕或擴增財庫的好習慣。可是數據不會騙人，如果你不做好準備，不全副武裝備好工具，世界正在發生的轉變就會對你造成劇烈影響。當我看著下列圖表1-2，我知道這件事非得和大家分享不可。直到一九

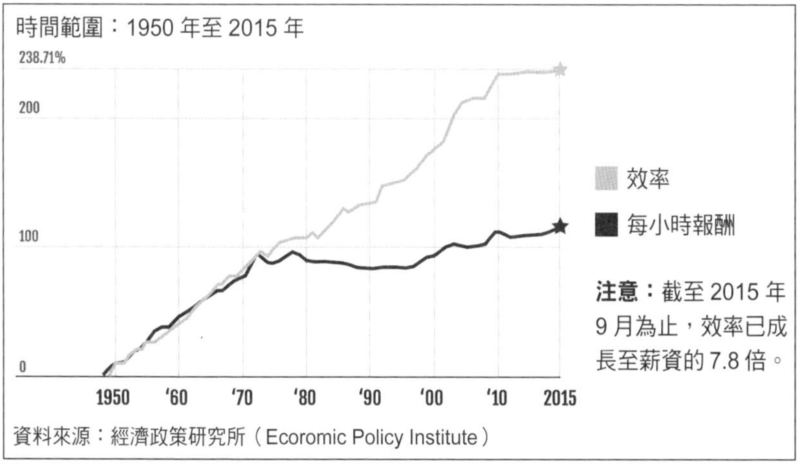

資料來源：經濟政策研究所（Ecoromic Policy Institute）

圖表 1-1　效率與薪資之間的斷層

八一年，各個收入階級都以相近的速度成長，一九八一年前後卻開始出現分歧。一%的富人跟大眾的落差擴大，自那時起，最富有的一%人口，收入增加一三八%，底層九〇%人口的收入只增加五%。

圖表1-2是具體的驚人樣貌。請給我一分鐘時間，說明所謂的「事實」，然後我會解釋這種情況將對你造成的影響。從某個角度來看，這段差距正逐漸拉開，我們似乎已慢慢變成兩層社會。中產階級正遭到壓迫，圖表顯示這絕對不只是理論，是實際現狀。這也是為何你感受到我稍早提及的影響。

這張圖表或許讓你覺得恐懼，不過想像一下：要是你對圖表上的收入差距無關痛癢呢？要是你有防彈理財法，可以創造出人生、家庭、家人所渴望的「階級」呢？

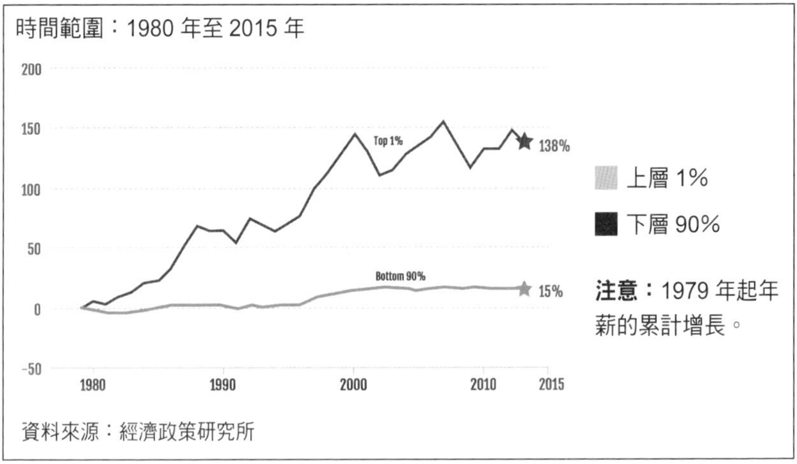

注意：1979 年起年薪的累計增長。
資料來源：經濟政策研究所

圖表 1-2　上層 1% VS 底層 90%

不被環境掌控，主宰自己的經濟和生活

你懂的，我不得不相信數據。如果數據讓你緊張，很好！這下你就更有讀下去並採取行動的理由，但更令人擔憂的是現代社會對「中產階級」的定義。

若你和另一半的年收入為十二萬美元，這說明你們是中產階級，可是這一點值得開心嗎？要是其中一人同時兼兩份工，另一人週末必須加班呢？當然你們可能有一輛好車、一棟豪宅、偶爾外出度假，擁有新潮的小玩意，卻得把孩子丟在托兒所，鮮少有陪伴孩子的時間。也許你和另一半太忙，已經很久沒有好好度過兩人世界。事實上，也許你和另一半愈來愈少交流，只能透過電子郵件和簡訊聯絡感情。也許你有自己的公司事業，每天都忙得喘不過氣。我只是隨便舉幾種可能狀況，但重點很簡單：這真的是你拚死拚活想要爭取的中產階級嗎？

現在，我們該重新定義中產階級。更明確地說，我們不僅要討論低成就中產階級和權勢派中產階級，還要重新定義上層和下層階級。

你是否相信中產階級逐漸消失並不重要？如果你的財務狀況還過得去，生活品質卻奇差無比，或是你沒有完全發揮個人潛能，覺得人生不該如此。有錢卻沒有生活品質的感覺糟透了，沒錢卻渴望開創人生的感覺也沒好到哪去。我在本書中，會不斷提醒你，只要有正確習慣，無

論經濟狀況如何、國內階級制度發生什麼變化、總統是誰都不重要，重要的是你活出精采人生。切記你要成為恆溫計，不是被環境掌控的溫度計。如此一來，你就能主宰自己的經濟和生活型態，塑造成符合個人需求的形式，成為有意義且富有成就的模樣。沒錯，當你相信並擁有好習慣，你的目標就不會只是一種「可能」。

錯誤的金錢觀讓人無法翻身

我在四處遊歷、直接和數千名學生交流的這些年，發現很多人的想法都過於狹隘，認為錢不是好東西。這個想法的來源很多，可能是反對物質主義的父母、政治意識形態作祟、宗教信仰作梗。在繼續下去之前，先談談這個概念，確定你的金錢觀念無誤。

變有錢或許不能處理所有問題，卻能解決大部分問題。一旦家庭經濟穩當，你就能更常外出用餐、請人幫你領回送洗衣物、僱聘清潔工打掃居家環境、清償債務、買新房、度假放鬆、捐錢給慈善機構，也能讓另一半提早退休，請別人接手他的工作來賺取你們不再需要的收入。

無論你是想改變世界經濟，或你只是好奇自己和家人的下一個人生階段會是如何，我相信沒有比現在更適合讓你爭取自己渴望事物的時候。我就直說了，資本主義遭到汙名化；企業家偶爾莫名中槍，被視為缺乏道德感又貪得無厭的惡人，而不是掌控經濟體制的關鍵人物。這種思維對於我們這些相信經濟體制的人來說，實在不可思議，但這種信念卻已深深扎根在某些社會層面。

事實如下：**遵守道德規範賺到的錢，可以讓你為世界做許多了不起的好事**。

我認識的百萬富翁和超級成功的億萬富翁，幾乎人人都為了享有美好生活而認真賺錢，賺到錢之後，對世界造成深遠影響。億萬富翁的員工多半動輒數千人，也幫助家人和父母提前退休，在孩子的成長路上協助他們。他們出錢蓋教堂、送水到乾旱地區、創辦並資助慈善活動，而且通常是默默行善。正如我先前所說，遵守道德規範賺來的錢可以帶來很棒的副產品：貢獻給親朋好友和全世界。

如果你正在讀這本書，渴望一個更富饒的人生，就儘管去變有錢、過著財務安穩的生活、看看自己對世界的貢獻度。

還有一件值得思考的事。社會似乎瞧不起資本主義、企業家、認真賺錢的人。與此同時，缺錢的壓力會比世上任何事物都讓人難受。專家說，多數離婚案例的起因都是金錢，大多服用抗焦慮藥物的人也坦承是為了錢財而勞心焦慮。

多數和自己孩子、伴侶產生隔閡的人都會說，這是因為他們缺錢、沒時間，或從事自己痛恨的工作。你是否曾為錢苦惱？當然有。「我的錢夠用嗎？這樣真的夠好嗎？」諸如此類的問題足以讓人焦慮不安。以下是我的心靈導師灌輸我的觀念：**「要是花錢就能解決問題，代表你沒有問題。」**把這句話當作口號重複念一遍。要是花錢能解決問題，就代表你沒有問題。帳單要是讓你煩惱，付錢了事，就不會有問題了。擔心孩子的大學教育？付錢了事，問題就不存在。憂心你的父母年事已高，卻沒有足夠的退休金過活？你只需要付錢了事，正如我先前所說，只要有錢，你就能讓父母提前退休。你為了未來操心嗎？付錢了事，如此一來，問題就沒了？你的公司是否進展不順？付錢了事，問題就消失了。

別對我說：「錢不能解決問題。」只要生活中沒有金錢的問題，你就能過著輕鬆愜意的日子。換個角度想吧！如果我坐在你身旁，緊緊掐住你的脖子，你腦中唯一想到的只有氧氣。但在那之前，我猜你應該不會特別想到呼吸這回事，畢竟你已經知道氧氣無所不在。人之所以為錢苦惱，是因為他們賺的錢跟他們渴望的人生有段落差。

當你不須再為錢心煩，就可以輕鬆做自己。改變生活小習慣，就能在此時此刻，以意想不到的方式，讓豐饒財富滾滾而來。這本書不是神奇印鈔機，沒有按一下就會讓支票塞滿郵件信箱的按鍵，可是卻會得到適合這個複雜年代的簡易祕訣，會移除現代人生中的種種迷惘，會為你鋪好一條直路，讓你從現在所處的位置邁向未來想去的方向。

你是否曾經好奇，要是有兩個人在類似環境長大、任職相同領域、擁有相似工作，為何其中一人所賺的錢會是另一人的兩倍？或是為何其中一人也許工作表現出色，最後卻選擇離職，去做自己想做的事，另一人卻抱怨連連：「噢，現在經濟不好，總統、國會和老闆都在扯我後腿。」這兩個人會走向截然不同的結局，原因為何？與只是悠哉坐著，默默期許人生會變得美好富足的人相比，鴻圖大展的人擁有截然不同的日常習慣。

你會在本書看見各種成功習慣的實例，滿心期待學習每一種習慣。正如我所說，你的出身背景不重要，真正重要的是你想去哪裡。

不必一百八十度大轉彎，只要每天的小改變

我想用一則我多年分享的故事，為本章做個總結。想像一下，有位農夫每天起床後，都把一袋穀物扔上拖拉機，啟動後，駕駛一．六公里前往草地餵食乳牛，乳牛一看見他就全部興奮衝上前。他丟下飼料後，又開著拖拉機回到穀倉。

十年、十五年、二十年，他如果每天都按表操課，起床、啟動拖拉機、丟一袋飼料、把拖拉機開到同樣一片草地，最後會怎樣？他會在前往草地的路上壓出一條車轍。到了最後，他起床後只要把穀物丟在拖拉機後方，啟動拖拉機，拉排檔、放開方向盤，拖拉機就會自動帶他前往數年來每天都會去的地點。

將這個故事套用在自己身上，問問自己：「我是否像他一樣，鬆手放開方向盤？我是否也日復一日壓出了車轍？」意思不見得是你的生活深陷車轍，或許你有每天不知不覺重複的習慣，卻只是暗自期待改變能自然降臨。你是否天天千篇一律，期望某種外在因素介入，改變目前的生活？也許你在等待經濟出現轉變、某人插手你的人生，或是命運賜給你一張中大獎的樂透彩券？你是否已經變成溫度計，而不是恆溫計？

我不是在批判你，這個狀況人人皆可能碰到，大多人會選擇放開手，不再握住方向盤，但不表示你無法改變現狀。以下是農夫故事的重點：農夫若想調整行駛方向與目的地，不必一百八十度急轉彎的改變。這不是要你有改頭換面的新年新希望，也不用明早起床就展開全然嶄新的慣例，如做一個鐘頭的瑜伽、冥想打坐，再做做感恩的心靈練習。當然這些事都很值得你去執行，但明天該做的只有把自己當成那名農夫，稍微將方向盤轉動一公分，只需要這麼一點小改變就足夠。

如果他明天起床後，將方向盤轉個一公分，等開了一．六公里後，會發現看不見原本的放牧地，因為已經偏離了原始路徑，車轍也就不存在。他會一次一公分，逐漸開發出一條新路線。

讀這本書的同時，我知道你還有其他事好做，如看電視、參加體育活動、做家事，可是這些事都不急。你是寧可換一顆燈泡，還是改變人生？想變富有，不是不需要付出，或是吞下一顆萬靈丹，銀行帳戶就會突然有錢；也不是中樂透，更不是等待他人幫你完成夢想，而是需要你自己積極改變習慣和思維，而今天就能開始。

正如約翰．保羅．德約里爾所說：「成功和不成功的人最大差別就是，成功的人會去做不成功的人不願意去做的事。」我還要補充一點：**成功人士擁有一套推動他們的核心習慣。一般人都將成功跟好運混為一談，可是成功其實跟運氣一點關係也沒有，倒是跟養成億萬富翁的習慣有關**。

現在，就來看看你正處於人生哪個階段，接下來想去哪裡？

第2章

你想要怎樣的人生？

「現代生活的一大挑戰，就是我們選擇太多，有太多大事等著我們去做。生活中有許多事物覬覦我們的注意力，要是我們不管好生活，它就會反過來管我們。管理不外乎就是抉擇，決定自己的真實感受、告訴自己這件事真的很重要，並且專注順從直覺。」

——喬．波利許（Joe Polish），天才網路（Genius Network）創始人，摘自與狄恩．格雷齊斯的訪談

「你究竟想去哪裡？」我是在問你的人生方向。雖然這問題顯而易見，但很多人聽到的當下都很難說出所以然。需要證據嗎？在接下來這週，隨機找五個人，問他們不想要什麼樣的人生，我可以向你保證，他們絕對會像是準備好高談闊論，舔指頭、清喉嚨，彷彿打算說出改變人生的宣言。他們手裡拿著那份想像清單，開始發表以下一長串內容：

- 我不想要領同一份死薪水，也不想繼續我現在的工作。
- 我不想要另一半不斷拿錢的事煩我，或抱怨我很少陪伴家人。
- 我明年不想要再繼續開這輛破車。

「我不想要」這四個字，往往輕而易舉就能脫口而出，輕鬆到像是彩排過一樣！彷彿他們時時刻刻都在想這些事。這是為什麼？因為確實如此。

問了他們不想要怎樣的人生後，他們也會劃掉清單上的前五、六項，這時我要請你先打斷他們，停頓一秒，再接著問：「好，我明白你現在不想要怎樣的人生。那我改問你：你想要怎樣的人生？」通常情況會變得很有意思。拋出這道問題後，你會看見他們臉上浮現困惑神情，眉頭緊蹙，開始思考你剛丟出的問題，他們的反應會跟先前你問他們不想要怎樣的人生時南轅北轍。很多人會這樣回答：「呃，問得好」或是「這問題要想一下」。

這就如同他們在說：「我開著一輛快車，時速一百六十公里，我非常清楚我不想去佛羅里達州、加州、亞利桑那州，卻不確定我究竟想去哪。」最後會怎麼樣？你哪裡都去不成！你開到汽車沒油，卻始終抵達不了目的地，因為你只知道自己不想去哪裡。聽起來很像廢話，對吧？你可能會想說：「噢，拜託，狄恩，這就是你要給我的智慧建言？」這確實是我想告訴你的重點，可是我卻希望你仔細思考。等到你懂了，就會明白為何這可能是害你無法更上一層樓的主因。

那讓我問你：「你知道誰符合這項描述嗎？有誰可以輕鬆說出他們不想要怎樣的人生，但說到自己想要的人生，卻不知如何啟齒？」也許是某位得過且過的朋友、親戚、伴侶？甚至是某個跟你更親密的人，那個你每天早上起床後，望著鏡子看見的人？你瞧，現代社會最瘋狂的就是，人人都跟著「法拉利大腦」（Ferrari brains）的指示奔馳疾駛，卻沒人知道要加裝衛星導航！

對這樣的社會來說，不幸的真相如下：你的動作多快不重要，你擁有多少熱忱也不重要，你為了某件事投注多少精力更不重要。沒有願景，不清楚自己的目的地，你就絕對到不了目的地。我稱之為「法拉利大腦」，是因為你可以買下世上最昂貴的法拉利，開得愈快愈好，但如果不知道該開往何處，就算速度再快，你也無法迅速抵達。你寧願開著法拉利，以時速三百二十公里的速度墜落懸崖，還是開著一部豐田普銳斯（Toyota Prius），安穩抵達期望的地點？

下一個部分，我會分享最重要的億萬富翁成功習慣，也是我過去二十多年來跟學生分享、未來也會持續分享的習慣，直到不能繼續分享的那一天！我說啊！我希望你從頭到尾認真讀完本書，光是讀完這一章，你就已經領先世界九八%的人，而這些人還庸庸碌碌原地踏步，好奇自己為何還沒抵達目的地，抑或開著一輛沒有衛星導航的法拉利，納悶著怎麼會開進湖裡。

以下藉口我已經聽人講到滾瓜爛熟：「一天的時間太少了，狄恩。我真希望可以複製一個自己，或找人手幫忙分擔。我的時間從來都不夠用，害我無法處理好自己的事，或是升官加薪，讓事業更上一層樓。」多數人都認為自己一天需要三十六個小時，事實上他們只是對人生欠缺清晰願景。美國微軟（Microsoft）聯合創始人比爾．蓋茲（Bill Gates）或臉書（Facebook）創辦人馬克．祖克柏（Mark Zuckerberg）邁向成功的路上，難道一天有三十六個小時？

如果你覺得自己每天的時間不夠用、無法集中精神，抑或善於拖延，被時間追著跑，我敢賭你肯定感到迷茫，不確定自己人生的未來方向。相信我，這就是我對學生提出的第一道問題，大多數人都會邊抓頭邊思考。要是你對未來方向沒有頭緒，通常會把時間花在無法賺錢升官、和家人好好相處，甚至盡情享受生活等事情上。當你做的事對未來毫無益處，就無法去做能助你事業、收入、幸福一臂之力的事。

反之，要是你有清晰的人生願景，就不會浪費時間在無法實現夢想、目標、抱負的事物上。你採取的每個行動都會有目的性，也會把寶貴時間用來實踐目標，因為你完全明白今日事要今日畢，不會拖延到隔日再處理，所以不妨套用我經年累月學到的習慣，為自己訂立願景。這些都是我從嘗試錯誤法中學到的習慣，有一些則是我跟超級成功人士學習的。等到你的願景有了雛形，情況就會變得清楚明瞭，猶如配好一副新眼鏡後，發現原來的度數已經不適用。

我們都知道設定目標是成功的首要條件。我相信美國政治家富蘭克林（Benjamin Franklin）是世上最早記錄個人目標、確定人生方向的人。但在本章，我們要談的不是單純常見的「設定目標」。因為有時設定目標並不簡單，畢竟周遭雜音太多，喧鬧嘈雜，甚至令人害怕。我們必須先誠實檢視目前的人生，接下來我才會交給你一樣祕密武器，讓你看見未來方向，發掘屬於你的道路，依照你真實的「動機」幫你定位方向，最後該做的就只剩學習。幸好這本書會把實踐的工具、技巧，當然還有習慣傳授給你。

你目前處於哪個階段？

請你寫下截至目前的人生歷程前，我有個小小請求：請誠實作答。不只是在這裡，整本書中，我都會向你提出艱難問題，請不要給出你覺得我想聽或讓自己內心好過的答案，我知道大部分的人下意識會這麼做，就像一種反射動作，但我還是希望你好好思考坦白的重要性。唯有誠實面對自己，我們才可能朝夢想、抱負、想望更近一步。請記住這一點，從這一刻起，我們要開始檢視你目前的位置。這句話是什麼意思？我不是要你照字面意思回答，不要告訴我你正躺在沙發上、度假、在廁所裡讀這本書，我不是要問你人在哪裡，而是你目前人生的狀態或經歷如何？你為何讀這本書？

也許你苦於無法發揮長才，或是害怕自己「生活過得去」，卻不能實現夢想。也許你想要財務穩定，偏偏現階段手頭很緊，房貸和學貸左右夾攻。又或者你只是想展開某項新事業，讓人生變得更美好。如果這些符合你的現狀，很好。

或許你才剛大學畢業，抑或還在上大學，對未來感到茫然。若是如此，恭喜你走到人生這一步！或許你覺得該重新投資自己，又或是厭倦了數十載乏味單調的無聊工作，老是聽命於老闆。若是如此，恭喜你！也可能你是公司老闆，想要賺更多錢，準備好進入更高境界，或是學習晉升更高境界的祕密。若是如此，我也要恭喜你走到這一步。

前述例子是為了刺激你思考現狀，我也想向你保證，無論處於人生哪個階段，你都不孤單。所以深入挖掘答案，誠實面對自己。有時，我們假裝一切很好，卻忘了真正重要的事物。你必須嘗試打破一切安好的假象，記錄你內心真實的聲音。

現在，先放下這本書，拿出筆記本或手機、電腦，開始寫下「我現在處於什麼人生階段？」你的重點可以是財務以外的人生層面，寫下對你最重要的事情，如愛情、親密關係、健康、事業、家庭等目前狀況與細節，在各項目旁描述你目前的狀況。不要寫別人對你的觀感，寫下照鏡子時誠實面對的自我，現在的你在哪裡？在為你打造理想的目的地前，我們得先知道你的起點。

專注結果，而不是障礙

以下是一個可以幫你釐清未來道路，而不是往反方向的故事。我有個很要好的朋友率領教會十八個男孩前往美國科羅拉多州杜蘭戈（Durango），參加一場冒險活動，計畫玩激流泛舟。抵達時，導遊告知這裡的急流，是他們近年來經歷最猛烈的一次，以一到五的級數，他們即將面臨的急流多屬於四。導遊擔心他們的安危，於是在活動開始前一、兩公里就帶他們進行多次演練，不斷向他們灌輸一個觀念：積極點。他說：「同學們，當我手一指，就是指向我們要前進的方向，我不會指向害我們動彈不得的坍倒樹木，或是凹凸不平、可能刺破小舟的岩塊。要是我指向可以避免小舟撞上的位置，你們就要專注往那個方位划，我向你們保證，我們會安全過關。即使距離岩石只有幾公分也別怕，只要專注於積極點，集中精神與專注力，朝那個方向划就是了。」有了引導他們的積極點，大家的腦海都專注在解決方法上（將小舟划向沒有障礙物的地方），而不是重重障礙（撞上岩石）。結果他們碰上麻煩的機率大幅銳減。

說的比做的容易，這句話一點也沒錯，可是一旦你專注在想做的事情，而不是不想做的事，就能培養出翻轉人生結局的成功習慣。

將你從這章學到的課題內化成為你的一部分，當事情發展不妙時，盯著那崎嶇不平的岩石半晌，立刻聚焦沒有障礙物的「積極點」。你愈常練習，愈可能在開始擔憂人生的當下，只看見毫無障礙的方位。多年來，我都教導一個真理：**當你專注結果，而不是障礙，你的人生就會大不相同**。

你以為約翰．保羅．德約里爾和世上的富翁富婆是怎麼成功的？當然是擁有清晰願景，知道自己想前往的目的地，然後採取行動，朝那個方向前進。多數人都希望人生變得更豐富精采，卻無從具體描述自己的企圖，不曉得如何實踐。這就是為何手機來電和電子郵件會轉移你的注意力，也是你沒有方向感、焦慮緊張、不知所措的主因。正因如此，你可能覺得國家已經大不如前，沒有讓你進步的機會與空間，可是這些想法都錯了。現在的機會比過去多，也是你取得先機的大好時機！最重要的當然還是鎖定目的地，畫出你需要走向另一階段的人生地圖。等到你找出清晰透澈的遠景，無論曾經困擾你或害你裹足不前的事物，都再也無法拖垮你，害你無法實現目標。

站在未來回首

我們都知道設定目標是通往成功最重要的不二法門，可是坦白說，運用傳統方式設定目標，預想未來一年、兩年、五年並不簡單。我們生活忙碌、瘋狂，周圍的旁枝末節讓我們沒空抬起頭，清楚看見未來。為公司、家庭、工作忙碌奔波的你，生活中發生的大小事多到讓人難以專注眼前道路。你花太多時間處理眼前事務，也就是你周圍的事，以至於很難展望未來。

以下提供一個方法，讓你將目光放在日常工作之外，這是我其中一個心靈導師丹・蘇利文（Dan Sullivan）教我的，我馬上就有成效，幾千個我曾經分享這招的人也有同感。

想像你已經來到一年後的今天，當你回首過去這一年，發現是人生中最美好的一年，請問過去這一年是什麼模樣？發生了哪些事？讓你早晨起床時感到精力充沛，不再垂頭喪氣，不用再說服自己並沒有白費天賦？寫這一章時，我回首未來這一年，預見未來時，我忍不住渾身起雞皮疙瘩。我希望你也能體會同樣的期待感，試想人生最精采的這一年會是什麼模樣？是什麼讓你熱血沸騰？全神貫注，請想像未來這一年各種美妙細節。

更明確一點的做法是，回顧這一年時，問問自己以下問題：

- 你現在收入多少？為了家人的財務安穩，你存了多少錢？你賺錢養誰？
- 你每天的工作地點在哪裡？是否在家辦公？或是開車前往某個新工作地點？
- 你目前的公司是否更上一層樓？你準備展開自己的事業嗎？你和老闆的關係是否好轉？或者你就是老闆？
- 早上起床或下班回家後，你的伴侶或另一半都用什麼樣的眼神看你？
- 目前你和孩子或家人的關係如何？

• 未來一年後，重新回顧這美好的一年，請問你的人生是什麼模樣？

天馬行空地去感受，毫無保留地面對你的原始感受。別說：「呃，或許我身材保持地很好，但我目前實在太忙，根本沒空運動。」或「我可能會開自己的公司，但我不能辭去目前的工作，否則怎麼繳房租。」這樣是帶著目前的人生展望未來，只會像船錨一樣讓你裹足不前。

如果你還沒照我說的做，我鼓勵你現在先放下書，搖動筆桿，不間斷地寫下答案，每個面向都要確實仔細，邊寫邊放膽去想像。

我解釋一下，當知道自己目前的狀況，就代表你清楚自己真正的起點。花時間回顧這一年，打造你期待的一年，你做的已經超越原地打轉的人，他們非但忽略這個簡單的小習慣，也不懂得練習。你知道什麼人不會忽略這個習慣嗎？成功人士！當你清楚自己理想的方向，就會開始過濾，拒絕某些朋友、義務、機會、電子郵件，你內心深處明白這些無法幫你實現願景。等到你清楚自己想去的方向，下一步就是採取行動，接著步步邁向人生最美好的一年，這一年則會逐漸演變為人生最美好的十年，造就長遠的美麗人生。

開始做這項練習，你就不再感到無所適從，而是挪出時間，壓力會逐漸消逝。我有幸認識或變成好友的成功人士都清楚人生方向，也知道自己的終極目標，依據內心的展望生活。現在換你找出自己的願景，邁向下一個階段。等到你知道自己目前的位置與理想的目的地，其他成功習慣就更容易養成。

把願景化為現實的要素——動機

接下來，我們要進入另一個關鍵要素：**把願景變成現實的要素**。為了實現願景，你必須了解你的「動機」。以下是你該回答的「動機」問題：

- 你為何想要收入「三級跳」？
- 你為何想要開一間自己的公司？
- 你為何想要公司發展更順利？為何想辭職？或是在公司內部升職？
- 你為什麼希望你的父母或伴侶退休？
- 你為何想要減重、促進生命中的親密關係、滿腔熱忱的行動、每天過著笑容多於皺眉的快樂生活？

我敢說當你想到這些問題時，你會對自己說：「這還用說！」但是你為何有這些期望？我知道你想要的理由比你想像的還要深入，現在我要教你如何挖掘出深層答案。等到你開始深入探究，就會一發不可收拾，也許還會忍不住流下一兩滴淚，因為我當初就是深受感動。

多數人最大的問題就是沒有探入自我內心和靈魂，挖掘出內心渴望的真實動機。偏偏我們的大腦可能強烈阻撓心靈探索，要是你去問某人他的「動機」，就好像我曾經對幾千名學生提出這個問題，大多人的回答都是「我想要賺更多錢，沒有財務負擔，無事一身輕」或是「我想要更有錢，可以還清債務」，甚至是「我想要變好看，所以想減重」。很好，這些答案都不錯，可惜意義不夠深遠。要是目標的深度不足，面對艱難的時刻，你就很難推動自己前進。倘若人生的挫折猶如一場暴風雨，襲擊而來，「想要一棟新房子」的動機，真的會強烈到足以讓你抵擋暴風雨，讓你堅持下去，直到獲得想要的東西嗎？「我想要六塊肌」的「動機」真的夠強烈到讓你每天下班後，即使累得像條狗，還能繼續上健身房？我深表懷疑！但當你為你的「動機」找到更深層的意義後，一切不再相同。

在此容我強調動機的重要性。我承諾會在書中傳授讓你大開眼界、迫不及待套用在自我人生的成功習慣，但要是你打從一開始就沒有這些最基本的習慣，即使我之後跟你分享其他方法，恐怕也是白搭。所以準備好誠實面對自我，以前所未有的深度進行一段自我對話，因為我們要一起挖掘你真實的目標。

我們通常不會問自己：「行動背後的動機是什麼？」說來瘋狂，畢竟這是我們每天都該問自己的一個問題。當我們發現真實的「動機」，推動人生的目標，並化為行動，我們就有了前進所需的動力，而且勢不可擋。

為什麼「動機」那麼重要？

即便你可以教一群人賣出十美元，賺到二十美元，有些人還是辦不到，因為他們的腦筋轉不過來。即使是簡單小事，他們都可能失敗，甚至沒發現自己正是扯後腿的人。恐懼往往是動力的煞車，不但讓我們放慢速度，甚至完全停止。正因如此，我不斷尋找可以移除障礙的工具、策略、祕訣，好讓你不會站在美好人生的分界線，在距離僅有咫尺的大突破之處，舉白旗投降，轉身離去。如果你百分之百滿意過去的人生，你就會繼續過你熱愛的生活。但你不是，你已經發現自己可以發揮個人潛能，或至少現在慢慢了解，不必跟其他人一樣過著平凡的日子，甚至聽從他人的想法生活；也不希望在五年、十年、二十五年後回首，發現你的日子始終單調乏味，大半輩子周而復始這種生活，我相信你也絕對不希望錯過永遠換不回來的寶貴時光。

我希望你讀這本書時深受啟發。但如果你只有一開始動力滿滿，期待不已，一週後又故態復萌，那我的努力就算失敗。我希望這些成功習慣變成一種行為的強力膠，將這些課題牢牢黏在你的心底，也是你讀的最後一本成功法。我的任務就是帶你實踐成功習慣，往後回首當年，你會發現過去和現在的自己判若兩人，你則善用發揮了自我的每一份潛能。這就是我們在世界和人生中該做的事：每一天都極致發揮個人潛能。你不應該期望成為我或比爾・蓋茲、國家美式足球聯盟（National Football League, NFL）傳奇四分衛培頓・曼寧（Peyton Manning）、美國脫口秀天后歐普拉（Oprah Winfrey）或任何人，成為最好的自己就好。

好了，加油打氣的話就說到這兒了！現在換你來做我最喜歡的練習，找出你真正的「動機」，即使面臨最惡劣難熬的時刻，你都能咬牙挺過，為你的美好日子帶來曙光。

善用「漸進式七題法」

大約八年前，我僱請一位名叫喬・史湯普（Joe Stump）的顧問，請他教我在課堂或寫作上讓學生和你更認真投入的方法。喬是這方面的能手，收費不便宜，可是我知道，為了我的學生和客戶，這個投資肯定值得，於是我早早做好付高昂費用的心理準備，但最後一刻他卻提議：「乾脆上午由我幫你解決問題、實踐目標，下午換成你來幫我？」我舉雙手雙腳贊成，也準備好吸收史湯普的新知與智慧。直至今日，這場會議依舊歷歷在目。我、喬．史湯普、在獻詞中提到的好友喬．波利許、幾個團隊夥伴，全都坐在位於亞利桑那州斯科茨代爾（Scottsdale）我舊家外的桌前。我超愛這個空間！外頭擺了幾張手雕大木椅，高聳椅背整整高出我頭頂六十公分，搭配橙黃色的柔軟坐墊與義大利托斯卡尼風格的美麗大長桌。這天下午，亞利桑那州鳳凰城（Phoenix）氣溫是二十四度，很適合在戶外開會。或許聽起來都只是瑣碎無趣的小細節，之所以深深烙印在我腦海中，卻是有其原因，因為這場會議結束後，我的人生不再相同。

我們圍繞著桌邊而坐，喬．史湯普對我說：「狄恩，你為何希望我來這裡？主因是什麼？」

我回：「因為我知道我能傳授有效的成功和致富策略，但學生無法真正落實，我希望他們不只是買我的書、上我的課程，而是希望他們好好運用我所提供的資訊，全力以赴。多年來，我都為學生進行每週課程，我想要更多人成功，幫助他們踏上成功的康莊大道。我盡自己所能，希望他們全心投入，可是太多學生重蹈覆徹，似乎被動地期望會自然發生變化，而不是自己採取行動，改變人生。我希望他們堅持下去，微調習慣，對於目標持續抱持熱忱。等到看見成效，我相信他們就不會走回頭路了。」

他望著我，說：「哇，狄恩，這種想法很強大。你有做過漸進式七題練習嗎？」

我說：「我不知道那是什麼。」

他回：「這是我做過最有深度的練習，能夠大幅改變你學生的人生，讓他們續航力更長，繼續堅持下去，甚至可以維持一輩子。」

我說：「好，太棒了！那麼來吧！我們開始吧！」

這時史湯普說：「抱歉，狄恩，但還不行，我希望你先自己完成一次。」

「拜託，史湯普，我不想拖時間，我學習速度很快，我想要趕快學會漸進式七題練習，馬上傳授給學生和你。」

怎料他更堅持：「不，若你想學會，唯一做法就是自己完成這項練習。」

最後我放棄：「好吧！」

閱讀以下內容時，我要你想像自己和某人一起做練習，可能是伴侶、同事、朋友，想像你們一起做練習的畫面。

你會發現，史湯普會先問我一個問題，然後利用我的回答，鋪陳下一道問題，並且重複這個過程七次。例如：他問我「你為何想來這裡」，我回答「因為我想學習幫助學生的方法」，他會問「你為何想幫助你的學生」。

這個練習就稱為「漸進式七題法」，藉由反覆七次提出「為什麼」，使問題漸進式深入，不知何故，這裡的「七」是一個神奇數字，可以帶你前往需要去的地方，屢試不爽。

史湯普拿著一張紙坐在我面前，正對著我的臉，說：「我剛才問你為何請我來這裡，基本上你的回答是希望幫助客戶、你、顧客認真堅持下去，讓人生變得更美好，你希望教學效果比目前更好。我覺得你的答案很棒，狄恩，非常高尚！現在我要問你，讓更多學生持之以恆、深入理解、克服障礙、積極行動、看清人生下一個階段，為何對你這麼重要？」

我還記得當時我思索片刻，才回答得了這個問題：「太多人深陷於瑣碎平凡的習慣，但我知道我給予他們的策略很有效，卻不是所有人都能確切實踐。我不想當一個銷售員或電視廣告商，把書賣給他們就沒自己的事，我要運用我的發現，打開他們的視野，讓他們看見不同以往的人生。最後我想要留下一點什麼，讓家人為我驕傲。」

史湯普答道：「回答地很好。剛才我先問你為何僱請我，你說是為了讓學生更認真看待課程，然後我問你為何這件事很重要，基本上，你是告訴我，你想要為家人留下一點遺產。兩個理由都很好，回答也很棒。那麼狄恩，現在請你告訴我，為何留下遺產很重要？」

我再次深思片刻，然後說：「因為這一行有很多人都亂寫、亂教一通，我想要設立新標竿。我想設下超高標竿，讓心靈成長業界的人進步，不然就退出。但請別誤會我的意思，我很喜歡心靈成長產業的業界大腕，其中幾個還是跟我最親近的摯友老師，例如美國勵志演說家東尼·羅賓斯（Tony Robbins）、國際心理學大師偉恩·戴爾（Wyane Dyer）、美國最受歡迎心靈作家艾克哈特·托勒（Eckhart Tolle）、《高效習慣》作者布蘭登·博查德、美國理財專家大衛·巴哈等人，不少人都透過心靈成長，對我及幾百萬人的生命帶來正面影響。要不是有這些非凡影響力，我也不會成為今日的我。可是我們都心知肚明，這個產業中有很多騙子，我希望這些人如果不能提升自我水平，就離開這個產業。」這段話脫口而出，我壓根不曉得是從哪來的，但隨著我挖掘得愈深，就愈了解我的「動機」。

接著，他對我說：「狄恩，目前的回答都很好。我問你為何僱請我，你說想要更深入協助學生。我問你這為何對你很重要，你說想留下遺產，讓自己和家人感到驕傲。我又問你為何覺得留下遺產重要，你說想提升這個產業的水準。這些答案都很好。」

我當時不了解的是，雖然答案真的不錯，也是我的真實心聲，是來自我腦海的答案。但同一道問題，隨著他多問幾次，我也繼續說出浮現在我腦海的答案。這都是經過深思熟慮的回答，但還是距離真實的「動機」很遙遠。

還剩下三個漸進深入問題時，他針對我上一個我已經忘記的答案，又問了一遍：「那你覺得這件事為何重要？」

接下來，脫口而出的回答連我自己都為之震撼，我說：「我絕對不要走回頭路。」不知何故，我的情緒開始激動起來。事後回想，我明白自問七次「為什麼」最重要的一點，就是我一開始是從腦海中找答案，之後卻漸漸深入內心和靈魂挖掘答案。我感覺到我的心在說話。我還記得當時我的身體開始有不同感受，於是我換了坐姿，改變說話的語調。由於團隊全員都盯著我，所以我努力壓抑淚水，不讓情緒潰堤。初次跟我見面的史湯普，在三十公分外的距離直視著我的雙眼，問：「對你來說，不走回頭路為何那麼重要？」

這就是我當下的意思，也是我內心想表達的想法：「我知道貧窮的感覺，也知道從小家境清寒是怎麼一回事。我知道穿舊衣、冰箱裡沒有存糧、小時候無家可歸的感受，畢竟這就是我跟爸爸的親身經歷。十一歲那年，我和爸爸住進一間屋子的小浴室，當時爸爸正在幫那間房屋進行裝修。屋內沒有暖氣，浴室又是唯一可以取暖、空間最狹小的房間，於是我們窩在那裡睡覺。在紐約上州*長大時，我遇過幾次寒冬，當時有一台電暖器，我們拆下浴室門把，穿過電線，插上電暖器，再把一張小床墊拖進浴室，兩人就這樣睡在裡面。爸爸平時會開那部沒有暖氣、車門還要以繩索固定的汽車送我上學。我還記得那時我不想讓同學發現我的家境有多清寒，所以會要求爸爸讓我提早下車。小時候，我常常沒有安全感，自覺不如人，現在我的再也不想走這條回頭路。」

這就是我的故事，我的意思倒不是說你或別人沒有我慘，但我記得我讓媽媽提早退休前，她的生活有多辛苦，也記得爸爸還沒退休前，從沒輕鬆過，我更是難忘我連自己都一籌莫展，更遑論幫助別人的時刻。我打死都不想再回到小時候的狀態。

待我解釋完畢，史湯普看出我情緒非常激動，那時我心想：「啊！我找到我的動機了！」可是我還有兩道問題要回答。史湯普盯著我，問：「狄恩，你為何不想走回頭路？」

就在那一刻，我再也忍不住，滾滾淚水淌落我的臉頰，第一個從心底浮出的是我的孩子。我說：「我大概了解原因，我覺得我應該知道我的動機。我想要給我孩子小時候從沒有過的寬裕選擇。」

我希望兒女有能力選擇自己想要的人生道路，有能力發揮個人長才。我希望他們不必擔心錢的問題，想當老師、太空人、搖滾樂手、瑜伽老師都可以。我希望他們擁有我小時候不曾有過的自由，我不是說我想要養出兩個嬌生慣養的屁孩，我盡全力不讓這種事發生，這裡說的是給予他們選擇，讓他們隨心所欲去做想做的事，但不是寵壞他們，讓他們不必為自己的人生抉

＊ Upstate New York，指除了紐約市與長島地區以外的所有紐約州。

擇。我愈是思考，情緒就愈激動。我對史湯普說：「我知道我的動機了！是我的孩子！」

怎料這時他卻說：「我敢說你在有孩子之前，就開始奮鬥打拚了吧，狄恩？」他說得沒錯，我還有一個「動機」要回答。

「狄恩，」他說，「謝謝你跟我們分享這麼多，但我還是得問你一次，為何你的孩子擁有選擇這麼重要？」我真實的「動機」猶如奇蹟般浮現，自然而然脫口而出。

我說：「因為我想要掌控。」

在那一刻前，我從沒想過或聊過掌控這件事，沒有像這樣感到全身熱血沸騰、直接貫穿內心，那時我明白了我這一生的意義，總算明瞭為何我想要更上一層樓，為何從商，為何在青少年時期就開始砍伐木柴、修理破車，為何我要挨家挨戶敲一百萬扇門，在二十歲前達成首筆房地產交易。現在一切都說得通了，全是因為我想要掌控，不是當個控制狂，而是掌控人生。

事情是這樣的，我父母各自結婚的次數相加起來已多達九次，在我寫這本書的同時，我父親剛和一位很優秀的女性訂婚，即將邁入第十次婚姻。再說小時候我經常搬家，不到十九歲已經搬過二十次，童年那段時光，不斷出現新的繼兄弟姊妹、繼祖父母。我很愛他們，最後卻又被迫離開他們，可是我從來沒有發言權，說搬就搬。我總覺得自己沒有掌控權，才剛找到一間我喜歡的公寓，卻因為沒錢付房租被趕出家門。我會搬進阿嬤家裡，幸福快樂地生活，可是不出一年又得被迫搬走，跟著某位新爸爸或新媽媽搬到其他地方，有時我的突然加入還會遭到新的兄弟姊妹厭惡。我上新學校、交新朋友，之後又得打包行李，再次搬去新地方。

第七個「動機」猶如靈光乍現。我不想要誰來告訴我應該穿什麼、住哪裡，甚至如何撫養我的孩子。我不想要誰來告訴我，我可以吃什麼、如何生活、怎麼運用時間，或者我能賺多少錢。我想要自己掌控，做出賦予我力量的決定，我明白我不希望任何人插手我人生的任何一個層面，奪走我的掌控權。最終，我找到屬於我真正的「動機」，使命清晰明瞭。

不會讓你偏離軌道的驅動力

那你呢？你想要完全掌控人生、做出自己的選擇嗎？你當然想，但那是我的故事和「動機」。我還不知道你的動機，或許連你都還不知道，不過我可以向你保證，你必須找出答案。當生活不順遂，人生不如你所願，嶄新事業一敗塗地，感情卡關，孩子令你失望，是什麼動機推著你前進？財務自由？這答案還不夠深層，你需要找出「動機」的源頭。你為何讀這本書？為何想多賺一點錢？為何希望人生致富？肯定有更深層的目標驅策你前進。

等你找到答案，會發現驅動力不會讓你偏離軌道。我跟你說，對於目前的人生、穩定、收入，我心存感激，你以為我沒有難熬的時候嗎？當然有！無論你的財務安穩處於哪個層次，只要是人都有煎熬的時候，可是到頭來我的「動機」卻會引導、驅策我挺過這種時刻。日子不好過，甚至是想放棄時，我都會想起我的「動機」，知道自己不能輕言放棄。只因我曉得我絕對不走那條回頭路，我知道我要給孩子們應得的安全感，也知道我要永遠掌控自己的人生。

漸進式七題練習是所有成功的根基，也可能是你最需要培養的億萬富翁成功習慣。你可以一年進行四次練習，知道自己的「動機」後，就可以用一百種方法驅策自己行動，進而成為你每日執行的成功習慣。

動用情感，讓目標成為心靈的一部分

在人生某個階段，我每個月都會走上台演講，年復一年地重複。當時，我每次演講，幾乎都會帶領聽眾進行漸進式七題練習，從中隨機挑選一個人，請他上台參與。直至今日，我都記得每個人的故事，此時此刻，其中一個人的故事卻浮現在我的腦海、觸動我的靈魂。某位蓄著長髮辮的帥氣高個兒，體型幾乎是我的一倍，上台時給了我一個大大的擁抱，只差沒把我整個人抬起來！

我請他坐下後，對他說：「嗨，大哥，很高興有這個機會請你上台，」接著遞給他麥克風。坐在底下的觀眾都在期待，等著看接下來發生的好事。我問他：「你為何來這裡？為什麼要花錢聽學習如何讓人生進步的演講？」

我還記得他第一個回答很普通，不外乎是「財務自由」之類的答案，我接著問他為何財務自由對他是這麼重要的事。他的第二個答案很棒也很有深度：「狄恩，我住的地區有很多身邊沒有父親陪伴的孩子。他們的爸爸不是蹲苦牢，就是棄養孩子，我想找出辦法給這群孩子有如父親般的照顧。」哇，還有比這更強大的「動機」嗎？這個「動機」很偉大，也是一個很宏偉的驅動因子。我的意思是，他怎能不深受啟發、渾身充滿能量？他正在一場演講上，活力充沛，準備獲得快速賺錢工具、實現夢想。

就我個人經驗所知，我還能更深入探尋答案，於是我問他為何這件事對他那麼重要，他給了我另一個好答案。我又反覆追問他原因，他的回答都很棒，但全是來自大腦的答案。問到最後兩題時，我望著他，發現他全身上下出現變化。他的笑容蕩然無存，嘴唇開始顫抖，雙手也在發抖。這時的他開始道出內心最深層的真相，他眼睛直勾勾地望著我，說：「狄恩，我真不敢相信我居然和全場聽眾分享這則故事。是這樣的，幾年前我媽媽過世，那時我是個毒蟲，我覺得我是個失敗的兒子，讓她失望透頂。她是位好媽媽，盡心盡力養育兒子，希望他長大後成材，可是她走的時候卻沒能看見這一天。她過世後，我戒了毒，調整自己的想法，開始展開這個使命。」

接著，他對我說：「我要讓我媽媽在天之靈看見她養出一個很棒的兒子，並為世界帶來正面影響。」聽眾不是感動得淚眼婆娑，無法言語，就是跳起來鼓掌叫好。他找到自己真正的「動機」與「動機」的意義！這個目標將會帶領他挺過最難熬的日子。這名男人擁有真實的「動機」，他不僅知道自己目前的位置、未來的方向，也清楚他的真實動機。

當你為自己的行動加上一個「動機」，同時動用你的情感面，就能把目標定位在心靈某個位置，讓目標變成心靈的一部分，而不單純只是某種立意良善的想法。想像一下，要是碰到不順遂的情況，他和自己的對話不會是「因為我想成為眾人的楷模，所以我得繼續努力」。的確，這雖然是很好的「動機」，卻不夠強烈到足以驅策他挺過最艱難的挑戰。他跟自我的對話應該比較接近：「我得進那間辦公室埋頭苦幹，因為我要讓天上的媽媽看見，她在世時養出一位這麼棒的兒子！」這真的是一種情感強烈的想法，對吧？試想這名男人的「動機」對他的成功帶來什麼樣的效果，再想想你的「動機」會如何影響你自己的人生。

從「為什麼你想讀這本書」開始練習

我覺得你應該找一個人共同做練習，雖然也可以自己進行，但是找人一起會更有效。因為你已經熟悉這項練習，所以可以先由你開始，引導對方說出這七個「動機」，接著再換你回答。找一個會認真看待這場練習，願意幫你寫下答案的同伴，練習一開始，可以先問自己為何要讀這本書，第一道題目先為練習暖場、揭開序幕，接著再按照我的建議，漸進式深究七個「動機」，每次都針對前一個答案重複提問。切記，你務必要問滿七題，或者對方對你提出的問題是要七題，不是五題，不是九題，而是七題。截至目前為止，我已經做過這項練習無數年，每次都很有效。當我和聽眾分享時，最後室內一定會有一半以上的人淚流滿面，因為他們清楚明白自己為何會坐在聽眾席，哪些更深層的理由促使他們來聽我的演講。當練習題完成後，你會發現自己讀這本書的原因，明白為何渴望有更高成就，為何想要解鎖自己的真實潛能。

為了讓練習變得更輕鬆簡單，同時讓你更清楚練習的流程，請翻至附錄❶「漸進式七題」練習表單。我也完成自己的漸進式七題（見圖表2-1），讓你更清楚完成練習時，會獲得什麼樣的結果！請注意自然的轉化過程，尤其是從大腦思考轉變為內心和靈魂深處的分享。

你已經讀到這裡，也已經掌握豐碩富庶人生最重要的一項成功習慣。

當你知道自己身在何處、未來方向、你的想望（和背後動機）時，現在就只剩下一個問題，如何抵達彼岸？關於這點，我有個好消息！過去這一年，我都在策劃這本成功法書籍，準備交給你一張可以帶你通往人生下一站的地圖。

關於「如何成功」，你應該留意潛藏在內心、與你目標作對的反派分子。這名反派分子就是自我懷疑和內心抗拒的聲音，一輩子都在扯你後腿。我會帶你了解這名反派是怎麼由外在世界塑造而成，並教你如何揪出它，接著再傳授你消滅它的法寶，喚醒內在英雄。答案就要呼之欲出，所以請先別放下書。

問：狄恩，你為什麼想創作這本書？	答：為了改變一百萬條生命，幫助大家踏上美好道路、找到通往成功的好習慣。
問：你為什麼想要改變一百萬條生命？	答：因為我覺得能幫助和服務他人是一件很棒的事。
問：為什麼你覺得幫助和服務他人是一件很棒的事？	答：因為這是以強烈原則和價值打造的成功事業。
問：你為什麼覺得以原則和價值打造的事業很重要？	答：因為我想留給家人一份他們引以為傲的遺產。
問：為什麼為家人留下一份遺產很重要？	答：我不想再走回頭路，痛恨小時候沒錢的感受。
問：為什麼你不想再走回頭路？	答：我希望自己的孩子能在人生有選擇的情況下成長。
問：為什麼你的孩子擁有你不曾有過的選擇是很重要的事？	答：因為我想要握有掌控權，我想要按照自己的心意生活，選擇自己想做的事。

圖表 2-1　漸進式七題練習

第3章

揪出內心的反派分子

「跟哪些人相處時，我們覺得更有朝氣？哪些人讓我們活力充沛、更有成就感、更充滿自信？為了進步，我們必須多多親近這些人。不過你也知道，生命中難免有拖垮我們成長的有毒之人。想像一下你正搭乘一輛列車，你的家人摯友都在車廂裡，剎那間你往右一瞥，發現幾個有毒的人，這些擅長榨乾你動機和動力的人正在你的車廂內，請問你現在該怎麼辦？你要做的事只有一件，那就是有禮貌地請他們在下一站下車。我認為生命中難免有消極負面、愛比較、忌妒心強的人，而這樣的人真的會榨光我們的精力和信心。」

——雅莉安娜．赫芬頓（Arianna Huffington），

《赫芬頓郵報》（*Huffpost*）創辦人兼總編輯，摘自與狄恩．格拉齊斯的訪談

我們內心的反派分子究竟是誰？反派分子可能會偽裝成各種樣貌，藏在我們的內心某處。就多數人而言，反派分子是自我懷疑，是內心某個小小聲音，對你說「你辦不到」或「你憑什麼覺得自己值得」。在許多情況下，反派分子會讓你裹足不前，阻止你採取實際行動前往人生更美好的方向。過去的內心抗拒正是害你無法前進，讓你放棄追求快樂、走到人生下一階段的事物。

我會稱它為「反派分子」，是因為它很狡猾，心懷不軌，藏在你大腦深處，讓你難以察覺它的存在。反派分子最可惡的一點，就是在大多情況下，由你人生中狀似無害的外在因子建構而成，等下我們會再談這些因子。或許你並未發現，但反派分子已築起一片玻璃天花板，限制你的成就和潛能，更可惡的是，一旦反派分子進駐你的內心，各種內在因子就會讓它安居下來，陰魂不散。你可能偶爾會納悶，為何你工作效率變高，生活節奏更加緊湊，明明更賣力工作，卻偏偏無法更上一層樓。簡單的解釋就是，你有一個與自己作對的反派分子，只是你不知情罷了。好消息是，我們現在就要揭露它的真面目。

一則寓言悟出人生真理

我聽過一則寓言，描述一名美國原住民族納瓦荷（Navajo）婦人對孫子訴說故事，內容是人的內心住著兩匹長期敵對的狼。故事開場，祖母要孫子坐下，她解釋：「這兩匹狼呢，其中一匹個性善嫉，心懷惡意與嫉妒，視野狹隘。牠覺得大部分的人都是壞蛋，無惡不做，世界是一個冰冷無情的地方。可想而知，那匹狼的生活沒有好事發生，畢竟牠那麼負面消極，事情總是看不好的一面。」老婦人又對孫子說：「不過你內心還住著一匹截然不同的狼，這匹狼強而有力，具有同理心、愛心、同情心、積極正向，牠知道只要自己全力以赴、盡心盡力，沒有牠辦不到的事。這匹狼只看光明面，總是樂觀看待事物。乖孫啊，這是匹非常強大的狼，牠可以帶你去許多非常棒的地方。」

孫子瞅著祖母，問：「那麼，阿嬤，最後是哪匹狼打贏了？」

她回道：「就是你餵養的那匹狼，乖孫。你養得肥肥大大的那匹。」

我很喜歡這則故事，因為深切道出人生真理。我們內心都住著一匹惡狼，或是我所說的反派分子，但同時內心也有一位等著我們釋放的英雄。在此我會帶你學著揭露內心隱藏的反派分子，發掘它是怎麼鑽進心裡，並且消滅它。在許多情況下，只要它消失不見，在事業和個人生活中，你達到的成就可能超乎你的想像。

讓人無法發揮潛能的寄生蟲

多年前，有名男人前往南美洲的第三世界國家擔任義工行善，協助需要幫助的當地人。這場心靈之旅結束後，他滿懷感恩地回到美國，準備進入人生更高峰。但是旅途結束不久，他開始變得懶散，身體微恙不適。正值五十壯年的他以為是自己老了，只好接受這個事實。接下來幾週，他不再從事自己最愛的活動，不再參加業餘籃球隊，也不再活躍於社區活動，開始自行消化邁入老年的全新想法。

可是他有所不知，其實他人在南美洲叢林協助需要幫助的家庭時，不慎感染了危險的寄生蟲。自那刻起，寄生蟲就住在他體內，吸取他的養分，日日夜夜、每分每秒都在奪取他的營養，榨乾他的精力，消磨他的生活品質。他絲毫沒有察覺體內住著害蟲，使他無法盡力發揮正常潛能，最後他去看醫生才發現體內的寄生蟲，吃藥後，寄生蟲才被消滅。事實上，經過這次經驗，他再次心懷感激，更珍惜自己的人生。嶄新的人生觀讓他覺得自己做得到任何事！

我為何要告訴你這則故事？因為我在本章開頭提到的反派分子，其實就是住在你內心、意圖不軌的寄生蟲。它確實沒有奪走你的營養或榨乾你的身體，但卻奪走了應得的生活品質，磨損你的信心、快樂、靈感，最後帶走你對生命的熱情。所以我要讓你看見它是如何成形，並教你消滅它的方法，這方法其實簡單得不得了！本章就像是看醫生，開藥消滅自我懷疑與害你錯失機會、消極悲觀的聲音。

如果我們不立刻沖走體內的反派分子，它就會繼續大肆破壞。更可怕的是，會持續侵蝕你的自信。我們都知道自信不足，會使你處處受限，無法邁進更正確的方向。想想上一次你表現大躍進、創下銷售佳績、約會順利、職場升遷、開創某樣新事物時，自信心可被丟在馬桶中？不可能吧。仔細回想你人生的高光亮點、創下最高銷售佳績、那場最美好約會，肯定都發生在自信心高漲、萬事充滿希望的時刻吧！揪出你心底的毒害，一口氣沖入馬桶，就能重拾自信。

但這只是開端，我會向你解釋反派分子是怎麼成形並賴著不走，也會提供你策略，教你怎麼一點一滴消滅它。現在就讓我們揪出它，發現你的病源。

餵養內心反派分子的新聞

許多外在因子會餵養這隻劫持成就的寄生蟲，讓我們從第一項開始：聆聽、觀看、閱讀新聞。認真想想從小到大，我們這一代的思想不斷遭受負面新聞的荼毒。戰爭、蕭條、經濟危機、天災人禍、恐怖攻擊、謀殺案、疾病、苦難的新聞，時時刻刻、每分每秒都在轟炸我們的腦袋。

你知道五〇年代，美國《時代》（*Time*）雜誌封面的語氣和內容約有九成都很正面嗎？但這些年來，《時代》察覺故事報導愈是負面，銷量就愈高。事實上，他們發現誇大負面的言詞比正向更吸睛，更能引起你三〇％的注意力。不僅如此，負面頭條的平均點閱率整整高出正面頭條的六三％。聚焦負面不單是編輯的決定，負面內容亦反映出焦慮不安的全球事件正持續升溫，例如：恐怖主義崛起、生態災難等許多的危機和災害，這一切都讓大眾出現世界愈來愈走下坡的觀感。

《時代》是世上唯一經過此種轉變、專門播報負面新聞的雜誌嗎？當然不是，《時代》必須賺取利潤，世界各地的新聞平台亦然。要是他們決定只播報正面新聞，就無法吸引你，更別說是賺取存活所需的營收。媒體已經形成災難反射動作，無論是毀滅性颶風或都市暴動，皆會鉅細靡遺地報導，營造世界末日近了的錯覺。某個憤世嫉俗的電視新聞製作人就曾這麼說：「見到血，才能上頭條。」

結果就是，我們每日消化的資料絕大多數都是百分百負面，要是我們每次一轉過頭，接收的都是世界八成要毀滅的情報，想專注在正向思維、獲得更上一層樓的成就，恐怕就沒這麼容易。新聞可以對你造成負面影響，即便你有「我要成為人生的恆溫計」的想法，還是很快就會變成一支溫度計。負面消極的勢力會壓倒性勝過我們大腦的正面思維，根據美國加州大學洛杉磯分校研究，人類大腦每天平均會冒出七萬種想法，其中八成都屬負面，絕大多數的想法隔天還會延續。根據我的閱讀和觀察，消化負面新聞恐怕就是促成這個驚悚數字的主因。

我明白綜觀歷史，戰爭、經濟問題、天災總是不斷，可是過去的資訊不像現在齊全。現在我們從應用程式、手機、社群媒體帳戶和電視所接受的資訊，不斷席捲而來，無論你想或不想，都會造成影響，畢竟我們的潛意識就是這樣運作：只吸收它想接受的。

這種負面轟炸正在煽風點火，壯大你的內在反派分子，鼓吹「經濟即將崩潰，你為何想在這時創業？知名影星紛紛傳出離婚消息，你憑什麼以為自己值得有愛情？世界肥胖人口比以往更多，你憑什麼以為自己保持得了身材」等思想。當你有意識或下意識吸收負面新聞，即使只有一小部分，依舊會緩緩削弱自信，逼你在原地不動，而不是驅策激勵你前往想去的目的地。

若想除去這種反派分子，請跟我這麼做：三十天別碰新聞。我建議採取完全的隔離措施，這段期間不能看新聞、不能讀報紙、不能問朋友新聞內容。運用這段時間和精力進行心靈探索，花時間與所愛的人相處、去做本書賦予你力量的練習。花時間學習可以讓你增進信心的事，而不是做讓你喪失信心的事。我不知道你需要多少時間才能從負面新聞中復原，不過我建議把原本看新聞的時間用在自己身上。記住，閱讀觀看新聞的損害，不僅是一去不復返的時間，還會為你帶來具有破壞力、損失慘重的後遺症。

現在就展開三十天無新聞挑戰，寫下你想完成的待辦清單。你打算冥想嗎？還是為自己煮一頓健康料理、上健身房？為你剛萌生的點子打造一套商業計畫，或是擴大目前公司的營業規模？你是否打算一口氣讀完本書？花時間和自己的孩子、伴侶、父母好好相處？無論是什麼，這場遠離新聞的假期，加上其他活動，我相信會很接近認知的「淨化」療程，幫你逃離負面想法所引發的後遺症，變得更積極正向。

專攻你的強項，而不是弱點

當你把時間和精力花在不擅長的事情上，你的內在反派會更猖狂。不用多說，我相信你這一生所學到的都是盡力改善自己的弱點，試著增進你不擅長的技巧和能力。

不得不說，這恐怕是我聽過最扯的謊言，到頭來只會奪走一個人的自信。當你剛開始讀到這項觀點時，也許覺得這種想法很荒謬，畢竟小時候就常聽人說：「你的微積分不強，要多做練習題。你歷史很弱，快去多念點歷史。」然而，把心思耗在你的弱點，卻可能導致你下意識覺得自己不如人。更麻煩的是，還會鼓勵你忽視自己真正出類拔萃的能力和強項。

雖然你可能還不同意我的說法，但我希望你很快會說：「管他的弱點，我要專攻我的強項！」

不少人抱持弱點需要改進的錯誤觀點，包括教育人士、家長、經理等權威人物。雖然立意良善，但其實是不正確的觀念，害我差點一腳踏入危機，使我裹足不前，險些無法獲得夢寐以求的人生。

按照社會規則來看，我根本不可能成功，直到高中一年級都是就讀特殊教育班，還差點無法高中畢業，身無分文，沒有心靈導師，周遭一個有錢人都沒有，我十分確定當時的我沒有像你今天這般聰明，懂得閱讀成功法書籍。而害我險些產生自我懷疑、一生平庸的其中一顆絆腳石，就是聽信我得加強自己弱點的說法。

約十年前，我寫了人生第一本創作《成功完全攻略》（*Totally Fulfilled*），當時我決定寫這本書，單純是希望能分享我喜愛協助他人的熱忱。也許你已經發現，我的寫作風格很像聊天，文法和句型架構多半不盡完美，也常常離題，不過還是傳達了我迫切想分享的信息和經驗。我明白我有能力傳提供簡單有效的策略，激勵他人行動，讓他們改變，甚至跳脫個人處境。但偏偏我不是英文系畢業生，所以寫作差得遠了。

我坐下撰寫第一本書時，缺乏寫作技巧的自卑感，漸漸填滿腦海，我開始出現這種想法：「你連高中都差點畢不了業，怎麼可能寫得出一本書。」我對自己說：「你有注意力缺失症，不可能長時間專注，想都別想。」可是我相信我有一項很重要的信息要傳遞給全世界，這個信念推動我持續前進，儘管過程困難重重，也時常自我懷疑，最終還是讓我成功寫出第一本書。但我畢竟缺乏正式文法和寫作技巧，知道雜亂無章的文稿需要找編輯幫忙修潤。於是，我請來據說是全美國最強的一名編輯，搭機去會見她。我們交談甚歡，並向她解釋了我的期許和熱忱，說明了草稿需要潤飾的情況。我把這項任務託付給她，也迫不及待想收到稿子，正式出版。兩天後，我接到她的電話，直至今日我都記得她當初是怎麼說的：「狄恩，這根本不是書，只是兩百頁的自言自語。你需要的不是編輯，而是重寫。」

當下我備受挫折，掛掉電話後，我記得我是怎麼默許往昔的消極想法重新湧回我的腦海，猶如大壩潰堤。負面思想又快又猛地回到我的大腦，原因是跟本書的很多你一樣，這輩子接受的教育都是「加強自我弱點」。潛意識試圖說服我辦不到，讓我以為可以忽視自己的弱點。我很快就回想起過去學校老師的批評，他們的話語盤繞心頭，我開始消極悲觀地對自己說：「我應該要加強文法、拼字，學會使用標點符號，樣樣都要像優秀作者一樣才行！狄恩，你以為自己是誰，以為自己真的可以寫書？」輸家思維在我腦中瘋狂打轉，自信心頓時支離破碎，動力蕩然無存。反派勢力愈來愈強大，我二十四小時都在抨擊自己動筆前怎麼沒有多花點時間來改善缺點。

幸好約莫兩天後，我的想法出現轉變，我記得心裡這麼想：「夠了！瞧瞧你對自己說的是什麼故事！你在開玩笑嗎？我或許不是專業作家，但我有強而有力的信息可以跟全世界分享。我知道我的信息可以改變他人一生，就算我的文法不完美、我的書讀起來像是兩百頁的自言自語，誰會在乎？」翌日，我打電話給那位編輯，說：「我尊重妳的意見，可是我不需要妳的服務。妳被開除了。」好吧！我不確定當時是否真的霸氣說出「妳被開除了」，但暫且讓我保留這樣的記憶吧！

我很快找到一名新編輯，在當面懇談時，我對他說：「麻煩幫我一個忙，你只需要把內容修得流暢可讀就好，請盡可能別去更動我的措辭，只需要修改我的拼字和文法，不要潤飾我的性格或內容，我不要聽起來像是變了一個人，因為這本書代表著我，這就是我的風格。你可以決定要不要看，但我要做我自己。」

《成功完全攻略》是我第一本出版的書籍，發行幾週後登上《紐約時報》暢銷榜。我真的很慶幸也很驕傲能在此分享，但老實說，誰會在乎《紐約時報》暢銷榜？這本書最讓我驕傲的是它改變了無數生命，我想應該沒有比這更棒的成就了吧！

不過要是我從沒提筆寫過第一本書呢？要是一開始那名編輯說我的書不堪入目，我就告訴自己：「天啊！我還是別想當作家吧！早知如此，當初就應該努力改進缺點。」那麼，我今日的人生就會截然不同！你肯定也讀不到我第六本書！有太多「萬一」浮現在我的腦海，但幸好我不曉得有多少萬一會成真，說到底我沒有屈服、沒有真的琢磨自己的不足之處，反而專注利用我的信息改變他人一生。

這些年來，你是否曾經因為自己某些弱點，或他人指出你的不足，就質疑自我，因而錯失契機？當你思索這道問題，也請你思考以下這個事實：**只要努力增進自己的強項，你就能克服心目中的弱點**。

每個人都有自己的專長

愛德華・哈洛威爾（Ned Hallowell）是我非常要好的朋友，他是美國哈佛大學醫學院畢業生，也是哈佛大學教授，現為美國頂尖醫師，是治療注意力不足過動症（Attention Deficit Hyperactivity Disorder, ADHD）的權威專家。你很可能常在美國電視節目主持人、心理學家菲爾博士（Dr. Phil）或歐普拉的節目上見到哈洛威爾。事實上，歐普拉還褒獎他，說他是世界第一的注意力不足過動症醫師。小時候我以為自己有注意力缺失症（Attention Deficit Disorder, ADD），所以某次和哈洛威爾共進午餐時問他：「哈洛威爾，注意力缺失症到底是什麼？」

他將腦中的浩瀚知識簡化為我可以理解的語言，用簡單幾句話向我解釋說明：「其實，患有注意力缺失症是一種福氣，只是人們不了解。這就像擁有一顆法拉利跑車引擎，但不幸的是裝上了腳踏車煞車。你有全世界的汽油和最快速的引擎，卻不知如何放慢速度。我只是教導孩子和成人如何控制自己的煞車，一旦教會他們，他們的速度比任何人都快。」

接著，我又問：「你是怎麼成功治癒大人小孩數不清的案例，甚至幫助他們停藥？」

他說：「我就舉個例子吧！要是一個小孩有注意力缺失症，他坐在教室裡讀書，一隻腳卻不停在地板上踏啊踏，無法集中注意力，這表示他其實不太想讀那本書。對於患有注意力缺失症的人來說，試著去讀一本他們幾乎沒興趣的書，要比其他孩子困難得多。大多情況下，求好心切的老師會想：『要是強尼不好好讀完那本書，就休想從那張椅子上站起來。我會監督他坐好，跟其他孩子一樣安靜讀書。』老師逼強尼坐在椅子上，逼到他忍無可忍，最後便站起來，開始繞著教室奔跑，抑或踏進走廊，甚至起身做其他事，只要不讀那本書什麼都好。他不僅有注意力缺失症，還有注意力不足過動症，愈是往壞處想果然就成真了。我要做的就是找出強尼的專長。藝術、棒球、數學、科學，什麼都好，就算沒有個幾項，每個人都至少有一項專長吧！我們只管挖掘。我們請他的老師、朋友、家長一起，協助強尼加強真正擅長的學科，讓他變得更精通。當他擅長某件事，自信心就會衝上雲霄，時間快轉個幾個月，會瞬間發現強尼在同一間教室閱讀那本書，因為他是真心想讀。」

這則故事是否讓你產生共鳴？你是否曾死抓著某個弱點不放？是否以這個弱點定義自我、削弱你真實的價值，或讓你覺得自己不如人？若是的話，是否看得出這只是鼓吹內在反派奪走你的成就？是否明白為何你今天必須終止這一切？

以哈洛威爾醫師舉的例子來看，我就學時也有過強尼歷程。剛入學那幾年，沒人看出我真正擅長什麼，也不知道我擁有哪些天賦，他們只看見我做不到和不擅長的事。我很害羞、沒有安全感，也常因此覺得自己很笨。可是那些人沒有發現，當時的我可能也沒意識到自己的視覺和聽覺能力驚人。當我仔細觀察某人駕駛一台推土機十五分鐘後，就能立刻跳上車，像行家一樣駕駛推土機。我也可以觀察舞台上的人，易如反掌地模仿他們。透過這兩種感官，我能夠快速吸收別人耗費數年才能習得的知識和技能，也可以迅速展開完成一件事，但太常有人要我改善弱點，這也差點害我賠上學習能力和職業生涯。

不少大人因為太強調弱點，不小心剝奪孩子的自信心和能力。事實上，別人要我們努力改善自己不擅長的事物時，反而讓我們不斷受挫，因此愈來愈難相信自己。

對於加強自我弱點的說法，我們只有一句話：「我才不要！」記得不要像世界上幾百萬人那樣，讓弱點成為你成功路上的絆腳石。對於別人給出有關弱點的建議，告訴你應該做東做西時，千萬別照做，而是告訴對方：「省省吧！」

升級你駕輕就熟的專長

你擁有自己的專長。拜託，即使說不上擅長，我敢賭你在許多方面肯定不錯吧！現在放下這本書，利用一分鐘開始列出自己的專長（見附錄❹「升級你的專長練習」）。你擅長溝通嗎？還是銷售？你是說話誠懇的老實人？是貼心好朋友？很好的傾聽者？你擅長組織架構嗎？還是研發系統或電腦程式設計？我只知道一點：你擁有才華，屬於你個人的獨特才能。其實根本沒有可以說明你專長的解釋，道理很簡單，因為你就是天生擅長。想要成功，你只需要全心強化已經擅長的事，把這變成一種習慣，將專長升級到至高境界。

正因為別人都要我們改進自己天生做不好的事，把注意力全放在一〇％不擅長的事物上，進而忽略了其餘九〇％。不用懷疑，另外那九〇％中肯定有你擅長的事物。還記得兩匹狼的故事嗎？記得你所餵養的狼最終會獲得勝利吧？要是你把精力心思都投注在不擅長的事物上，最後難免自信全失，朝著成功努力的動力也會一滴不剩。如果你把心力和重點放在擅長的事物上，盡可能讓自己變得更優秀，最後就能僱請別人幫你打理不擅長的事。這一項策略不只會改善你的銀行戶頭，也能改善你生活的各個層面。

所以製作屬於你的「專長」清單，在每一個項目旁寫下你打算怎麼改善這些技能、增進能力，變得更優秀。練習時，不要想弱點，很快就能發現，要是把所有注意力、心力、時間都投注在擅長的事物上，便能克服自己沒有天賦的事物。把一項關鍵技能磨練得亮眼出色，會比你耗費無數年辛苦改善某件覺得困難的能力，最後卻只能達到普通水準，來得更有價值。如果你想要財務成功，真正致富，就養成習慣、專心琢磨你的專長。

為了把這個思想過程和成功習慣澈底融入生活，以下分享一則我覺得你會很有感觸的故事。幾年前，我策劃了某場小型圓桌會議＊，這群人之中有位很了不起的角色，名字是湯姆。我傳授湯姆房地產投資技能，讓他的投資組合更多元化，打造長遠財富。正值花甲之年的他才剛退休，參與這堂課時，已經完成四場房地產交易。在我的印象中，湯姆說他每場交易入帳約莫一萬五千美元，可說是非常漂亮的成績！湯姆是十二名圓桌成員之一，我記得當時是輪流問室內的每個人：「你覺得是什麼阻礙你更上一層樓？對你而言，飛速成長和更高成就的最大障礙是什麼？」我也有問湯姆這幾個問題。

他答道：「狄恩，我告訴你，我這人的組織能力很差，做事誇張的馬虎。車子清理好一週後又亂七八糟，家庭辦公室裡，發票、紙張等物品到處散放，我就是這麼邋遢！接下來，我要做一件事。除非我去辦公用品店買一個檔案櫃和檔案夾，否則就不接另一樁房地產交易。我要標記所有文件，製作有條不紊的歸檔系統。」

他說完後，我問：「你說完了嗎，湯姆？」

他說：「對，就這樣，沒了。」

＊ round-table conference，指與會者不分等級而坐，圍繞圓桌舉行一場平等的對話協商會議。

我回答他：「湯姆，我就不跟你拐彎抹角了。已經太遲了，直到你離開人世的那天，你都是這麼邋里邋遢，雜亂無章，可是有誰在乎？」他很震驚我居然這麼直接打消他剛坦承的弱點，默不吭聲坐著，我猜其他人都覺得我很失禮。可是過了恍如數小時的幾分鐘後，我看見湯姆肩頭卸下了背負六十年的千斤重擔。那一瞬間，我以為他要痛哭流涕，我說：「湯姆，你不久前才初次展開房地產事業，之前做的工作八竿子打不著關係，現在的你卻已經達成四場交易。沒人跟你一樣擅長開發案子，裝修房屋，最後出售獲利。所以把你的時間都拿來琢磨專長吧！誰管你有多邋里邋遢？要是你一年可以多完成一場交易，找個兼職人員幫你整理資料呢？你再也不必擔心亂七八糟的問題了。」

湯姆依舊悶不吭聲，滾輪上的倉鼠在他腦中旋轉。我猜他可能憶起某位老師、父母或伴侶對他說：「你這個邋遢鬼，最好整齊一點！」這麼多年來的錯誤忠告就這樣如影隨形，之後他把注意力從弱點移往強項，我也親眼見證這些忠告逐漸消逝。

你也一樣辦得到。哪些弱點讓你畫地自限？別人曾經要你改進哪些不足？只因為某個所謂的弱點，你對自我抱持什麼樣的錯誤認知？為達人生成就更高峰，認真回答這些問題，光是擅長還不夠，還要精益求精，把這當成你的成功習慣，拿一把刀刺向內在反派的心臟（就算不死，大概也嚴重傷殘）。

全世界代價最高的忠告

全世界代價最高的忠告是什麼？你猜的沒錯，就是壞忠告。讓我問問你，你是否曾經萌生一個念頭、一個點子、一項發明創造，是你覺得可以改變世界，同時讓你發大財的？可是你告訴某個家人朋友，甚至是摯愛後，對方卻百般勸阻，認定你不會成功。

也許他們說的話類似：「發明很花錢，你又沒本錢，也許早就有人想到你的創想。之後你還得申請專利，你哪來的時間？噢，你想要在電視刊登廣告？嗯，可是電視廣告很花錢耶！不會成功的啦！」也許他們的忠告足以動搖你，忘了自己的點子。幾年過去，你發現自己當初的創意正在改變世界，讓他人致富。我請問你，是誰奪走你的機會？誰奪走你發想創意的人生，奪走你的人生契機和經驗？還不都是壞忠告。你知道，我們的單身朋友常常出一張嘴，勸告我們該怎麼處理感情問題，常聽見沒錢的朋友提供賺錢法。這就是為何壞忠告是世上代價最高的忠告，因為我們跟錯誤的人效法。你會向美國吉他手吉米·亨德里克斯（Jimmy Hendrix）學唱歌劇嗎？或是請美國職業籃球員勒布朗·詹姆斯（LeBron James）教你踢美式足球？當然不會，因為他們不是提供這類建議的最佳人選。

壞忠告最後會餵養內心的反派分子，而且一樣難纏，鼓吹我們「打安全牌」。打安全牌的意思就是不敢行動和踏上深思熟慮後的冒險，阻礙我們邁向人生渴望的下一階段。這種讓人夢想幻滅的忠告不斷找上門，更可怕的是親朋好友會以關心之名包裝壞忠告。

爸媽認為，這是在保護你避免品嚐失敗的果實；你的伴侶則是害怕某個改變，會對兩人關係造成負面影響；同事擔心你可能變得比他厲害；老闆怕你能力太強；曾經飽受感情煎熬的朋友希望能保護你，別像她那樣吃盡苦頭；曾經破產的親戚希望你不要創業，最終像他一樣一敗塗地。以某些情況來說，有些人確實是故意陷害你，但多數人都真心以為自己是保護你或拯救你，事實上，這些行為只是在餵養反派分子、製造懷疑，降低你的信心，讓你安於現狀。

我們必須養成習慣，三百六十五天警惕自己留意不斷湧來的壞忠告，加裝濾網，把它們擋在門外。當有人給我們壞忠告時，可以硬擠出應酬式的笑容，但一定要立刻把那個忠告掃入內心的垃圾桶。**壞忠告肯定會對你的人生造成傷痛或害你損失慘重**，這點我毫不質疑，畢竟我是過來人。所以切勿擔心，不是只有你一人必須面對。現在的你應該阻擋不斷找上門的負面消極話語，未來才能更強悍抵抗惡勢力！

以下是一則關於壞忠告的警世寓言，這故事說來好笑。幾年前，我在一場新書宣傳上，和一群學生討論為何他們尚未達成人生的成就里程碑。

每個學生不吝嗇分享個人想法，我也從中發現這些故事的相似處。讓他們裹足不前的不是知識、經驗、金錢，而是聽信某人的壞忠告，以致最終沒有行動的勇氣。他們聽從先生、太太、父母、同事的話，最後動力全無。

當天結束後，我馬上就去搭飛機，準備回到亞利桑那州鳳凰城的辦公室。一抵達辦公室，我馬上打電話給團隊成員，說：「各位，請盡快架設攝影棚，我想為新書拍一支商業資訊廣告，我現在火力全開，不能等。」

不得不承認，想到有這麼多人以立意良善、實際上深具毀滅性的建議，奪走我學生獲得自由的機會，我就滿腔怒火。所以抵達攝影棚後，我套上一件運動夾克、繫上領帶（我還穿著運動短褲和運動鞋，只是被辦公桌擋住了），立刻開始錄影。我就這樣首度面對著攝影機拍攝廣告，沒有主持人、沒有播報人員、沒有精美圖表，只有我一個人對著攝影機說話半個鐘頭，途中幾度向觀眾介紹我的書。

製作這個節目的主因純粹是熱情，沒有筆記，沒有稿子。我只想協助他人，當時我的腦袋都在想什麼？無非是奪走我學生自信、幸福、更上一層樓的壞忠告。所以正式錄影時，我開始說起本來沒有打算分享的故事，我盯著攝影機，說：「我希望所有人仔細聽我說，請不要聽取他人的失敗案例。你也許覺得可以從他們的錯誤裡學到東西，可是大多情況下，你根本學不到！他們只知道怎麼搞砸，建議的都是錯誤觀點。舉例來說，我父母兩人的結婚次數加起來總共九次，我真的很愛他們，現在兩人各自經營的感情都很順遂，可是我小的時候，婚姻絕對不是他們的強項，如果我想獲得關於感情和婚姻的忠告，我會去找一對結婚三、五十年，至今仍對彼此保持熱情、關愛、親密的夫妻，而不是去聽這輩子不斷換對象的人的意見。」我是認真的，畢竟我說的都是事實。請容我再次強調，我很愛我的父母，也無意輕描淡寫他們人生中的痛苦困境，但是向他們諮詢婚姻忠告，等於向伯納·馬多夫*討教道德觀念，簡直是跟鬼拿藥單，這也是不爭的事實。

意想不到的事發生了！廣告節目拍攝完畢，我就把剛才提及父母的事忘得一乾二淨，卻變成我拍攝過最成功的商業資訊廣告，在美國電視上不分晝夜，強力放送長達一年多。廣告首播後約三個月，我媽打電話找我，只說了一句話：「你是認真的？」

我說：「媽，什麼認真的？」

「你是認真的？」她又說了一遍，「你非得告訴全美國你老媽結過五次婚？就連我們自家人都不曉得這件事耶！」她的聲音裡透出無奈的笑，我只能說幸虧她還能幽默看待這個情況。

當然我也好好向她道歉，解釋我當下是隨機應變，沒有照稿演出。可是那通電話中，我們也討論到她這輩子聽過的壞忠告，並且是怎麼害慘她。更棒的是，兩天後我幫我老媽買了一輛新車，當作誠心道歉的禮物。

花一點時間過濾你聽到的忠告，仔細思考分享忠告的人是否真有資格。如果你想要打好網球，就向高手或培訓專業網球選手的教練討教，而不是很會出一張嘴的姑姑艾德娜，這輩子從沒打過網球，只是看電視轉播網球賽的忠實觀眾。

請至附錄❷「壞忠告反思練習」寫下你數年來聽過的壞忠告、思慮不周的警告和指導、害你損失慘重的建言。寫下它們對你造成的慘烈下場，當你讀到壞忠告的正式描述，就能理解不能再聽從他人信口開河的建言，任由他們左右自己的人生。養成對壞忠告充耳不聞的習慣，接收有資格的人所給的好忠告。消滅內心的反派分子，增進你的自信心。

成功人士都懂得不墨守成規

小時候，大人都教我們乖乖排隊，跟其他同學做一樣的事。我們學會要考好成績，跟隨眾人腳步去做當時普遍流行的事，上高中、考大學，然後找一份工作，設立一個 401(k) 退休儲蓄

---

* Bernand Madoff，美國金融界經紀人，後來以對沖基金詐騙投資者，讓他們損失超過五百億美元。

計畫*，好好存錢，期望退休後有足夠資金，餘生高枕無憂。我們學會在線內畫畫，因為要是踏出線外，別人就會用奇怪的眼神打量我們。

在這種傳統道路的前提下，讓我再問你一個問題，高中或大學時期，你是否有某個充滿熱忱的人生夢想藍圖？如果你跟多數人一樣，那在畢業典禮上，你八成曾往空中拋起畢業帽，以為全世界都是你的天地。

以下是這個場景最不可思議的真相，許多情況下，倘若你追尋的熱忱不符合朋友、社會、父母的期望，他們就會搭著你的肩膀，說：「嘿，是不是該長大了啊？是不是應該學習負責任了？」我們創造出一個世界，所有人都以為負責任就等於去做跟大家一樣的事，我們則強逼自己去做能讓大家開心卻無法餵養心靈的事。

父母和朋友不是有意傷害你，反而以為是在保護你。不用多說，他們的影響力無遠弗屆，讓你做出傳統或預期的事。當你放棄自我夢想，追求不屬於個人的夢想時，這些具有影響力的人看見你「長大了」，就會露出驕傲神情。

你認真的？我放棄夢想，變成一個不快樂、隨波逐流的人，你們卻為我開心！雖然聽起來很瘋狂，卻是天天上演的戲碼，甚至很可能發生在你身上。我完全沒有不尊重的意思，可是太多人幾年前找了一份「暫時」的工作，現在卻深陷人生常規之中，無法抽身，最後得過且過度日。要是這種生活令人心滿意足，相信你就不會有更多渴望。不過沒關係，無論你的故事是什麼，現在拿起這本書認真閱讀，無論是何種處境，你有自己的原因，希望本書能激起你的希望之火。讓你清楚自己的喜惡，知道什麼會讓你熱血沸騰，對什麼興致缺缺。所以別再人云亦云，聽從自己的真心。

如果你走上別人的道路，最後就會前往所有人都去的方向。現在我允許你忘卻所有指導方針，拋開其他人施加在你身上的規則枷鎖，甩掉社會告訴你的是非對錯。做自己，去做自己喜歡的事，我不是要你明天就去告訴公司你不幹了，我的意思是，開始明白你真實的價值，明白你能邁向自己選擇的方向。

美國之所以偉大，是因為擁有一群思想進步、深具遠見、不墨守成規的企業家。他們不畫地自限，美國或任何國家之所以繁榮興盛，正是因為有像你這樣的人，勇於追隨自己內心、發揮個人潛能、敢於與眾不同。你擁有實踐自我志向的勇氣，**成功人士都有一套不落俗套的規則和成功習慣，也從不墨守成規或甘於平凡**。

所以要是不在乎其他人的想法，今日的你會做出什麼改變？如果你真正傾聽內心的夢想與

* 美國一項養老保險的計畫，類似台灣的勞退金。

想望，你的腳會踏往哪個方向？思索一下什麼事情讓你心滿意足，然後寫下。想要改變人生某個方面，就得從第一步開始。此時大聲說出口或寫下來，就是第一步。接著培養自信心，當心意與行動一致，質疑的聲音就會漸漸消散。

改變的開端大不易，以下練習將能助你一臂之力。拿出一張紙，在中央畫一條直線，左側欄位寫下「我的人生再也不想接受的事」，右側欄位寫下「我的人生不可或缺的事」。從心靈深處回答這兩個欄位，不要寫下你覺得應該正確的答案。深層探掘，誠實作答，結束後分別圈出左右欄位的兩、三項最重要的答案，通常就會發現強烈對比。你會很驚訝地發現不可接受和不可或缺之間的差距，為了縮減差距，你會產生改變的動力，從內心和大腦驅策自我。

你的內在決定你成為什麼人

我們每日生活中，接觸的外來資訊少說數千條。無論資訊如何餵養內心的反派分子或激勵鼓吹我們，它們都全年無休找上門。從老師指導到家長教誨、新聞報導，資訊不間斷地無情轟炸。不管你內心的反派分子是從何處獲得力量，影響都可能維持一輩子，你的自信盡失，最後原地踏步，人生變得淒慘，所以請留意你得遠離的外在因子，或是調整自己接收訊息的方式，否則最後它們會主宰你，我說的不只是你所做的決定，還有你走路的步態、坐姿、說話方式。讓我用一個小故事解釋外界資訊會對我們外在造成的影響。

想像你正在一間露天座咖啡廳，中庭的兩張桌前分別坐著一個人。其中一個男人垂頭喪氣，臉上不帶笑意，服務生經過時，問他：「請問先生需要什麼呢？」他用有氣無力的音量回道：「不用了，謝謝。」

你覺得他是怎麼樣的人？他的工作表現如何？他是老闆還是低階員工？你覺得他是怎樣的父親？怎樣的男朋友？他對人生抱持多少熱情？他快樂嗎？他喜歡自己的工作嗎？薪水高嗎？或是差強人意？根據我稍微描述，你可能總結這個在咖啡廳無精打采的男人生活不盡如意，他的坐姿、手勢、外貌給人的感受，說好聽一點是安於現狀，直說就是低沉。

現在再來看另一桌的男人。這位男人坐姿筆挺，面帶微笑。服務生上前送午餐時，他說：「噢，看起來好美味，謝謝。」他注意到女服務生的名牌，於是對她說：「潔西卡，謝謝妳。」請問你覺得他是怎麼樣的人？思考一下他渾身上下散發的熱忱，我說的不是銷售員瘋狂推銷的虛假魅力，而是穩重自信的友善態度。不只如此，他似乎對自己感到自在。你覺得他的工作表現如何？是老闆還是低階員工？他是怎樣的父親？他對人生抱持多少熱情？快樂嗎？他喜歡自己的工作嗎？薪水高嗎？或是差強人意？

我敢說你可以察覺這兩位男人的差別。這是因為你的潛意識比有意識的腦袋強烈，不斷在意識深處活動。你的潛意識就像是你畢生不斷輸入資料的硬碟，當直覺閃現，就是潛意識在對你說話。有關咖啡廳裡的這兩位男人，直覺告訴你：「我只需要半秒鐘就分辨得出這兩位男人的差異，多年來觀察人的直覺告訴我，第一位男人可能不太快樂、生性懶散、喪氣消極，人生沒有高成就。至於另一個男人，則是認真進取的類型，幹勁十足，是熱血沸騰的人生勝利組。」這並不是「以貌取人」，而是聽見你的潛意識說話。

所以憑直覺和潛意識來判斷，你覺得外貌對你的成就和幸福有多重要？非常重要！是內在反派操縱第一位男人，由內而外顯現出他這個人？或是外在強烈反映他的內在，並餵養他的自我懷疑？這就像是先有雞還是先有蛋的問題，其實真的不重要。真正重要的是效果，而這個效果很糟糕。那位垂頭喪氣、愁眉不展、眼睛緊緊黏著鞋子的人，是否也在鏡子中回視你？若是的話，你內心就住著一名反派分子，試圖說服你不具價值，你的外在儀態則像是預言實現，反派的控訴成真。

接下來幾天，請仔細觀察自己和身邊的人，留意自己和他人的儀態，會發現各種不同的姿態和風格，但你的潛意識會透露你喜歡和厭惡的事物。

練習的用意不是要你成為別人。你可能觀察到某個人氣勢十足，像是棲息地的國王般昂首闊步，或許那跟真實的你天差地別，嘗試模仿只會顯得可笑。我的意思是，請你用點心思檢視自己想用什麼方式向世界展現自我，一天多次觀察自己的身形外貌，試著微笑、站立、說話，以最能代表你的姿態呈現自我。

若你現在坐著，上帝走了進來，說：「拉張椅子過來，跟我聊聊你目前的人生。」請問你的坐姿會是如何？抬頭挺胸？眼神渙散，抑或炯炯有神？你會仔細聆聽對方，還是只是在等待自己開口的時機？在你腦海打造一個榜樣（上帝很好，但其實挑誰都可以），然後假裝對方一直觀察你，不僅你的外在特質會變成一種習慣，也會創造出比你想像來得強大的副產品。

你覺得笑容具有多少價值？你知道探討微笑力量的研究多到數不清嗎？真的讓我大開眼界！哪天有空時，可以試著上谷歌搜尋「微笑效應」，我最近發現微笑時，大腦會告訴你：「我還以為我們壓力很大，但應該不是吧！不然我們怎麼還在微笑？」當你露出兩排雪白貝齒，壓力指數瞬間降低，你的潛意識會強烈到去通報大腦：「喂，各位，我們在微笑喔！我們一定很快樂吧！」

科學和研究證實，笑口常開的人更長壽，微笑可以降低血壓，可以讓你交到更多好朋友，也能改善你的婚姻關係。醫師找來一組高中照片，根據畢業紀念冊中笑得最燦爛的人，再跟畢業紀念冊照片裡一臉嚴肅的人相比，研究他們三十年後的狀態，想知道誰更快樂、更多金、人際關係更圓滿、更長壽。結果顯示，畢業紀念冊中笑得最燦爛的人在各方面都大勝不愛笑的人！料想不到吧？

倘若微笑真的這麼有用，要是你抬頭挺胸站好，背部打直，說話時充滿朝氣和熱情，人生會變得如何？要是你對身邊的人就像是積極正面的小太陽呢？即便一開始只是硬裝出來，很快就會因為你陽光的正向性格，變成人人都想交往相處的對象。當你的外貌變好看，就會吸引磁場相近的人，驅逐讓你萎靡不振的人。沒錯，這就是能為你招來富貴命運的成功習慣，在你照鏡子或看照片時，心情也會跟著大好。切莫小看這個成功習慣，別讓我們先前討論的外在因子餵養反派分子，影響你的外在。你就是一道明亮的光，別讓任何事物遮蔽你的鋒芒。

留意語言文字的影響力

你是否思考過別人對你說的話，或是你對他們說的言語？你是否想過這些言論會影響他人一生？文字語言能餵養他們的內在反派，也可能讓它囂張不起來。在此，我要你留意語言文字在各個方面的影響力。經年累月下來，我們不知不覺把某些情緒跟言語進行連結，最終改變了我們的日常生活。

如果有人說我們愚蠢、懶惰、醜陋、肥胖、沒救，這話有多傷人。更可怕的是，我們把每一句難聽的話和某種情緒連結。身為人類，聽見的言語都可能讓我們傷心、孤單、憤怒。面對現實吧！這些情緒性用語會如影隨形跟著我們多年。但這種情緒有必要留下嗎？還記得小朋友很愛說的一句話嗎？「棍子和石頭傷得了我的骨頭，但別想用言語傷害我。」沒錯，我們都聽過這句話，卻很難活出這句話的意思。寫到這裡的同時，我兩個孩子分別是七歲和九歲。我教他們的第一件事就是，除非經過你的許可，否則他人的言行舉止根本無法對你構成影響。我在本書已經重複多次，不過我會在每章要你反覆自問：「你想當恆溫計還是溫度計？你想要被刺人言語影響而暗自難過，讓它們對你的外在帶來負面消極的變化（哭泣、壓力引起的疾病等）？還是你要自己決定、活在更美好的狀態，不去在意他人的言行舉止，自己掌控快樂與熱情？」

你完全可以選擇放手，不讓某些字眼對你產生負面情緒。在一個月前、一年前、二十年前，你所聽見的言語，至今若仍是讓你不快，那麼給予它們權利傷害你的人就是你自己。你可以奪走語言文字傷害你的能耐，所以何不現在就這麼做？

謹記內在反派的概念，並且驅策自我。如果我們愈是讓充滿負能量的言語傷害自己，就愈是滋長內在反派的勢力，最後自信心下滑，自我懷疑的聲音喧鬧沸騰，進而對世界產生負面觀感，從豐饒思想一秒轉為匱乏思維。

如果你被吸入匱乏思維，不代表你是負能量破表的人，只說明你的心理妥協了，當你的心理處於惡劣消極的狀態，就很難發揮最高潛能。

建議你可以試試東尼・羅賓斯的練習，驅逐言語對你造成的負面影響。為了讓聽眾明白人們給予一串字母的關聯意義，羅賓斯先說出「臀部」，然後告訴觀眾，他的英國朋友都使用這個名詞，對英國人來說，「臀部」就是美國人說的「屁股」。接著他頓了頓，問：「現在要是我說『屁屁』呢？會給人不一樣的感受嗎？還是讓人覺得被冒犯？」羅賓斯也會用其他同義詞描述私密部位，例如陰莖或陰道。你可以運用想像力，猜測他是怎麼延展這些字的同義詞。當他使用有色言語形容同一個身體部位，你會發現底下觀眾面部猙獰，或是憋不住笑意。羅賓斯問：「請問哪裡不一樣了？剛才的用詞都是指同一件東西啊！你只是為它們連結上不同意義罷了。」

他說的沒錯，聽眾也能一秒聽懂。羅賓斯使用了某些人認知中的髒話，我喜歡這個例子，因為清楚說明人們為言語附加上其實不存在的影響力。唯獨負面情境能給予這些文字影響力，你賦予它們力量，也能奪走力量。

試著寫下對你人生造成重大影響的言語，例如：「敷衍了事」、「你實在太讓我失望了」或「給我重做」，任何用詞或詞句的組合皆可。你的課題就是思考為何這些用詞會對自己的人生形成強烈影響，接著就會明白一開始給予它們力量，讓你焦躁不安、充滿負面情緒的人，其實就是你自己。要知道它們終究只是語言文字，沒有經過你的許可，其實對你絲毫構不成影響。

接著，我們要從文字語言帶來的負面效應，講到我們日常使用文字的力量。試想當你對某人說：「我壓力好大，快要喘不過氣。」一旦開始使用這幾個字，就會觸發文字所蘊藏的情緒。即使你原本壓力不大，現在也不得不大，因為你告訴你的潛意識，你壓力龐大。人人都有個開關鍵用詞，甚至十個、二十個！

試想你接了一通電話，最後悻悻然掛了電話，說：「我氣炸了！」結果會怎樣？你真的走到哪氣到哪！你說：「我無法面對！」很快地，整整一天就會困在這種情緒之中。每個人都有威力強大的開關鍵，害我們深陷於負面情緒。你的是哪些？現在是再好不過的時機，請放下書，寫出你偶爾脫口而出、負面情緒爆炸的用詞（你可以在附錄❼「揪出你的開關鍵用詞」）。我知道我的是哪一句話，那就是當我告訴自己：「我快喘不過氣了！」這種感受就更強烈，可是現在我已經學會不用這幾個字，也改變它們的意思，在此分享簡單落實的技巧。

但在分享前，我要你想一下語言文字會怎麼對我們的肢體形成微妙影響。每次我問一位朋友近來如何時，他的肩膀都會立刻垂下，說：「還好。」他的肢體反映出他說的話，他看起來確實是還好，稱不上好或很好。我有個朋友每次都會說：「我快要忙死了。」但就算當天是週末，他也根本不忙，他依舊會這麼說，我則立刻注意到他全身緊繃起來。這種肢體反應正好和喬爾．威爾登（Joel Weldon）形成對比。威爾登是我這幾年認識的新朋友，每次見面時，我問他過得好不好，他都會回答：「好得不得了！」威爾登已經七十五歲，每次說「好得不得了」時，我都發現他神氣活現，整個人神清氣爽、朝氣蓬勃、活力四射！他的雙眼一亮，彷彿又回到二十五歲！每次說出這句話，他就會自動調節心情，變得身心暢快，無論是不是下意識說出口，每次一講完，他立即變得好得不得了。「好得不得了」就是威爾登的開關鍵用詞，開關鍵用詞是好東西，使用正確的開關鍵用詞是必要的！

所以趕快寫下你的開關鍵用詞，同時描述每個字帶給你的情緒感受。如果你的開關鍵用詞是「壓力龐大」，除了感覺喘不過氣，也可能產生各式各樣的感受，譬如恐懼、孤單、自憐等。

以下是公開揪出這些用詞最酷的好處。你可以扭轉它們的意思，改變先前提到對外貌的影響力，如抬頭挺胸、面帶笑容、目光炯炯有神，你只需要這麼做，人生就會出現巨大變化。生活會隨著肢體微調變得更好，但要是你把負面的開關鍵用詞踢出你的字典呢？要是你不說「我快喘不過氣」，而是改成「我有很多好機會，所以才這麼忙碌」呢？養成這項成功習慣，在脫口而出前制止自己，揪出負面用字或說法。花點時間使用不會引發負面感受的全新用詞，如果你跟大家一樣故態復萌，只需要重新調整，再說一次就好。例如，你發現自己忍不住說出「我今天快喘不過氣了」，可以及時制止自己，說「等等！不，讓我重說一遍，我真的很幸運，可以有這麼多好機會，學到很多東西」，換掉負面開關鍵，改用不會壯大你內在反派的正向用詞，使你的內在英雄膨脹！

你的朋友決定你是誰

圍繞在你身邊的都是哪些人？你最常跟哪些人相處？誰是你小圈子的人？你大概已經知道我準備說什麼，但請繼續讀下去。我們都知道周遭親近的人對我們有多大的影響力，有些人會奪走我們的信心，其他人則帶給我們力量，對吧？你也許會想「我是有消極悲觀的朋友，但不會被他們的情緒牽著走」，關於這個說法，我真的要反駁一下。每一位我見過的產業大老、逆轉他人生命的心靈大師、改變世界的大人物，都對於小圈子說過類似的話：「你跟誰交朋友，就會變成那樣的人。」

如果你有三位悲觀的朋友、三位樂觀的朋友，你的觀點就會不悲觀也不樂觀。要是你所有朋友都是渾渾噩噩的月光族，財務困境就很難突破。如果你想方設法保持樂觀，卻有個天天都悲觀看世界的伴侶，就會處於不上不下的中間地帶。我不是要你們離婚，別誤會我的意思。也許你可以把這本書念給伴侶聽，或是和你最親近的人分享書中學到的教訓。現在請繼續讀下去，看看有什麼解決法寶。

你應該知道，這個世界和你的生活中有兩種人。一種是充電器，另一種是耗電器。這個概念是我從好友喬．波利許學來的。我們有天吃午餐時，他告訴我：「狄恩，你要知道，如果你跟某人相處時，不到幾分鐘就開始覺得充滿朝氣，卻說不出所以然，那個人就是充電器。你愈跟這個人相處，電力就充得愈飽，也會覺得自己的人生將有更高成就，愈能慢慢學習他們正向的成功習慣。相反地，跟某人相處短短數分鐘，要是很快就感到精疲力竭，那他就是耗電器，正在吸光你的正能量！很快地，你就學到他們的壞習慣和負面心態，自己的生活也會是滿滿負能量。」

我和波利許聊到這件事之前，對於自己應該多相處的人有自己的定義，可是波利許對於充電器和耗電器的定義實在太完美，所以我就借用了他的說法。

遇見陌生人或和某人初次見面時，養成一個習慣，藉此快速辨識他們是否為充電器或耗電器。例如你可以這樣問對方：「你今天過得好嗎？」從對方的反應分辨這個人的性格。要是他們回答「很好，好得不得了」或是「不錯」，那這就是讓你立即辨識出他們是充電器的一大徵兆。遇到這樣的人，你可以找話題聊天，深入認識對方，注意他們的行為舉止、習慣，甚至他們的職業道德。但要是某人的反應是「老兄，又是不太順的一天，我恨不得這週趕快結束」，你也許可以點點頭、快速離場。你的能量太寶貴，不能輕易讓人吸光。

當某人問你同一道問題：「嘿，狄恩，你好嗎？」也請記住這一點。何不養成威爾登的好習慣，學著回答「好得不得了」或是「棒到不行」等諸如此類的應答？這確實是一種微妙卻強而有力的成功習慣。

這項人性法則十分簡單，如果你想要財務成就，必須跟財務成功的人多多相處。如果你想要當企業家，創辦自己的公司，就要跟其他企業家和已經創業的人交際來往。想要身材變好？想必你已經知道該怎麼做了吧！

該如何發展自己的小圈子？你必須養成習慣，拓展自己的社交圈，盡可能多與事業心強的成功人士和公司老闆相處。也許你會說：「可是我沒有事業有成的朋友。」這是非常有可能的，所以一次踏出一小步即可。你可以大量閱讀成功法書籍，或是一邊健身一邊收聽 Podcast 和有聲書，出席成功人士經常出現的場合，例如團體見面會和大師課程。你可以從 www.thebetterlife.com 首頁上的「報名」（Sign Up），開始三十日成功習慣的挑戰。

我先前提過，你不需要將消極的人逐出你的人生，不過多半情況是，他們會隨著你的成長，自然與你漸行漸遠。因為一旦你開始改變外在儀態與說話方式，他們不是深受啟發，開始向你學習，就是自我過濾，自動消失在你的社交圈。

沒錯，我知道以某些情況來說，跟你十分親近的人可能消極負面，你不可能趕走對方，或是也不希望對方消失在你的生命裡。可惜的是，你無法教別人變得正向或是指出他們的負面消極，更不可能說服對方改變壞習慣。不過你需要當楷模，暗自期望對方也跟著改變。你可以讓整個空間熠熠發光，讓他們無法遮蔽你的光芒，反而深受鼓舞，也跟著你一起發光發熱。在成長路上，你有能力改變少數幾個你希望帶在身邊的朋友，當他們生命的發光體，就算是悲觀到無可自拔的人，都可能變得樂觀。

先前提及的某些成功習慣雖然看似簡單，影響力卻不可小覷。**成功絕對不是僥倖，也不是魔法，而是推翻內在反派的人都知道的一系列強效習慣**。事實上，這些習慣真的有效。

請切記，就如同所有重大的嶄新開始一樣，你有很多需要記得和融入生活的習慣。儘管如此，請別忘記我先前分享的要點，我的用意不是為了你已忙得不可開交的生活找事做，而是在不知不覺中緩緩改變。你要做的就是剔除負面習慣，例如別再看負面新聞，改成對你更有好處且不需要花時間推動你前進的正面習慣，將幾個壞習慣換成對自己有利的新成功習慣即可。運用的時間一樣，結果卻完全不同。

說到時間，我很感謝你願意花時間讀下去。我知道生活有許多事好忙，你明明有許多選擇，但讀到這裡，證明你是真心想要更上一層樓，不是幻想能單憑好運或捷徑一夜致富。如果你找出時間讀這本書，就一樣能找到時間把成功習慣融入生活。要是這本書可以為你點燃引信，推動你人生的火箭升空，衝上更高境界，那我就是盡了職責。沒人壓著你讀本書，全是你自發拿起來，想知道人生如何進步，你所採取的行動將能帶你抵達目的地。我鼓勵你讀完整本書，你值得擁有眼前所有好處，我也有許多好東西可以跟你分享。

接下來，我們要進入關鍵的成功習慣，理解你自己的「故事」。現在你認識了內心的反派分子，以及讓它囂張至極的主因，如你的外表、用字遣詞，或是你身邊的人，你可以把這些負面思想和習慣扔進桶子裡，搖一搖，最後這些會成為你對自己的故事論述，也就是你的內在敘述，有可能是最沉重的錨，拖垮你的人生，以至於無法完全發揮潛能、體會箇中美好，使你原地踏步，不過你的論述也可能驅動你邁向偉大成就、財富與豐足。

第4章

改寫你的個人故事

「倘若我們未曾歷經困境掙扎並堅持到底，就不會養成現在的人格。我們煎熬吃苦，儘管不相信自己辦得到，依然勇敢前進，要是最後辦到了，我們會在奮鬥的過程當中，養成自我人格和力量。」

——布蘭登．博查德，《高效習慣》作者，摘自與狄恩．格拉齊斯的訪談每個人都有一則形塑自我人生的故事或許多故事。故事核心就是你的所在位置，是情感、心理，甚至是身體層面的位置。你的故事可能是助你揚帆啟航的風，也可能是讓你裹足不進的錨。

內在反派分子會告訴我們停滯不前的故事，如果你回憶反派分子是如何拖垮你，就能理解他反覆對我們傾訴同樣的故事，我們信以為真的故事。即便完全不是這麼一回事也罷，我們需要做的就是釐清對自己訴說的故事，必須符合人生的嶄新期望，讓我們忘卻往昔的陳舊故事。

你需要下點功夫才能將個人故事搭配願景。為了更美好的明天，你的財富、幸福、未來成就難道不值得你現在付出心力？當然值得。集中精神、捲起袖子，讓我們一起改寫故事吧！在本章，我們會揭露你對自己訴說的故事，即使是狀似無害的故事都可能讓你裹足不前，限制你發揮個人潛能。第一步就是先了解你為何會告訴自己和別人某個論述。一旦理解，就能學習把限制自我、無能為力、奪走你自信心的故事，換成可以帶你上天堂的故事。

從將就消沉到脫胎換骨

我的學生吉娜是一個非常出色的女性，最後和我成為很要好的朋友。我剛認識吉娜時，吉娜對自我有一則非常明確的故事，講述她認為自己的當時位置，還有未來可能的位置。但在分享她的「故事」前，請讓我稍微跟你提一下吉娜過去的背景。

吉娜是精明幹練的家庭主婦，先生扮演男主外的角色，工作勤奮踏實，吉娜則是傳統的賢內助，平時照顧家人，如組織計畫、安排行程、照顧丈夫尼克，一有空檔就教人彈鋼琴，賺點小外快，基本上就是位超級老媽。吉娜很滿意這個角色，但內心深處偶爾會覺得，自己是為了家庭的安穩，延遲了個人的夢想和目標。我們偶爾會像這樣質疑自己的選擇，可是綜觀個人目標和志向，吉娜對於她所選擇的角色還算滿意。不過最終導致她不開心的卻是內在的反派分子，反派分子利用這種生活選擇，在吉娜內心捏造一個故事來削弱自我，使她質疑起身邊的所有事物。

當吉娜的孩子一一上大學、開始獨立，家中出現重大改變。其中一位女兒嫁了不錯的對象，對於女兒的婚事和其他孩子的成就，吉娜感到快樂滿意。然而，她內心的反派分子卻在此時捏造一則截然不同的故事，造成她的情緒出現負面影響。當先生尼克對她說「我們得多賺一些錢，支付大學學費和女兒婚禮的龐大開銷」時，吉娜原本存在的「故事」就愈發猖狂，故事內容如下：

六十歲的我已經完成來到這個世界的使命，也已經盡了賢妻良母的職責，在人生各個階段支持家人，現在我仁至義盡，年華老去，孤單無依，已經沒有任何利用價值。正如我朋友所說，現在也到了我沉澱放鬆的時候，珍惜過往，節制開銷，好度過往後餘生。我沒有什麼特殊技能，只希望可以靠多教點鋼琴課、賺賺小錢，又或許能在當地百貨公司當迎賓人員。現在是屬於年輕人的社會，像我這樣的老女人沒有任何利用價值。好吧！至少我還算是一個成功的老媽吧！

這則故事聽起來不差，對吧？其實比不差還要差，簡直可怕至極！這則故事讓她沮喪消沉，認為自己不具價值，最美好的時光已然逝去。

即便這是她捏造出來的故事，經過反覆訴說，故事漸漸變成現實。她多次對著潛意識訴說這則故事，最後成功說服自己是真的，這種反應很尋常。所謂的個人故事會帶來情緒，最後變成我們的真實人生。

我很難一言以蔽之，表達我想說的話，若真要談的話，恐怕最接近以下說法：**你的情緒、思想、「故事」就是你的人生，也反映出任何時刻的自己，因為我們會把這三樣東西投射在每件我們做的事情上**。至於吉娜的人生，她投射的是「我現在已經是個老女人，什麼都做不了。也許我人生是在走下坡，我只能接受現狀。」在我幫她中斷這個思考模式前，她一直過著這樣的生活。當吉娜開始讀我某一本書之後，才漸漸發現她的故事並非真的。

當吉娜發現自己的內在反派，以及又是如何捏造她腦海中的故事時，就充滿擊退反派分子的動力。她不只把反派分子當成讓自己停滯不前的象徵，甚至是真實的仇敵。她愈是認識反派和它的操作手法，就愈有動力終止它充滿毒害的故事。吉娜發現只要她改變自我論述，就能改變現在和未來。

她真的這麼做了！吉娜開始對自己訴說全新故事，一個完全改變她人生、家庭、眼前未來的故事：

我是一位堅強的六十三歲女性，人生才剛開始，我正發現人生的下一個階段。我活力四射，美麗動人，任何年紀的人辦得到的事也難不倒我。年齡限制不了我們，反而能給予我們力量，運用歲月累積的智慧，以更聰明有效的方式行動。沒什麼能阻止我獲得渴望的快樂、幸福、財富、富庶。上帝賦予我許多美好禮物，我就要好好利用到底。

哇！這跟之前那則覺得自己年華老去，準備接受衰老消逝的女性不太一樣。吉娜的新版故事帶她走上一條嶄新道路，以下是她改變故事和習慣後，五年來所完成的事：

- 展開個人事業，財富超越自我設想的完美人生，吉娜的先生也不再需要外出工作。
- 暢遊美國二十五座城市與其他幾個國家。
- 對許多聽眾演講她的自我蛻變史。
- 與人共同執筆完成一本講述個人經歷的書。
- 在西雅圖購入一棟俯瞰海灣的夢想豪宅。
- 支付兒女的大學學費。
- 利用她的收入帶家人開心出遊。
- 減重成功。
- 達到人生最完美的狀態。
- 說服兒子辭去耗費他精力的美國公司，改到她的新公司任職。

- 熱愛品嚐好酒、享受美食，珍惜她與上帝更親近的關係。
- 成為我認識的人之中最笑口常開的那一位。
- 以身作則，追求並實現自我夢想來激勵兒女（吉娜說這恐怕是她覺得最棒的成就）。

好，現在沉澱一下。吉娜的嶄新現實浮現，並不是因為外界某種改變，她沒有中樂透或繼承遺產；也沒有在某場派對，幸運遇見願意給她一份好工作的人。真正改變的是她的習慣，最後改寫了故事，成為自己生命的恆溫計，而不是溫度計，如果你沒有動力像吉娜那樣改寫自己的故事，就會深深陷在自己的老故事裡。

不，當吉娜最後發現自我論述牽絆她時，她沒有窮途潦倒，也沒有走投無路。只是過著原地踏步的人生，無法完全發揮個人潛能，往前更跨出一步。當她發現自己不需要外界就能獲得更高成就時，便重新改寫個人故事。就在此時，她獲得夢想中不可動搖的平靜與內心快樂。她很有錢，但不過是蛋糕上的糖霜。

現在你可能想，或許這對吉娜有用，但要是我不如吉娜聰明堅強呢？哎，要是吉娜是唯一劇烈改變成功的人，你的自我懷疑或許合理，偏偏吉娜不是特例，而是一種慣例，至少就我的經驗談來說，我能這麼告訴你。我接過各種不同類型的學生，他們的智商、背景、個性、能力大不相同，可是吉娜做到的事，他們也做到了。你目前處在人生哪個階段不重要，是否有份好工作和家庭也不重要，是否家財萬貫卻夢想尚未成真，或是夢想成真卻身無分文，這些都不是重點。無論如何，你一定要停止告訴自己某個故事，或是調整你的故事，因為這會害你無法在對你最在意的領域，達成人生最理想的狀態：**改變自我論述，改變你的人生**。

我大可在這裡停筆，讓吉娜的故事激勵鼓舞你，改變屬於你的故事。可是效果或許只能維持一、兩天，原本你告訴自我的故事又會回來。光是意識到錯誤故事還不夠，你需要的是鞏固這份認知，好讓改變一輩子跟著你。我們會一起讓改變成真，我要把改變自我的工具交給你，讓你開始改變跟著你許久的故事，改變你的心理狀態，培養億萬富翁的成功習慣，建立自信心，讓你在財務和人生各領域都進步。是時候了，讓我們來揭露扯你後腿的個人故事。

沖掉局限自我的人生信念

把你的故事攤在陽光下，將局限自我的人生信念沖進馬桶，想要達到目的，其中一些信念就必須挪至腦海中的重要位置。同時，請思考一下你最希望哪個人生領域獲得突破。由於你正在讀這本書，心目中的突破可能是賺更多錢、展開或擴大公司事業，或是挖掘你熱愛的工作。現在暫且先停下來，問問自己為何渴望的事沒有發生。千萬不能過濾你的回答，不要找藉口、合理化或否認。誠實面對，寫出你覺得尚未突破的原因。

為了這個練習，思考以下哪個因素是阻礙你突破的可能原因：

- 經濟
- 沒時間
- 你的老闆
- 你的員工
- 伴侶不支持你
- 你的教育程度
- 欠缺資本
- 你的健康
- 你的感情

當然還有其他可能因素，這些只是為了引導你思考，有哪些因素可能阻礙你的夢想成真。

當你思考為何還沒走到期望的人生境界時，把重點放在馬上浮現腦海的事物。你腦中的故事是什麼？大多情況下，當你希望某方面成長進步，卻似乎無從下手時，意味著某個故事正杵在你和你的進步之間，類似一面可以敲碎的牆（但你要先發現它的真實存在）。

現在請思索浮現你腦海的故事，前往附錄❻完成「突破人生的絆腳石」。現在你可以明白上一章的因素（內心反派、缺乏深層動機）是怎麼助長限制思想的故事，讓你的潛意識信以為真了嗎？思考你的故事是怎麼成為你的一部分，也許是每天接收負面新聞報導助長你的負面故事？也許聽見自己需要改善的弱點，幫助你產生這種故事？又或者朋友的壞忠告讓你的負面故事根深柢固，直到變成真實情景和個人信念？

你是否想到某些故事？如果想到請寫下來。

如果沒有，請暫時放下本書，思考讓你無法前進的因素。也許你抗拒這個練習，便告訴自己：「拜託，我才沒有故事，這就是現實。」如果你是這麼想的，很好！寫下你所認為的現實。回想吉娜「改變前」的故事，或是拿前文提及「突破人生絆腳石的練習」中的因素列表找出靈感。

現在再鑿深一點，找出形成你根深柢固故事的局限思維，要知道這些故事可能已經跟著你數年，甚至能回溯到你的童年時期。不可思議的是大多情況下，害我們軟弱無力的故事都是人生旅途中遇見的人促成。這些故事捏造出藉口，讓我們下意識無法活出最精采的自我。到了本章最後，我希望你可以掘出局限自己的思維和故事，把它們永遠拋諸腦後。我要在此分享一個狀況，希望可以幫你掘得更深，完成目標。

如果你的祖父母曾經歷經濟大蕭條，省錢觀念可能非常保守，大概會說出諸如此類的話：「行事要謹慎小心。不管喜不喜歡、適不適合你，找一份工作才是要緊事，冒險可能會落得窮途末路的下場。」事情是這樣的，走過經濟大蕭條的人，因為連讓家人溫飽都有困難，根本沒有犯錯的本錢，所以生存得下來就該偷笑了。大多數人只要找得到工作都來者不拒，要是一毛錢都不省，可能什麼都不剩。

如果這是你祖父母的經驗，他們可能節儉度日、兢兢業業將你的父母拉拔長大，甚至可能把「大蕭條時代」的思維灌輸給他們，你的父母再把這個想法傳給你，這種信念讓你不敢追求人生，卻連你也不自知。或許你想拓展自我人生、擴展個人事業、找一份新工作，恐懼卻讓你不敢貿然行動，而你始終無法察覺原因。可是我知道，原因就出在過時的局限思維，抑或你父母的故事，甚至是你祖父母那代傳承下來的論述。即使我們早就不活在那段時期，卻仍會活在經濟大蕭條的理想中。簡言之，這是一場看不見的戰爭，或套用我的說法，這是害你停滯不前的內心反派。

諸如此類的信念都可能限制你的人生各層面，從宗教信仰乃至傾向政黨、選擇的戀愛對象。畫地自限的信念很狡猾，會影響你的待人接物。要是有人暗示你，某人正在操控你的思想，你難道不覺得這是件很瘋狂的事？不過就許多方面來說，這的確是你人生的當前寫照。

所以全力揪出限制你各方面發展的信念和故事，在你想要展開某件新任務或挑戰，好比開創一門事業，抑或努力賺錢、鍛鍊精實身材，你會對大聲說些什麼，或對自己說什麼？寫下你想到的信念或故事，以及你想要改進的地方，如果跟上一章的內容重疊也別擔心，相似很正常，重點是找出引導你當前人生的信念。

接下來，請寫下信念的來源。如果你跟大家一樣，檢視個人論述和信念時，你可能會脫口而出：「哇！那不是我爸的想法嗎？根本是我大學教授的想法、我前任的想法。」即便想法源自他人，要是在你內心的時間夠久，也會變成現實。所以我們需要揪出這些想法，看看在大多情況下，它們有多不真實。你也必須明白，這些都不是真正的想法，全是別人灌輸的思想。

既然已經揪出它們，我要引導你前往一條路，不但證實你的故事不是真的，還能讓你知道如何逆轉勝，打造一個沒有限制、賦予你力量的嶄新故事，帶你通往不同類型的人生成就。

負面故事造成的影響力

你很可能沒有發現自己的故事有多負面，不妨利用一分鐘回答以下問題，評估故事對你造成的影響力：

- 你的故事是否降低甚至摧毀你的信心，導致自尊下降？
- 是否讓你生氣或懷恨在心？
- 是否讓你帶著懷疑迷惘的心情生活，甚至得為此去看心理醫生？
- 是否讓你賠上健康、事業、心靈平靜、感情、個人的快樂？
- 是否讓你不再尋覓自己真正值得的感情？抑或不再修補你目前的感情？
- 是否讓你當不成你想成為的家長？
- 是否讓你不敢嘗試展開個人事業，抑或利用自己的點子賺錢？

這些問題，你回答的「是」很可能不只一個。若是如此，請評估並寫下你為此付出的代價，譬如你告訴自己的故事，讓別人否決了你什麼、使你損失什麼、衍生哪些問題？不必寫出完整句子，只要全寫在紙上，讓你清楚看見問題即可。我要你面對負面思想或貶損自我故事所帶來的傷痛、害你錯失的機會，讓你產生更多悔恨和改變的動力。

不過，現在讓我們深入一步。展望未來，思考這些論述會讓你繼續付出什麼代價。踏往人生目標的路上，你的負面故事是否讓你綁手綁腳？思考五年、十年，甚至二十年後的人生，這些故事和信念又害你錯過多少？閉上眼睛，想像未來錯過的一個大好機會，用心品嚐錯失機會的心痛，你確定還要給予故事奇大無比的權力？認清它們已讓你付出的慘痛代價，甚至是未來還會讓你持續付出的代價。

我認真回想，想像如果當初我從沒改變自己的故事，今日人生的發展可能會變成什麼模樣，我知道至少目前擁有的功成名就、愛情、富饒就不會降臨。我絕不可能展開自己的事業，感動數百萬條生命，經歷世界巡迴等數不清的事。更可怕的是，我現在可能不是布蕾娜（Breana）和布洛迪（Brody）的好爸爸！

緊抓不放一個負面故事或信念，可能會在你人生的許多方面引起漣漪。讓我們翻轉它，找到希望無垠、帶給你力量的故事！

自我設限的故事都不是真的

想要一勞永逸消除你的老舊故事，勢必得揪出這只是胡說八道的證據！我的舊故事是，我有閱讀困難，從沒拿過好成績，腦袋又不夠好，所以上不了大學，沒有大學學歷，我就休想有成就。我告訴自己，別想開公司，沒有錢和腦袋，發財只是白日夢。我當然不懷念自我催眠的蠢故事，但我知道內心存在這種故事的感受。

讓我問問你，關於我自己的故事是真的嗎？還是只是一派胡言？你認識沒上過大學的億萬富翁或有錢人嗎？當然認識！美國勵志演說家東尼．羅賓斯和英國維珍集團（Virgin Group）董事長理查．布蘭森（Richard Branson）是我時常相處的好友，兩人都不是含著金湯匙長大，也沒上過大學，我印象中布蘭森連小學二年級都沒念完。還有幾個功成名就的大人物也沒有大學學歷，你大概也聽過幾個，美國微軟聯合創始人比爾．蓋茲、戴爾（Dell）公司執行長麥可．戴爾（Michael Dell）、美國第十六任總統林肯（Abraham Lincoln）、美國鋼鐵大王安德魯．卡內基（Andrew Carnegie）、美國第七任總統安德魯．傑克森（Andrew Jackson）、美國政治家富蘭克林、香奈兒（CHANEL）品牌創始人可可．香奈兒（Coco Chanel）、福特（Ford）汽車公司創始人亨利．福特（Henry Ford）、曾是史上最高票房電影《阿凡達》

（*Avatar*）導演詹姆斯・卡麥隆（James Cameron）、石油大王約翰・洛克菲勒（John D. Rockefeller）、迪士尼公司創始人之一華特・迪士尼（Walt Disney）……名單長到拖地板了。多年前，我研究這項主題，發現關於自己的故事根本說不通，事後甚至向自己證明這個故事根本大錯特錯。

也許你可以從我的寫作風格看出，除了文法不精準，也沒有善盡學習本分讀過多少文學經典巨作。年輕時，我告訴自己，反正這輩子不會需要閱讀或寫作技巧，根本想像不到有天我會寫書，更別說多次蟬聯《紐約時報》暢銷榜。

我是常規中的例外嗎？或是其他寫過《紐約時報》暢銷書的作者，其實也有不諳文法或閱讀的？當然有這種作者！很明顯，我之前的故事錯得離譜，稍微研究後，我發現這個故事根本站不住腳。

其他成就偉大事業、當上好爸爸、享受甜蜜的感情關係、擁有要好朋友、發大財的人之中，是否也有白手起家、童年悲慘的人？當然有！你不肯放手的舊故事很可能是錯的，其實只需要證明那些是廢話。別以為只有你遇到某些問題，阻礙了成功，這根本是你胡思亂想。找出證據，證明這些局限自我的故事和想法不過是你的假想。

練習厭惡舊版故事

以下這項練習能幫助你開始厭惡舊版故事。假裝你正和上帝、宇宙或任何你相信的創世者對話，想像一下上帝對你說：「你為何放棄自我，不完全發揮潛能，辜負我對你的期望？我帶你來到這個美好的世界，賦予你人生無窮無盡的可能，你為何不發揮自我潛能？」然後你靜靜坐著，思忖這個問題，想像自己拿出剛才所發現的故事，或者我所謂的藉口，回答上帝「我之所以沒有發揮潛能，是因為小時候爸爸對我不好」或是「經濟變了」，不然就是「我的伴侶不支持我」。你真的可以一臉嚴肅對你的造物者說出這類的話嗎？

現在請想像你面對某個經歷了難以想像的殘酷或悲慘的人，可能歷經戰爭、待過集中營、熬過癌症，對他們說出類似前述藉口和自圓其說的話。或許你的人生一樣悲慘，只是你的故事比較司空見慣，沒這麼淒痛，例如經歷父母婚變、耗盡財產、天性害羞或自尊低落。我無意打消你所遭遇的困境，只是希望你思考一下，跟你悲慘的人生境遇相比，這些人遭遇的情況有多嚴重。即使你有過慘烈經驗，但我也見過遭遇絕境的人最後挺了過來，成就不可能的事，大多數的人都因為拒絕讓悲劇和困苦定義自我，克服了黑暗的過往，為人生寫下不同的故事。所以當你告訴上帝，是因為父母嚴苛批評，才沒達成事業目標，難道不覺得自己無法欣然接受這則故事嗎？難道不覺得這故事會讓你憤怒到產生動力，想要開始改變嗎？嗯，我當然希望如此。

大聲說出你的故事

有鑒於我們在本章進行的過程，以及為「你的故事」找出框架，另一種擺脫舊版故事的辦法很簡單，就是大聲說出口，聽聽自己的話有多蠢。反覆大聲說出幾遍，不斷重複，聽見自己說出：「我不能享受美好人生，是因為＿＿＿＿＿＿＿＿＿＿（以下自行填空你的理由）。」

我的是：「我不能達成目標，是因為我有讀寫障礙，不擅長閱讀。」沒錯，聽到自己的論述時，我都忍不住臉紅了，這正是我的用意。我知道你的論述在過去可能是一段傷痛，但當你長大，再大聲說出口時，就會發現聽起來有多不合理。我要再說一遍，你的人生可能比我想像的情況糟糕，我絕對沒有貶低你往事的意思，但無論是什麼，無論情況有多糟，你都得對局限自己的舊版故事感到不滿、厭惡，才能推動自己採取行動，以全新故事取而代之。

找出每個故事美好的一面

現在讓我們開始逆轉局限自我的論述，變成無極限的強大故事。當你改變故事的某些部分，你的論述就會漸有起色。在此讓我分享個人經驗。我在學校時，是眾人眼中的「笨蛋」，這件事確實傷我很深，讓我傷痕累累，好幾年都意志消沉，至少我是這麼認為的。

我先前已經說了，我有讀寫障礙，也不擅長閱讀。當時，老師和其他同學都因為我的閱讀困難而笑我笨（我的學校不太管社會主流想法，也不太照顧某些族群的感受）。那時的我有所不知，雖然無法像其他同學正常閱讀，卻強化了我的視聽能力，摸索出以視覺和聽覺的學習方式，這類技能恐怕是其他同學都還沒開發出來的，就算有，他們學習的時間也比我長，這就是我能在台上演講無數鐘頭都不用提詞機或草稿的原因。童年時期的閱讀障礙，讓我能以簡單明瞭的方式與人溝通，即便是錯綜複雜的內容，經由我的傳授都會變得簡單易懂，因為我就是用這種簡單思維來思考，我也知道，正是這個原因，我才能和走在人生不同道路上的數百萬人產生共鳴。

你的故事有什麼美好的一面？你曾經以為的人生障礙，最後卻發展成一項技能，讓你成為今日的自己？也許你曾在感情路上遭人劈腿，當時心痛得像是世界末日，現在的你卻知道自己值得什麼樣的愛情，和最適合你的對象在一起。也許你曾經遭老闆革職，讓你覺得自己不夠好，這件事卻讓你多出自我精進的時間，讓你的人生在身心層面都更完整。

找出故事美好的一面，逆轉成賦予你力量的故事。記住東尼・羅賓斯的話：「人生不順我們的意，必有其用意。」他和我分享這句話時，我緊抓不放、關於我家人最後一〇%的舊版故事瞬間瓦解。要是沒有這句話，就不會有今天的我。原本的負面故事，只不過是琢磨我人格的偉大計畫一部分。以這種「找出美好一面」的觀點回顧你的故事，舊版故事的影響立刻消失。

用正面取代負面的個人經歷

請想像你正在一間滿是回憶人生的屋子，有些是美好的記憶，有些則是不好的故事，不斷提醒你過去發生的壞事。現在請想像這棟房子失火，手裡拎著一個小皮箱，只有一分鐘可以解救這些回憶。為了抵達人生成就高峰，必須有所取捨，只打包能持續讓你前進的回憶和故事。要是負面回憶重壓在你心頭或腦海，就讓它被火吞噬吧！只帶走能幫你達成圓滿人生的事物。切記，過去只活在你心裡，必須把過去當作一種研究和開發，之所以存在是為了讓你學習，發展出更好的自我。要是過去牽絆你，讓你無法從惡夢中醒來，或是對你未來的偉大藍圖沒有好處，就讓它被火焰吞噬吧！

在《當下的力量》（*The Power of Now*）裡，艾克哈特．托勒說：「昨日是我們無能為力改變的往昔，明日則是我們腦海中播放的一場電影，只是尚未拍攝罷了。我們只有當下這一刻！所以若能長久放下，為何非得背著沉重的過往？」

現在輪到你調整自己的故事，你已經清楚舊版故事讓你付出什麼樣的代價，為何根本不是真的（雖然你感覺是真的），微小的外界因素滋長你這種想法，最重要的是你應該對它產生厭惡，準備好重寫故事。舉例說明，我將自己「我的童年不順遂，永遠不可能成功」的說法一百八十度翻轉，改成以下版本：「童年處境使然，我學會了更有效的溝通技巧，成為視覺學習者，也因此變得堅強。小時候，我就歷經各種挫敗，所以挫折根本嚇不倒我！當我將快速學習的能力、不懼怕失敗、堅定不移等個人特質互相結合，我的人生就沒有極限！」這個新版故事十分強大有力，成為自己的全新真相。

你也可以跟我一樣，找到更正面的新版故事。記得，無論你的情況原本為何，都能夠擺脫，如果你被劈腿、伴侶偷你的錢或父母不愛你，這些故事都可以拋諸腦後，取而代之寫下正面美好的個人故事。

借用成功人士的經歷打造自己的版本

編寫新版故事時，跟先前相反，我要你找出可以證明新版故事屬實的證據。上網搜尋相關內容、詢問成功的朋友、諮詢心靈導師，或是跟公司內部某位專業輔導師討論，竭盡所能找出證據，證明你現在的故事是可能實現的。譬如說：「我的困境讓我變得不屈不撓、天不怕地不怕，兵來將擋，水來土掩。」搜尋歷史上的堅強女性，看看她們經歷過哪些困境，如美國黑人民權行動主義者羅莎．帕克斯（Rosa Parks）、獲得諾貝爾和平獎的德蕾莎修女（Mather Teresa）、美國教育家海倫．凱勒（Helen Keller），成功人士多半都在人生中，走過好幾遭地獄。所以快去搜出他們的故事，借用他們的經歷打造屬於自己的版本。證據無所不在，所以快去找吧！

寫下來，修改潤飾，請認真編織你的故事。要是你覺得已經盡善盡美，將完成版寄到手機，複製貼到「備忘錄」的應用程式，每天拿出來讀。像是祈禱文般對自己每天重複念出，並試著背下。要是舊版故事重回腦海，請意識到你產生的想法；要是半夜驚醒，發現你又對自己陳述過時的舊版故事，請這樣對自己說：「欸、欸、欸！這故事太可怕，我不是丟出去了嗎！簡直胡言亂語。」然後趕快換成新版故事。

三十日挑戰：睡前大聲念出新版故事

事實上，一旦有了新版故事，就得將它穩穩固定在潛意識中。請別忘記，你的局限思想或許已經跟著你長達十年、二十年，甚至三十年以上。這跟鍛鍊身材一樣，需要上很多堂課程，體態才可能變得健美，你也得時常把新版故事牢牢扎根生活。運用我的三十日挑戰，或是你自己的版本，在接下來的三十天，在每晚睡前大聲說出故事。進入夢鄉前，思考你的新版故事，早上起床後第一件事也是思考你的新版故事。試著把這當成每日必做的儀式，至少維持一個月。

與此同時，找一個生活中願意聽你訴說新版故事的人，對方會微笑鼓勵你，而不是嘲笑你，說你只是做白日夢。告訴對方你改變多少，並和他分享你把舊版故事改成新版故事的過程。

找一位朋友當監督人，這個人可以是伴侶或輔導師，讓他們一路上引導你前進，或者至少別讓你走偏。如果你有某個可以帶領你的對象，千萬別放他走。

我有兩個這樣的朋友，讓我心甘情願花錢將他們留在我生命裡。我每年都會去策略指導（Strategic Coach）課程公司，與創辦人之一的丹．蘇利文碰面四次，他是我的監督指導老師，傳授我成為優秀老師的智慧，同時我也是位在鳳凰城的天才網路（Genius Network）大師課程的成員，創辦人是喬．波利許。波利許協助我磨練行銷技能，讓我沉浸在正面思維、專注正向。每年，我分別在這兩人身上花費兩萬五千美元，因為他們會督促我，讓我在追求目標的路上不會怠惰。

我是一名老師，改變他人一生是我的熱血所在，但我也希望繼續成長。輔導教練是可以讓你達成目標的人，如果你的生命中有能擔任你心靈導師的人，讓對方好好指導你。無論如何，我都很歡迎你展開 www.thebetterlife.com 有趣好玩的三十日挑戰，當然你也可以發送電子郵件 support@thebetterlife.com，看我哪位有執照的成功指導教練可以協助你，讓你變成最好的自己。

早晚各十分鐘，比較前後兩個版本

最後，寫下自己的新版故事後，跟舊版拿來比較。不只是改變一個論述或信念，而是改掉所有無法讓你達成更高目標、促成真實「動力」的故事，觀察你的人生會出現多麼驚人的差距。這則舊版故事已跟著你無數年，可能需要一點時間才能從意識中消除。不過請耐心堅持下去！記得每天早晚都要對自己重複說，一天可能需要花上十分鐘，但請靜心沉思，盡可能去感受新版故事。

你可以改變過往故事，剷除內心的反派分子，藉此深入認識自我和未來潛在成就。更重要的是，等到你剷除內心的反派分子、改變個人故事，你就已經開始邁向解放內心英雄的道路，最後獲得你應得的財富和幸福。

第5章

喚醒內在英雄

「自信不足，就別夢想有長久的功成名就，因為沒了自信，你就成不了大事。去做大事，並從錯誤中學習、改變方針，直到目標實現為止。不管是哪種情況，這就是成就長久的不二法門。」

——東尼．羅賓斯，美國勵志演說家，摘自與狄恩．格拉齊斯的訪談

Hero（英雄）名：充滿勇氣、成就非凡、品格高尚，某個人人仰慕的理想化人物。

Inner（內在的）形：內部或更深處的位置；內部的（可指心靈或思想）。

兩者定義都很清晰明確，各別用在不同地方，對不同人會有不同意義。但結合兩個字詞，就衍生出全新意義。內在英雄代表你的全部潛能、最好的自我，這是上帝賦予你獨一無二、沒有極限的自我，需要你掌控人生的自我。當喚醒你的內在英雄（沒錯，人人都有），就打開了充滿嶄新契機和富足快樂的美麗世界。

在我解釋啟動你內在英雄的最佳方法時，別忘了還有一個跟英雄相反的角色：內在反派。你現在已經知道，反派分子會想方設法阻礙你成長，竭盡所能奪走你的自信、阻止你培養和鞏固全新的成功習慣。要是反派不再想辦法霸占大位，最後就得退位，讓內在英雄篡位。反派不想失去對你的掌控，他的做法不外乎是告訴你，甚至時刻提醒你過時又讓人無能為力的故事，破壞你的潛意識，讓你無法編造美好正向的故事版本。可是等到本章結束，你將會獲得工具，清楚該如何讓最好的你引導自己的思想、快樂與富足。

還記得這個定義吧！當內在英雄主宰人生，就會充滿信心和樂觀，隨時處於解決問題的備戰狀態。當反派侵占時則相反，它會劫走你的勇氣、活力、自信，讓你沒辦法變成最好的自己，這種思想到此為止。我已經賦予了解並剷除反派根源的工具，現在我們還需要一把匕首，刺向反派分子的心臟，一勞永逸，讓內在英雄稱王。

這不是要你變成某個不像自己的人，例如內向變成外向，是成就某件更深刻、更優秀、更適合你的事，並且可以維持一輩子。等到反派分子不再主宰你的人生，主角換成內在英雄，你的可能性就沒有極限，會知道發揮潛力的結果。請記住，我不是要給你一蹴可幾的萬靈丹，不會讀完後就突然變有錢和成功。一如我在本書不斷強調，你要學會立即做出微調的轉變，並在短時間內感受、看見戲劇性的正向效果。你值得的，讓我們攜手完成這項任務，請讀下去，繼續堅持下去，勇往直前。我們已經走這麼遠了，所以先別放棄。

在改變的路上，我會分享全新習慣、思想過程、練習，聚焦在「動機」上。但將練習和行為微調拖延到下一次，非常容易，你之前也犯過這種錯，結果通常並不太好。本書不像其他只是激勵你和講述正面故事的個人成長書，我要教你的是能累積龐大正面效益的小舉動，不要再搭雲霄飛車，現在開始穩定地直線前進。

若要為這一章節設定舞台，可以這麼說：想要成就攀上更高峰，你的心境和自信程度就是關鍵因素。想想你是否曾經感到心情惡劣，卻突然發生好事，情緒頓時好轉的時刻。也許你發現銀行戶頭裡有多出來的錢、伴侶為你做了一件別具意義的事，或是在公司升官。你可以想到某個讓你一瞬間從谷底飛上青天的時刻嗎？當然可以，這表示你有能力一眨眼改變自己的心境和自信，需要的只有可以掌控這項能力的工具，而不是讓外界因素來左右你。

我就直話直說，請問你自信心崩潰的時候，可曾發生什麼不得了的好事？沒有，要是帶著這種心境生活，你只會屋漏偏逢連夜雨，機會擦身而過，悔恨不堪。從另一方面來說，當你某天或某個時刻情緒亢奮、信心破表，或是心情大好、保持樂觀，我猜你想像得到自己達成不可思議的好事，儘管只是稍縱即逝也罷。

沒錯，當你情緒亢奮，感到活力四射，這種感覺真的好得不得了！但要是亢奮很快消逝，低潮接踵而來，生活就會充滿高低起伏，並且是由外界掌控你的情緒波動。我就不拐彎抹角了，這種雲霄飛車般的情緒，無法讓你擁有一心企盼的富有、快樂、幸福、被愛、夢想成真。

所以我要傳授你不受周遭影響，隨時改變心境和自信程度的利器，有了這項能力，你就可以將低潮降到最低，最後完全抵擋在外，只因你能控制情緒和思想，而不是任由環境左右。

我要向你示範如何發揮潛藏你內心深處的自信，去刺激膨脹它，讓自信隨傳隨到。多數人相信自己不是信心破表，就是零信心。但低潮不是全由零自信引起，當你的自信降低五%，也可能遭遇低潮。即便是自信心稍微受挫，都可能形成個人志向、目標、夢想的致命打擊，所以準備好學習保持百分之百的信心，或是至少可以立刻喚出你百分之百的信心，擁有這種程度的自信，反派分子就會不得其門而入。

你的內在自信就是那位等著發光發熱的內在英雄，我見識過學生在學習戰略技能時找不到竅門，好奇自己為何停滯不前，更慘的是思慮過頭，導致什麼都不敢做。他們為何提不起勁，偏離成為理想自我的軌道？在轉型階段初期沒有放棄的學生，幾乎都發現問題是出在缺乏自信。在經歷該過程後，他們有能力培養出自己料想不到的信心。一旦建立起來，就勢不可擋。

在我們探討如何運用這項資源，教你在必要時刻轉變心境與提升自信之前，我想讓你有機會看看改變內在力量、提升自信，就能逆轉人生的案例。

不再留戀錯誤，積極找出解方

凱蘿．史丁森讓反派分子主宰人生，這是因為她出身在美國賓州費城的赤貧家庭，後來又搬遷至紐澤西州一個不太安穩的地區。在大多由反派分子的支配下，她的個人哲學可以用一句話形容：「窮人恆窮之，富人恆富之，只因富人擁有他人不具備的優勢。」

主宰這種思想和人生的不只是史丁森的出身背景，成年後，她接二連三陷入困頓絕境，尤其她先生在美國史上某段經濟最慘烈的時期失業，讓她的負面思想更根深柢固，助長反派分子的氣焰。史丁森不但要撫養五個孩子，還要照顧兩個孫子，最年幼的甚至還是特殊需求兒童，有時經濟拮据，只吃得起花生醬。史丁森告訴我，因為在紐澤西州要是家裡電力遭到切斷，兒童保護服務就有權前來帶走你的孩子，當時因為家裡欠繳電費，無電可用，她常會因此驚醒而徬徨失措。

你大概能理解為何史丁森告訴我下面這番話：「要是你生在貧民區，就會相信自己的命運絕對沒有轉圜的餘地，你理所當然要貧窮度日，生活理所當然匱乏，你會嫉妒鄙視有錢人，因為你覺得他們能賺錢，都是從我們手裡搶走的。」

怪在別人頭上何其容易，你可以說是經濟的錯、總統的錯、有錢人的錯、聰明人的錯，其餘一百名代罪羔羊的錯，這種思維讓你自我懷疑，對人生感到無望。要是你真的心想：「我們的命運只能如此。」那情況真的就是如此。

想要更上一層樓的欲望強烈深遠，使我們力求改變；可是當我們跌落谷底，內心也會萌生改變的念頭，希望第二個選擇永遠不是你力求改變的理由。因此想要成功的意念，就是驅使你進步的動力。

就史丁森的案例來說，她沒有時間、金錢、藉口。她的房屋遭到徵收、一貧如洗、冰箱空空，可是這時的她卻做了一件對她而言非常不尋常的事。她不顧家人、先生，甚至內心聲音的反對，用身上僅存的最後幾塊錢買了我其中一本書。

沒錯，我教會她賺錢的策略，給她做生意的念頭，但史丁森告訴我，看書時她不斷對自己說：「這不可能是真的，我不可能長期以來都是這麼想的。」但她發現我說的話愈來愈有道理，也發現反覆告訴自己的負面故事全是假的。

聽過我的個人經歷、勤做練習題、深受不同案例啟發後，她開始改變自我想法、微調成功習慣、調整個人故事。史丁森知道反派分子已經掌控她大半輩子，人生一直沒有好事發生，於是她勇敢喚醒內在英雄，讓它成為主導自己的力量。

她發現根本不需要大學學歷，不必來自富人區，不需要大筆資金才做得了生意。她還發現自己何其幸運，可以撫養七個孩子，有一個很棒的先生，還有眼前大好機會等著她。她明白要是能改變習慣，對自己訴說新版故事，讓英雄當自己的主人，情境就會扭轉。結果真的，她想的一點也沒錯。

頓悟之後，史丁森不再把個人的遭遇怪罪在經濟、命運或其他事物上，反而當起自己的主人。這時，身邊的人都認為她瘋了。

她堅信自己有致富的機會，也確定自己有更多潛能，覺得自己戰勝得了世界。結果，你猜怎麼樣？她開始轉變思考，內心的英雄也變得更強大。

史丁森不僅展開自己的公司事業，數十萬、數百萬美元漸漸入袋，讓家人擺脫房屋徵收的命運。她買了一棟新房子和一輛新車，帶孩子前往從沒去過的購物中心買開學用品，帶家人度過以往只能夢想的假期，甚至讓孩子上大學，改變家人的命運。

今日的凱蘿．史丁森看起來比我剛認識時年輕二十歲，並且成為一個堅強傑出、充滿活力且令人敬佩的女強人，也改變了自己與家人的命運。除了財務方面的轉變，她還在孩子成長過程中，教導他們全新習慣，讓他們成為與眾不同的人，讓英雄掌管人生，完全發揮個人潛能，不要交由機會決定命運，也不要等臨終時才哀嘆：「唉，我這一生本來可以大有可為的。」

不，對史丁森而言，不會再有「我本來可以大有可為」的說法，毋庸置疑，這個剛烈堅定、出類拔萃的女子，到了人生最後一刻會知道自己發揮了所有潛能。

想想本章最前面的簡單定義，試想史丁森的內在英雄和它的英勇特質：自信、勇敢、負責。史丁森另一個成功習慣是她**不再留戀錯誤的來源，反而積極找出解決之道**。

這就是反派和英雄最大的差別。**把精力白白耗費在責怪上，找出某人為何生重病的原因、糾結自己沒升官加薪是誰的錯，抑或伴侶為何偷自己的錢、第一間公司為何不成功，這等於讓反派當主人**。情況可大可小，**要是你接受事情已經「發生」，開始想辦法從中創造最佳結局，**

這就是萬事出現轉機的時候，也是內在英雄發光發熱的時刻。我再分享一則案例，讓這個真相在你內心慢慢沉澱。

你或許聽說過維爾金瘦身法（The Virgin Diet）的發明人 J．J．維爾金（J. J. Virgin），也是多部《紐約時報》暢銷書作家的她，成就簡直數不完。但你或許不知道，幾年前她的兒子葛蘭特在走路回家的路上被車撞倒，肇事駕駛逃逸現場，留他一人在原地苟延殘喘。當時葛蘭特還活著，卻只剩下一口氣。他的骨頭斷了十三處，但這還不是最慘的。由於頭部嚴重受創，腦部創傷可能無法好轉。醫生鐵口直斷他活不了，甚至補充一句：「就算他活下來，也可能終身殘廢，語言障礙還會讓他無法正常溝通。」

寫到這裡的同時，美國公共廣播電視公司（Public Broadcasting Service, PBS）正在幫維爾金和葛蘭特製作一部紀錄片，講述這場悲劇車禍後的種種歷程，邀我參與這部紀錄片的訪談，我當然一口答應了。我也不確定他們想聽我說什麼，但我感到榮幸和高興，不僅可以支持維爾金和葛蘭特，還有貢獻一己之力的機會。其中一道問題是：「你認為維爾金和她兒子遭遇的創傷，最好的復原方法是什麼？」

我腦海立刻浮現、還來不及過濾就脫口而出的答案是：「只去看最好的結果，盡可能別浪費精力在事發起因，也不要去怪罪別人。」這句話現在聽來或許天真，畢竟當時的狀況和他們遭逢的悲劇很慘痛。但真的天真嗎？我進一步解釋自己的想法時，發現維爾金的處理態度是只去看最好的結果，她當然也經歷過所有父母接到電話時的情緒，但她很快就調整好自己，想方設法讓葛蘭特活下來，讓他有機會像正常人一樣生活。她拒絕接受醫生的診斷結果，因為醫生給不了她內心的理想結果，所以她對其他人的忠告充耳不聞，送葛蘭特上直升機，帶他前往可能治癒葛蘭特的醫院。她無所不用其極，打遍陌生電話、親自登門拜訪，不惜硬起來，最後找到最可能協助葛蘭特的人。

維爾金找到她的願景，專注於解決之道，讓英雄當主人，什麼困難都阻擋不了她。

當紀錄片主持人談到這一點，就在我快說完時，她打岔：「我從你的回答猜測，你大概不曉得維爾金並未尋求法律途徑，對撞車逃逸的駕駛提出告訴。事實上，她從來不曾提過這號人物。」我完全不知情，也不詫異。把錯怪在別人頭上，一心求報復，任誰都做得到，多數人可能會試圖上刑事法院起訴駕駛，行不通就提告，奪走對方的所有。維爾金大可怨恨她，她有這個權利，畢竟這種憾事發生在她的寶貝兒子身上。

可是她心知肚明，報復無法改變葛蘭特的命運，在這世上我們能耗費的心力有限，她明白自己應該把精力用在哪裡，於是集中精神在解決問題上。她讓內在英雄掌管情況，而不是讓反派分子放肆。**你的內在英雄無法阻止事情出錯，也不能預防悲劇發生，但要是你讓它浮現，即**

使是最可怕的創傷，還是能將這個經驗轉換成美好人生的墊腳石。面對任何困境挑戰時，內在英雄都讓你渾身充滿活力，並利用這股力量追求你應得的人生。

不是說應該要慶幸事情出錯，你才能從中學習。沒人希望生命中發生壞事，但壞事終究會發生，這是不爭的事實。倘若發生壞事，你希望誰來當主人？我猜你現在應該已經懂我的意思了，英雄會把精神集中在解決問題上。

我要告訴你的好消息是，葛蘭特不僅活了下來，甚至活出光采。他鬥志堅定，他的媽媽全心專注在最好的結果，所以葛蘭特現在每天都為了自己努力，追求更美好的人生。維爾金的最新創作《奇蹟心態》（*Miracle Mindset*）講述她和葛蘭特這一路走來的過程，還有我們能從中學習的人生教訓。

當你更清楚內在英雄的模樣之後，我們就要檢視你培養自信的方法，給予英雄主控權。

建立自信也能套公式

現在讓我們回溯你的人生路上，因為缺乏自信而付出慘痛代價的時刻。你是否曾經想要邀請女生約會，或是向咖啡廳裡看見的男生搭訕，最後只是開不了口、眼巴巴望著對方離去？你是否曾經有機會處理好一件困難的工作案，抑或展開個人事業，卻始終無法將想法化為行動？更簡單一點來說，你是否因為覺得自己身材太差，不敢走進健身房？我看過缺乏自信毀掉太多人，而這種事通常發生在前言提及自信心只降低五%的時候。回想以前什麼時候，你曾因為缺乏自信而受到傷害？現在是否覺得，當初若能喚醒百分之百的信心，去做你想做的事，人生就可能大不相同？

我有位很好的朋友，這個大好人的名字是理查．羅西（Richard Rossi），在美國華盛頓特區經營一間成績亮眼的公司，專為高中優等生量身定制激勵人心的現場活動。學生出席活動，學習改變一生的知識。當我和羅西討論他舉辦的活動時，我說：「你真的很幸運，親眼見證許多高中生參加活動、最後出人頭地的案例。若我問你，他們具備的共同特質是什麼，你會怎麼回答？」

他說：「我不用想就知道答案了，兩個字：自信，」緊接著又補充，「通常會蛻變成超級巨星的，都不是腦袋最好或成績第一的好學生，而是具備驚人自信，會去督促自己成就大事的學生。」

羅西說的話不是理論，是源自於經驗和結果，從真實人生蒐集到的資料。他見過全美成千上萬名最成功的年輕人踏入他教室的門，他們為成功所找到的名字不過是「自信」。

現在我要問一個價值一百萬美元的問題：「你該怎麼確定在你需要時，自信一直都在？」回想人生發生某段了不起的好事、自信心上漲的時期。也許你在工作或家庭的表現出色，或是站在健身房時望著鏡中的自己，在內心拍了拍自己的胸膛，說：「實在太棒了，我辦到了！」在那一刻，你稍微見識到自信飆升時對你心境造成的力量。

你現在已經知道，我小時候不太有自信，不僅是全班個子最矮的孩子，閱讀能力很差，上課更是坐不住，時常被人譏笑。隨著我逐漸長大，我必須學會建立個人自信。藉由不斷的試驗和失敗，以及某些很棒的人協助，我學會從零，培養出堅不可摧的自信，而你也辦得到。

首先，你必須釐清有關自信的迷思。有人天生就有自信嗎？也許在少見的案例是如此，但可能性不大。大多情況下，自信必須透過學習培養。如果你認為自己是「自信的類型」或「沒有自信的類型」，可能只是在自欺欺人，這兩種說法都只是迷思。無論你的自信心有多高，我要向你保證，你肯定還有尚未發揮的自信。我的心靈導師丹．蘇利文，亦即策略教學公司的負責人兼創辦人傳授我的寶貴一課，稱作「四C公式」*，他也在個人的同名著作中深入簡出解

* 策略教學®、策略教學®課程、四C公式®皆為受版權保護的註冊商標，亦為策略教學股份有限公司的核心概念，原著作人保留以上所有權利，經過書面准許授權使用。www.strategiccoach.com

釋這個概念，接下來就讓我們利用這個公式，帶你建立自信吧。

以下是幫助你挖掘真實自信和找出自信所需原料的四大步驟：

第一步，是第一個C，他就是「**投入**」（commitment）。閱讀這本書、開始我建議的練習，這樣的你已經展現出投入的精神，你為了自我轉變而專注投入，畢竟任何重大改變都需要投入心力。如果你想要減重，就必須積極投入，否則不會順利。如果你想要展開新工作，就得全心投入，否則就等著挫敗。

或者也可以反過來，用另一個角度看待第一個C「投入」：你曾經有不投入就成功的經驗嗎？感情也好，新公司也罷，甚至是剛開始的減重計畫？想都別想！如果你想發財，人生更上一層樓，就得全心全意投入。這意思不是說凡是醒著，每分每秒都得專注在某個目標上，但也別三心二意，三心二意會害你自信搖搖欲墜。關鍵是將投入設為第一優先，你必須先全心投入一個目標，才能喚醒執行的勇氣。

接著就是第二個C「**勇氣**」（courage）登場的時候了。勇氣的意思是你不知道門的後面是什麼，卻還是選擇穿越那扇門。勇氣讓你從長板凳上站起來，舉起手主動加入比賽，而不是光是站在邊線批評、羨慕嫉妒。也許你還沒發現，但其實你早已鍛鍊出人生的勇氣肌肉。你有孩子嗎？你需要極大勇氣，才能將孩子帶入這個世界、照顧養育他們。當時你並不知道（也許至今仍不知道）未來會變成怎樣，但你還是一頭栽下，一路上慢慢學習當爸媽。勇氣是每個人內建的特質，即使藏得很深，它依然存在。如果你想要有做某件事的勇氣，可以回想你的漸進式七題練習，找出你的「動機」。這就是那個核心習慣再次發揮作用的時刻。發現真實目標後，行動就有可能實現：當你擁有願景、目標明確，不讓舊版故事牽絆你，就能夠勇氣大增。所以將精神集中在你想去的方向和你的全新論述，抬頭挺胸地說：「現在就是我發光發熱的時候！」勇往直前。

第三個C是「**能力**」（capacity）。請問你從閱讀這幾章和培養成功習慣中，得到什麼能力。記得我們在討論目前位置那章，要你誠實面對自我，釐清你想去的方向，以及你打算怎麼走到那一步嗎？大多情況下，你要先有某種能力才能實踐目標。全心投入、咬牙熬過鼓起勇氣的不適，你就能發展出必備能力、達成目標。你一定要先採取行動，不是等到有能力才來投入，反而應該先專注投入，隨著開始執行，自然就會培養出能力了。

一旦你擁有這三個C並且採取行動，最後就會獲得第四個C，也就是「**自信**」（confidence）。你的自信油然而生，連你也阻擋不了。試想每個C的意義，以及它們是怎麼在人生不同時刻幫你打一劑自信的強心針。你是否曾經害怕嘗試某件新事物，例如在大庭廣眾下跳舞、飛索、公開演說？也許開始前你緊張得不得了，我說對了嗎？你可能鑽牛角尖，擔心出錯，最後卻還是咬著牙上場了，這就叫作勇氣。請問這次經驗結束後，你感覺如何？沒錯，你覺得超棒，再來一次也沒問題！

那麼投入呢？你可能漫不經心談了幾年戀愛、開創事業，某天為了自己的孩子，或希望人生往上一層樓，再不然也可能是其他動機，你開始認真投入，人生起飛。

現在再思考一下能力。對某件事一頭霧水的感受讓人沮喪茫然。你是否曾經嘗試自己下載使用某個全新的手機應用程式？曾經學習一個新語言，或是某種樂器，卻不確定自己的方向是否正確，沒多久就覺得洩氣？不過一旦掌握技能，閱讀使用說明書、觀看線上教學影片、僱請教練或老師，再稍加練習一下，這件事就變得易如反掌。

當你為了達成某個目標與結果校準這三個C，自信心就會飆升。當四個C都準備就位，你的自信心就會上升，負面事物或論述也壓抑不了你內心的英雄。你的自我懷疑和內在抗拒會漸漸消逝，將掌控權讓給真實的你。

當自信被擊潰，快速恢復的方法

無論你有多堅強、進步多少，自信仍然會遭受打擊。如果想要完全發揮個人潛能，就得保護你的自信，這如同保護金庫裡的數百萬美元。當生活擊潰你的自信心，你需要可以快速充氣的工具。這就是我們現在要講的重點。

讓我問你一個問題：「你哪方面很酷？」覺得這問題聽起來很荒謬嗎？不好回答？無論你覺得目前人生處於哪個階段，都千萬別小看這道題目的價值。我第一次提出這個問題，是和身高僅九十一公分的西恩・史帝文森（Sean Stephenson）＊一起練習。如果你不知道他是誰，可以上網搜尋。史帝文森是很了不起的人，即使碰到難以想像的困境，依舊達成許多人都完成不了的成就。當我和他討論某個我面臨的障礙時，史帝文森突然說：「我們來寫下你很酷的特別之處吧！」

我回他：「什麼？老兄，讓我們來談談可行戰術，看能怎麼解決眼前問題，而不是提升我的自尊。」要命，我真是大錯特錯。如今回想，我發現他其實是注意到我的信心低落，想幫我提升自信心。所以請相信我這一句話，一起跟我做練習，開始思考你很酷的特點吧！

＊一出生就有成骨不全症，俗稱玻璃娃娃，是世界知名演說家與心理治療師。

有一件事我敢篤定的說，那就是一旦壓力升高，我們往往會專注在自己做不好的事，或是自己完成不了的事，抑或自己所犯的錯，時常忘了自己也有做得好的事。這種時候你反而應該忽略失敗經驗，想想你的成功戰績。

史帝文森第一次問我哪方面很酷時，我不由得猛抓頭，他看到我的反應，馬上出言制止。這是因為他知道我當時正在思索自己犯下的錯，我必須花點時間才想得到自己哪裡最酷。他像是一個好老師，剛開始先是刺探，旁敲側擊，提出自己幾個「很酷」的案例幫我暖身，接著我的答案慢慢浮現。當時，我寫下的答案大致如下：

- 我把孩子的順位，放在工作和成就之上。
- 我以前就讀特殊教育班，高中差點肄業，現在卻是多本《紐約時報》的暢銷書作家。
- 我會操作推土機和反鏟挖土機（這是我過去蓋房子時學會的技能）。
- 我年輕時曾當過技工，懂得拆解引擎、修理撞歪的擋泥板、幫汽車烤漆。
- 我默默行善，不具名捐款。
- 我創造讓人採取行動，改變人生的簡單信息。
- 二十多歲時，我曾獲得美國新英格蘭雪地摩托車草地競賽冠軍*。

- 我現在還和小學五年級的死黨保持聯絡。
- 我不斷嘗試向我愛的人表達他們對我的重要性。
- 即便對方想挑起戰火，我依然不與人發生衝突，和平解決問題。
- 經過多年練習，現在的我很懂得製造節目效果，我還跟我心目中的英雄見過面。

這只是清單的一小部分，當我開始思考自己很酷的地方，過往事蹟就一一湧現。

現在換你思考能寫在清單裡的事蹟。發揮創意，把你的特殊技能和成就全部寫下來，你的清單應該包括所有你對自己滿意又覺得很酷的特點。也許你是懂得兩肋插刀的朋友，或者時尚品味出眾，抑或慷慨協助需要幫助的人。什麼樣的特質或是成就都好，全都寫下來吧！你的工作、公司、你對待員工的方式，是否有很酷的地方？在你父母眼裡，你是什麼樣的子女？為了自己的孩子，你努力成為什麼樣的家長？抑或在感情中，是什麼樣的伴侶？我不知道你哪裡很酷，但我深知你只需要稍微思考，就可以列出一長串清單的事蹟！寫下來，利用一點時間，靜下心閱讀這份清單，把你剛寫下的內容在腦中沉澱。做練習時，我記得自己心想「哇！沒想到

* 在新英格蘭地區，雪地摩托車是一項流行的冬季運動。

我還挺酷的，我居然有不少特殊技能，也完成了一些志向遠大的目標。」跟史帝文森完成練習後，我記得自信即刻倍增，而我只是承認自己的成功，不是專注失敗。

就跟我先前分享自己養出內在反派的故事一樣，現在我也分享推翻反派分子聲音，讓內在英雄當主人的事蹟。史帝文森起初說要一起做「看看自己哪裡酷」的練習時，我還嫌他是在浪費時間，更別說這做法很詭異，但後來才發現自己的想法是錯的，如果你對這項練習抱有同樣負面想法，即便只有一秒，你也錯了。花點時間反思：「你不只很酷，還已經達到不少成就，只是你吝於表揚自己罷了。」

用兩張照片幫你一秒增加自信

接下來的練習也許需要花一點功夫，但你的付出不會白費力氣，這項練習會幫你在需要的時候一秒增加自信（你可以參考附錄❸「兩張照片的故事練習」）。

現在先找出自己不好看的照片，可以是智慧型手機裡的電子檔，也可以是收藏在鞋盒裡的老照片。可能是你人生某階段的照片，或許你當時過重、熬夜開夜車、身無分文、處於失業狀態，甚至只是拍照當天看起來慘兮兮。這張照片象徵的就是被反派分子綁架人生的自己。如果是電子圖檔，請列印下來，電腦裡也備份，然後寫下一份描述這個自我的負面特質清單。舉個例子：我很胖，我工作笨手笨腳，我剛失戀心碎，我真的很氣我妹妹，我只看人生不好的地方，我把自己的錯怪在別人頭上，諸如此類。

你瞧，這些都是助長內在反派的特質，它們掌控了你，並且完全摧毀你的自信。想像照片中這個人是怎麼讓反派分子主宰他的人生、奪走自信。反派分子不斷告訴你：「我們付不出房租。我們的事業原地踏步。我們賺的錢不夠多。我們永遠賺不了大錢。為何早上我們還得起床？」這就是每天思想貧瘠匱乏、自信不足的人的定義。

現在為你那張不出色的照片加上負面情緒，譬如當時的你氣憤、悲傷、低沉、尷尬、羞愧、沒有安全感。然後我要你為那個人取一個名字。也許你可以給他一個暱稱，可能是你小時候討厭的人，或是隨便找一個你不喜歡的名字，無論是什麼，就是挑一個不討喜的名字。

接下來，進一步創造負面版本的自己，這個版本的你有哪些綁手綁腳的信念和習慣？這樣的你代表著什麼？你默許自己是什麼樣的人生設定？有誰想要跟這個人相處？即使在那之後你已經變了一個人，依然要專注在照片中所觀察到的你，那個過往的你。並且描繪照片中，沒有發揮個人潛能的那個人。

練習已經進行到了一半，請為練習的後半段，找一張你正值快樂時期的照片，照片中的你很開心，是狀態最好的時刻，如很有自信或看起來最帥氣；也可能是發光發熱的英雄、飛黃騰達的你，抑或完全活出自我的你。現在寫下英雄版本的你具有哪些特質，這個人是否神氣活現、有權有勢、精力充沛、富有又財務穩定、擔任公司老闆、掌控自我財富、生氣勃勃、滿腔熱血、富有熱忱、內心堅強？這人是否定期運動、吃得健康，和自己的孩子關係良好？這個版本的你是否擁有高收入？是否經濟獨立？其他人是否尊敬他？

現在我要你幫這位英雄冠上名稱，你可以從網路世界借用某個名字，說自己是約翰四．〇版或瑪莉五．〇版。接下來，創造另一個分身，這次是英雄版本。你剛學會的億萬富翁習慣、全新不受限制的信念有哪些？這個版本的你代表什麼？你現在接受人生中的哪些事？什麼又是你絕對不能接受的事？誰想跟這個英雄身分交往？這個版本就是嶄新正式版本的你，解說一下，這個活出個人潛能，不設限、不評判，能完全掌控自我的人。當這位英雄掌權時，誰才是真實的你？

請明白以下真相，這兩個版本的你都是同一人，每個人內心都住著好狼和壞狼，過去的你和現在的你，宰制的反派分子對上主控的英雄，我提到狼的例子是有原因的，現在是你的機會，由你決定要餵養哪匹狼，畢竟你所餵養的狼，將會掌控你的人生！

接下來，把這兩張照片並列排放，在照片下方分別擺放描述文字。拿出手機為這兩張照片拍照，需要或想要的時候隨時拿出來看。記住這兩個分身，不只是眼睛記下來，還要記住它們所象徵的意義。不要只存電子圖檔，記得把這兩張照片（或是列印出你手機裡的那張）貼在冰箱上、放在辦公室抽屜裡，或是換成電腦螢幕保護程式！隨時攜帶這些照片，因為當你需要力量，需要喚醒自信時，就能拿出來看。

為了達到效果，請用心感受你的分身，你必須成為新版英雄的自己，只要出錯，或是發現自己陷入負面狀態，反派分子偷溜進門，都要盯著這兩張照片，說：「我是否想回到過去的自己，讓人生操控我，還是當全新英雄版的自己？」

你是否開始感受到誰才是你的內心英雄？內在英雄就是上帝創造的那個你。你跨越無垠邊界，運用你擁有的全部天賦，登上更高一階。內在英雄不過是完全發揮自我潛能的你，再也沒什麼可以限制和壓抑你。

個人的能量提詞，改變心境、逆轉局勢

以下是另一個可以改變心境，即刻提升信心的習慣。十五年前，東尼·羅賓斯傳授我幾堂強大課程，其中之一就是這個練習，並還改寫我的人生。自那時起，我就採用了屬於我的版本，一旦習慣了，甚至還能成為我的救星。

十幾年前，我諸事不順，至少看起來是樣樣不對。會計挪用公款，害我生意差點做不下去；這世上我最愛的人，也就是拉拔我長大的祖母當時也住院，臨終在即；一夕之間我最主要的收入來源凍結，可是衰事還沒完，我不斷對自己闡述可怕的故事，挖掘出過往的狹隘思想，開始這麼想：「也許我不夠聰明，以我現在的程度根本不可能經營公司。也許我只是運氣好，現在好運都用光了吧？」我告訴自己一堆負面思想，摧毀了我的信心，日漸壯大內在的反派分子。

可是我改變了心境，甚至是全然改變心境，激發這個轉變的就是東尼的咒語，我稱此為「個人的能量提詞」。我開始告訴自己：「如果能通過這場考驗，我就什麼都不用怕。如果能通過這場考驗，我就什麼都不用怕。如果能通過這場考驗，我就什麼都不用怕。」

我對自己複誦這句話，在家裡或辦公室時，邊繞圈邊大聲念出來，早上去健身房跑跑步機

時，也對自己這麼說。我複誦的聲音愈來愈大，直到我的靈魂感受到可信度。這句簡單的小提詞，為我的人生帶來意想不到的力量，它讓我的細胞活過來，帶領我進入一種天不怕地不怕的心境。我再也不去思考哪方面可能犯錯，而是專注在做對的事情上，過往的反派分子想要重回我的人生時，我一腳把它踹到路邊。有了這句我剛發現的能量提詞，它想都別想！我感覺到內在英雄掌控我的靈魂！

自那時起，我開始使用其他能量提詞，再也沒有停下這個習慣！這是十五年前，羅賓斯在某堂課上傳授的方法，說來好笑，當時我還在日記裡寫道：「有天，我會親自向羅賓斯好好道謝，我們兩人會成為工作夥伴。」一時間快轉十五年，我正在中國上海的一場活動後台，等著準備激勵一萬五千名活力四射的傑出中國聽眾。猜猜誰跟我一起參加活動？沒錯，就是東尼・羅賓斯，他現在也是我最要好的朋友之一。

我正準備跟著羅賓斯上台，預計在上台時間的十分鐘前，我緊張得不得了，開始質疑自己和自我能力，焦慮不已，深怕會讓羅賓斯及場上一萬五千人大失所望。

但猜猜我後來用哪一招扭轉當日局勢？正是十五年前，羅賓斯在課堂上傳授我的技巧。我開始在後台踱步，嘴裡反覆念著那句之前公開演講時，我偶爾會使用的能量提詞。我真的就這麼來回踱步、不斷重複同一句話，隨著每一次的重複，感受也變得愈來愈強烈：「我要我的潛意識好好善用上帝賦予我的獨特能力，渲染影響今天到場的觀眾，給予他們扭轉生命的力量！」我不斷重複這句話，直到自信提升，恐懼消散，就在這時，我的內在英雄登場，這個轉變讓我的手臂和臉部爬滿雞皮疙瘩。接下來，羅賓斯大喊我的名字，輪到我登台了。我一踏上舞台，羅賓斯立刻給我一個熊抱，我也已經準備好點燃現場聽眾情緒，最後我真的辦到了！

你的能量提詞會點燃內在英雄，不是可能奏效，是百分之百奏效，只要你用對方法就行。

想一想你可以用哪種能量提詞，幫你戰勝想克服或完成的事？每當你感到反派分子快要浮出意識，覺得自我開始渺小脆弱時，可以對自己說些什麼？哪些話能讓內在英雄重返舞台？也許是類似我的某句提詞：「這才嚇不倒我，我經歷過比這更慘的事！」或是諸如此類的話：「我永不放棄，因為我的家人值得最棒的我！」無論是什麼，都要把這句話牢牢記在腦海，隨傳隨到。

立刻在某個你觸手可及的地方，寫下這句能量提詞。當你走進一場重要會議，感到些許緊張、需要提升自信和力量時，你的提詞會是什麼？要是準備和伴侶提一件對兩人感情十分關鍵的事，抑或和孩子展開某個難以啟齒的話題前，想對自己說什麼？對員工或老闆提出某件嚴肅緊繃的話題前，有沒有可以用來鼓勵自己的話？

找到適合自己的能量提詞後，挑選其中一句話，獨處時反覆大聲念出來，可以是你到森林散步時、單獨在家時，抑或獨自開車時。不要光是念出來，認真去體會每一個字，直到你感覺體內的能量轉換、心境改變、英雄現身並掌控主場為止。這就是活出最高潛能、不設限、不評斷、完全掌控的你，千萬別覺得不好意思，根本沒人在看。

你的心境和自信，對下一階段的成就、財富和快樂至關重要，畢竟我沒見過自信不足的人還能大獲全勝。反之，所有我遇見的億萬富翁、百萬富豪、快樂的成功人士，不僅對自己的人生方向擁有願景和強大故事，更兼具培養自信的能力，懂得在需要的時刻，瞬間轉換心境。也就是說，他們讓內在英雄主宰人生，而不是畏手畏腳、偷走夢想的反派分子。現在你也配備這項利器，在最需要的時候，幫你建立自信。

本章的用意是往壞人的心臟刺下最後一刀，讓最好的你，也就是內在英雄主控全場。雖然你現在擁有這項利器與知識，但請記住，這個轉變不是練習一、兩次就夠，這好比你不能期望上一、兩次健身房，做幾回累人的超強鍛鍊，就能擁有希臘男神般的體態。練習得愈多，這些轉變就愈能成為你人生的新習慣和日常。你將發現自己能以截然不同的方式操控人生，成功也會找上變成英雄的你。

為了實踐這項任務，讓我們繼續往下掘，挖掘出可為你打造更高階，夢寐以求的財富、豐饒與自力更生的「關鍵」。

第6章

打造圓滿和財務自由的人生

「我們可以放眼看生命中的成功，也可以只看失敗。不用多說，每個人的一生必定有成功，也有失敗的時候。如果我們只看失敗，很容易喪失信心，難以再樂觀起來。但若是看向成功，就會獲得天大的美好禮物，是人人唾手可得的禮物。」

——雅莉安娜．赫芬頓，《赫芬頓郵報》創辦人兼總編輯，摘自與狄恩．格拉齊斯的訪談絕大多數能改變你的收入、財富、幸福、億萬富翁的人生成功習慣，都來自我二十五年的創業經驗，以及地表最成功人士的經驗談。這些習慣能讓你致富，不只是擁有金錢，還有美好人生中所具備的事物。

我要在本章更深入探討財富契機的更高一階，無論是追求職業生涯、開設個人公司，或是投資個人都好。在這庸庸碌碌的世界，機會和選擇多到我們無法招架，最後除了原地踏步，可能什麼都做不了。

你之所以讀這本書，是因為你想要有更高一階的財富，我想你大概已經有概念，知道該往哪個方向前進才能邁向目標。也許你只是害怕行動，或是正在努力找到可以落實的行動，我們會在本章幫你決定打造圓滿人生和財富的明確道路。股神巴菲特（Warren Buffett）有句名言：「成功人士和超級成功人士之間的差異在於，超級成功人士懂得對絕大多數的事說不。」現在讓我們來深入探討，定義在你人生中應該答應與拒絕的事。

與此同時，我會協助你避免掉入「我做不到」而拒絕的錯誤心態。一旦擁有正確習慣和增加自信，你確實會變得勢不可擋。我也希望把這章獻給我的心靈導師丹．蘇利文。他創辦的策略指導課程公司致力協助他人發揮潛能，也幫我逆轉人生。過去四十多年來，蘇利文培訓世界各地的頂尖企業家，也為我的人生帶來非凡影響。阿丹，多謝你給我的指導和禮物，策略教學課程不僅強而有力，也讓我迎刃解決我全新專案的問題，幫我釐清思緒，創建許多成功事業。若想了解更多策略教學課程的資訊，請至以下網站：strategiccoach.com。

不該做的清單比待辦清單重要

現在，我要進行的練習可讓你達成兩大目的。第一，你會知道自己應該避免做什麼。第二，這道練習題將讓你大開眼界，把握適合自己、讓你財源滾滾的機會（見附錄❺「大聲說不的練習」）。

首先，請回答以下問題：你最喜歡做什麼事？什麼能激起你的熱血？什麼會讓你內心充滿活力、臉上掛著笑容、提升自信心？你喜歡與人談判協商嗎？你喜歡幫助他人？你熱愛解決複雜難題？你熱愛數學、科學、藝術，還是文學？你勇於承擔風險嗎？你喜歡冒險嗎？你喜歡解決紛爭？喜歡銷售？喜歡行銷和廣告？你愛創造嗎？

用一分鐘思索你的熱愛，因為我們常常忘了自己的熱愛，日復一日深陷沉悶瑣碎的常軌，忘了自己真正的熱情。製作一份清單，裡面要有五、六樣讓你熱血沸騰的事物。接下來，思考自己真正的專長。你認為如果你不在場，最好的朋友、同事、職員會怎麼形容你的專長？

他們會說每次你一走進來，問題就迎刃而解嗎？會說你是個細心的人，總是三思而後行？還是形容你有嘗試新事物的能力，儘管勇於承擔風險，卻不莽撞行事？也許你擅長解決問題、創意發想、發展構思，或是安排組織？我不知道你的專長是什麼，最清楚的人是你，請寫下你腦海中浮現的專長。

接下來我們要來談錢，而且是賺大錢。如果真的實際行動，你覺得你最可能靠什麼致富？是目前的事業更上一層樓，開創自己的公司，抑或擴展你現有的公司，在現任職場升官？也許是貸款或僱請行銷專家，為你的公司創造更高銷售量。無論是什麼，你覺得什麼能幫你賺大錢？仔細思考後寫下來。

下一步，列出你的財務目標，你想要什麼樣的財務進展？在稍早練習中正式寫下的目標，包括「你現階段在何處？該何去何從？」等問題。請拿出之前的清單，在這裡套用，寫下你確實的收入目標。你是否有想累積的財富數字？好讓你可以提前退休、幫助父母、保護家人？你想住在哪裡？想在某個區域花多少錢置產？你夢想中的房屋價值多少？你想要自己當老闆嗎？如果是，獲利目標為何？你想要多聘幾名員工嗎？需要多少獲利才請得起員工？你想要脫手公司嗎？若是如此，預期收到多少錢？

接著我要你思考，為了邁向目標，你現階段必須採取的行動。這一步應該只是一小步，但你得朝所達到的目標踏出去，才能產生動力。就像已逝世的美國陸軍上將小克雷頓・艾布蘭（General Creighton Abrams Jr.）*說的：「要怎麼吃下一整頭大象？當然是一次一口。」你想要怎麼跑完一千六百公里的賽跑？一次跨出一步。要怎麼讓財務更上一層樓？創辦新公司？展開新事業？工作升遷？公司鴻圖大展？一次一步，而且今天就能開始。那麼你應該採取哪些行動？你得積極寄出哪些電子郵件？得將哪些負面消極的人踢出你的生命？吸引哪些人進入你的生命？你得對什麼說不？全部寫下來。

目前你已經製作一份清單，上面都是你熱愛的事，擅長的技能或領域，可以讓你發大財的活動與財務目標，以及為了實踐目標所要採取的行動。沒錯，這項練習可以運用在人生任何一個層面，但我們目前看的主要是金錢。

最後，我要你仔細思考自己的清單項目。凡是不在上面的，都可能需要被列入「賺大錢」不該做的清單。**為了成功，不該做清單可能比待辦清單重要**。這類強而有力的成功習慣，可以幫你前所未有地看得透澈，讓你擠出時間。在你的不該做清單上，有哪些事對你的未來沒有助

* 在一九六八年至一九七二年越戰期間，是駐越美軍最高指揮官，隨後又擔任美國陸軍參謀長。

益，無法讓你進步，成為最好的自己？

為了幫你列出不該做的清單，以下是其中幾個常見例子：

- 每週有好幾天都和消極負面、讓你失去動力的朋友廝混。
- 本來是上網付帳單，最後變成整天掛網、閱讀八卦和負面新聞，浪費人生的寶貴光陰。
- 因為你不清楚該先做什麼，以致拖延新公司的進度。
- 花太多時間在沙發上發懶、上健身房（這很有可能），或是跟別人爭執沒意義的小事。
- 明明可以付錢了事、找人代勞，利用多出來的時間和精力達成更重要的目標，卻偏偏每週堅持親自除草（或是其他耗時卻無聊瑣碎的小事）。

這些就是可能浪費你時間的事務清單。要是你想發財致富，就不該做上列清單的事。所以列出你的不該做清單並牢牢記下，這樣一來，下次開始做起對進步沒好處的事時，就會有所察覺。

一日完成你的不該做清單，從以下五個動作中擇一，於清單的每個項目旁寫下：

- 戒除
- 自動化
- 委託處理
- 找人代理
- 取而代之

舉例來說，請看前文例子中的第二個回答：「本來是上網付帳單，最後變成整天掛網、閱讀八卦和負面新聞，浪費人生的寶貴光陰。」

你可以選擇這麼做：自動化支付帳單。花幾個鐘頭設定自動繳費，或是請某位家人或員工幫你處理帳單，你只需每個月檢查一次。至於上網，可以這麼寫下：戒除上網習慣，或是改閱讀可為目標及「動機」加油的積極正向信息。

要是你有條有理計畫並排除對你沒好處的事，透過能賜予你能量的事取代，要改掉錯誤習慣就相對容易。你可以從中獲得利器，釐清最適當的行動，剔除不該做清單上的事項，以強大的成功習慣取代。

我見過億萬或數百萬美金身價的企業家中，沒人厭惡自己做的事。他們都從事自己熱愛的志業與專長，使他們更有熱忱，並釐清自己該做什麼事才能賺進一大桶金，也有明確目標，知道自己應該邁進哪個方向。最後，他們每天都努力朝目標和抱負行動。你愈常這麼做，就愈清楚自己的不該做清單，刪除人生中不能驅策公司前進、無法讓你增加收入的事務。

我在這本書的開頭已經告訴你，我沒有神奇的賺錢機器，但是或許你有，大多情況下你是有的！為了啟動這台機器，你得先關閉自己不該做的事。我很喜歡這句話：「我寧可把二等機會交給一級高手，也不要把一等機會讓給二級或三級高手。」你有潛力成為那位一級高手，讓你的人生、財富、富饒更上一層樓的機會俯拾即是。可是應該怎麼做？避開你的不該做清單，著手你的待辦清單。

正面迎擊挑戰，跨越舒適圈

下一個階段總是讓人恐懼。從幼稚園進入小學一年級很可怕，從國中踏進高中很可怕，高中畢業後上大學也很可怕。跟某個新對象交往很可怕、訂婚很可怕、結婚很可怕、生小孩很可怕，買第一棟房子、開始一份新工作、展開新人生、認識新朋友，甚至三歲剛學騎腳踏車也很可怕。相信說到這裡，你已經懂我的意思了：每個改變、每個嶄新階段都很可怕！

可是如果能逼自己跨過可怕的改變，不就能獲得重大突破嗎？更高層次永遠位於障礙和挑戰的另一端，**不敢接受挑戰的人，則會永遠待在自己的舒適圈**。

有多少你認識的人事業和薪資蒸蒸日上，幸福快樂，可是之後人生卻悲慘碰壁？也許他們遭遇無法解決的難關，或是碰上他們不知該如何正面迎擊的挑戰。還有一種更可能發生的情況，障礙或挑戰的恐懼讓他們卻步。然而，他們有所不知的是，更上一層樓的人生可能就在障礙的另一端，只是障礙讓他們裹足不前！

獲得高報酬的特殊才能

現在你腦中有了賺大錢的明確目標，讓你踏上致富巔峰，接下來我們得找到擠出時間的方法，朝目標行動，你人生的哪個領域最能幫你實現目標。我所說的方法就是發掘自己的特殊才能，並將其他工作交由他人處理。至於特殊才能以及我在此分享的方法，同樣取自丹・蘇利文的出色構想。

你的特殊才能，就是你在這世上天生擅長的技能，讓你如魚得水、輕鬆愉快賺到最高收入的才能。要是你偏離自己的特殊才能，就會發現你離人生和收入快速成長的專業也愈來愈遙遠，最後白忙一場，就像原地踏步，哪裡都到不了。

你的特殊才能就是你的賺錢術，也就是最能賺到錢的能力。當你在特殊才能，或許每小時就能賺入五百美元、一千美元，甚至兩千美元。無論是多少，當你從事自己熱愛的事，做你生在世上應該做的志業，你就能發財致富。

我都是用「投資報酬率」的觀點看待個人時間，這是很值得擁有的成功習慣。舉個例子，我會找不同人幫忙做不屬於我特殊才能圈的事務。付錢找人幫我除草，我就有時間去做符合我特殊才能的事，同時還能促進經濟，提供他人賺錢的機會，何樂而不為。

以下小故事將更明確說明這個論點。年輕時，我第一次投資房地產，決定全心全意將僅有的一小筆資金投入一棟荒廢老屋，改建成九間小公寓。裝修結束後，緊接著是維修保養工程。這棟房子有一片偌大的前草坪，每逢週六的除草日，都耗上我好幾個鐘頭。於是有一天，我花了五十美元找人代勞，那天我爸正好路過，上前打招呼。發現我花了五十美元找人幫忙除草時，他簡直氣炸了，對我說：「我真不敢相信，你居然付錢請人做一件自己就能做的事！我跟你說，你遲早會破產！因為你沒有找人幫你除草的本事。」

由於這是我父親當年的「故事」，他的反應可以說相當合理。出生於經濟大蕭條年代的他，人人吃不飽、穿不暖，自然造就他這般想法。他不喜歡向人借錢，樣樣都自己來，並以老一代的方式處理自己的事。很不幸的是，這種習慣阻礙他賺大錢的機會。他頭腦非常聰明，工作也很勤奮幹練，可惜光是這樣還不夠。他的故事讓他死守著一份年收入不超過三萬美元的薪水，無論他多麼努力，都改變不了這個事實。他原地踏步了無數年，幸好我後來讓他提早退休。那之後他也大幅改變了想法，不過發現我找人代勞除草的當下他真的氣瘋了，他氣沖沖跳上車，連一聲再見都沒說，頭也不回地開車離去，速度快到輪胎還在庭院噴濺漫天碎石。

當時我很難過父親這麼氣我，可是我很清楚他的反應是錯的。我曾經花上半天時間，幫那座老舊大型公寓前的草坪除草，那時我正在修理拋錨汽車，修好後轉售，同時尋覓並協商我下一場房地產交易，我支付五十美元找人幫忙除草的這半天，讓我有多出來的時間可以修車，甚至賣出這台車，不然就是處理好房地產交易案，這半天所賺到的錢遠遠超過五十美元。我用那半天的時間修車賣車，最後賺到五百至一千美元，甚至還不止。所以當你可以付錢找人代勞某件自己不擅長的事，抑或付錢請人做某件事，你就能專心去做能其他可以賺大錢的事，為你付出的開銷創造投資報酬率。

這輩子，我都是帶著這種信念生活，有些以旁觀者角度觀察的人，或許會忍不住下此定論：「哎，狄恩，那是因為你有錢，所以只要輕鬆翹腳，找人代辦事情啊！」不過我現在發現，即使當初根本沒有太多閒錢，我還是會找人代勞自己不擅長的事。從小，我就知道要是可以找私人助理幫我訂機票飯店、領回送洗衣物、買菜購物、整理居家空間，我就能利用自己的特殊才能，盡可能賺進大筆財富，創造最高投資報酬率。在我第一次僱聘助理時，我總算有空去做自己擅長的事，也就是屬於我特殊才能的事。這種哲學讓我能專注於上台演說、寫書創作、教導授課、完成更大筆房地產交易、跟更多人見面談生意，最後也帶動我繁榮興盛的生意。

專注發揮個人特殊才能特別適用於現代，現在你可以輕易找到實習生和虛擬助理，少少開銷就能值回票價。事實上，我還打算給你一份提供虛擬助理的公司清單，他們都很傑出，可以幫你完成小雜務，幫助你空出時間做屬於自己特殊才能的事。

想一想，你打算怎麼運用自己的時間，有什麼事不在你的特殊才能圈內，而你可以拒絕，好讓你接下自己可以如魚得水、賺大錢的事務？我向你保證，當你學會放手那些無法讓財富升級的事，就會發現自己更快達成收入目標。

問問自己，覺得自己的特殊才能是什麼？哪些不是你的特殊才能？接著再進行到其他環節，你最卓越的才能是什麼？什麼事情是你做得還不錯，哪些又是你最不擅長的？你也能為清單上的每項才能，標上預期的時薪。

就像丹・蘇利文傳授的一樣，發展個人的特殊才能很像剝洋蔥，經年累月下來，隨著每次剝除一層你不該做的事，最終會剝到洋蔥的鱗莖，鱗莖正是象徵你應該做的事。可以讓你事半功倍，每天多出幾個鐘頭的時間，讓你少工作幾個鐘頭，進帳卻更豐厚，也可以專心發揮個人所長。若想獲得更多關於特殊才能的資訊，請至以下網站：strategiccoach.com。

迅速跳脫自我懷疑的惡性循環

當你明白專注特殊才能領域的價值後，就會發現自己做的事可以點燃熱情，同時賺大錢，使成功之路變得輕鬆順利，永遠不會再陷入焦慮恐慌或不安全感。哎，我真希望事情有那麼簡單！雖然我也希望是真的，但多少還是會陷入恐慌。每個人都有自我懷疑，覺得自己不夠好的時刻。大部分的人會故態復萌，覺得自己並未發揮全部潛能，什麼都辦不到。

我知道這是事實，所以我想帶你做一個阿丹稱之為「缺角」的練習。所謂「缺角」指的是我們陷入恐慌時，在前進的路上裹足不前。這項練習不是關於情況是否會發生，而是事情發生後你可以多快恢復。

我是否失敗過？當然有！我這輩子失敗的案例可多了，但我最擅長的技能就是失敗後一秒恢復。以下提供一個你可以利用的策略，藉由戰術式程序養成習慣，迅速跳脫恐慌情緒，重回正軌。老實說，我們總是不斷追逐理想，更常的是追求完美，如追求完美的財務狀態、完美體態、完美父母、完美伴侶，凡是有關自己的都得完美，想必你已經很清楚我的意思了。

當你上健身房，身材練得健美，停下來後卻驀然發現陪伴太太或先生的時間不夠，痛批自己居然冷落最心愛的人；你的感情在各個層面都很美好，卻痛恨自己的工作；嫌自己錢賺得不夠多，痛斥自己的失敗。抑或你已經發大財，卻一直無法成為理想中的家長，並為此深深責怪自己。這又是為什麼？

在人生路上，我們都會獲得大成就，可是上一次慶祝自己的成就是什麼時候的事？你上一次完成個人目標，停下腳步沉澱心情，恭喜自己達成目標，是什麼時候的事？你上一次說「我接下來九十天要完成某某任務」，成功完成並嘉獎自己，又是什麼時候的事？恐怕很久沒這麼做了吧！

在我們的文化和社會，一旦達成目標，就急著進行下一件尚未完成的任務。也許你去年升遷了，或是成立自己的公司，本來值得大肆慶祝，但你的回應卻是：「是啊！但我冷落了自己的孩子，我需要加強親子關係。」你開始修補和孩子的關係，低下頭卻發現自己身材略顯臃腫，於是又說：「是啊！我現在確實跟孩子比較親近了，但看看我的啤酒肚。」

我們在腦海中，營造出自我的完美形象，卻總是怎樣都不足，這種思維會立刻讓我們墜入人生永遠缺一角的心態。就好比追逐一道始終追不到的夕陽，無論你朝西跑多快，永遠在遙遠天邊。努力追求完美形象和狀態也是一樣的道理，我們追求的是不可能的任務，只會讓自己不斷陷入絕望、沮喪的情緒。

我要你套用以下思考方式，如果我們拿自己跟想像中的完美形象相比，永遠都不夠好；要是拿自己去跟我們眼中的他人相比時，很容易缺乏自信，並陷入恐慌，說出諸如此類的話：「我永遠不可能像鄰居一樣，擁有甜蜜美滿的家庭。」或是「或許我對自己的收入很滿意，但我賺的錢比不上約翰或瑪麗。」在大多數情況下，他人的生活發生哪些事，以及對方關上門後經歷了什麼，我們一無所知，所以在根本不知情的情況下，又怎能把對方當成自己的模範？很多人可能都有這種壞習慣，覺得自己沒有約翰或瑪麗的才華，不夠成功快樂或富有聰明。

無論你是拿自己跟完美版本的自我相比，或是跟他人相比，以下方法可以讓你迅速跳脫「比較」的惡性循環。首先，觀察你目前的人生達成哪些成就？哪些目標？哪些方面出類拔萃？不管你是掉進自己覺得不夠好的缺角，抑或認為自己成就不足，回顧人生就是你的解脫之道。回憶你在人生路上所做的一切，是怎麼帶領你走到現在的位置。回顧你過去克服挺過的各種鳥事，發現自己其實成就了數不清的美好！

你要承認自己進步了不少！讓靈魂充滿對自我成就的激賞，就算是回想自己以往的過錯，都要想想是怎麼熬過難關，使你現在依然可以抬頭挺胸，沒有放棄、也沒有鑽進洞裡躲起來，而是堅持下去，持續前進，堅忍不拔。在我的書中，這可是非常了不起的成就！

如果我得和數千人待在同一空間，我希望你也在裡面，為什麼？因為你選擇讀這本書，意思是你想要人生更進一步，這已充分說明你的為人，畢竟大多數人根本不願意下這等功夫。所以當你努力追逐遙遠地平線和完美自我、陷入惶恐情緒時，請記得停下腳步，在內心回過頭，提醒自己是一個多出色的人，想想你走到今日以前，成就了多少事。

如果你可以愈早回顧過往、把焦點放在個人成就，並且養成習慣，而不是比較或貶低自我，就能愈快讓恐慌情緒消失不見。要是你能迅速跳出恐慌，就能快速恢復、平息情緒，重回正軌，實現你真實的願景。請靜下心思考，你知道為何那個理想人物和完美版的自己會存在嗎？它們的存在不是為了讓你批判自我現狀，責怪自己遲遲沒有成功。絕對不是！它們之所以存在，是為了提供你奮鬥的目標。如果你在指導孩子的小聯盟球隊時，低頭發現自己的啤酒肚，千萬別責怪自己：「啊！我好胖。真是不敢相信，我到底有多懶散？」絕對別這麼想！把你看見的啤酒肚當作待辦清單上的新目標。別批評自己，你只是發現一件需要關注的事，接下來只要採取實際行動即可。你可以這樣告訴自己：「接下來兩週，我要戒掉糖和乳製品，狠甩兩公斤，然後每週去跑三天跑步機。」這樣總比你說「我好胖，真是失敗」好多了吧？這個祕訣的重點就是，從自我的理想版本尋找目標，但別拿自己跟理想相比，這是兩件截然不同的事。

在本章，我們講了不少重點，希望你能掌握到「發光發熱的目標」概念，這目標可以帶你前往你渴望的財務方向。如果你在腦海中設立堅定目標，找出自己該做與不該做的事，那你夢寐以求的富足人生就會實現。我在此和你分享的練習，全都能帶你走向光明燦爛的目標，猶如黑夜中的一盞燈塔，一道將你導向正途的耀眼光束。

當然，徒有光束是不夠的，若要旅途平安順暢，你不只需要知道自己應該往哪個方向前進，還需要其他元素。在下一章，我會與你分享兩大元素：吸引力和說服力。

第7章

成功和致富的高階習慣

「想要自信，就養出自信。自信是從內心流露，自信需要你來喚醒，讓它湧現並發揮作用，只要一遍又一遍地做，就能更掌握技巧，輕而易舉地在不同情況下拿出自信。因為沒人能在各種情況下都保有完整自信，本來就不應如此，否則你無法虛心學習。」

——布蘭登．博查德，《高效習慣》作者，摘自與狄恩．格拉齊斯的訪談

吸引力和說服力，是你的搖錢樹

讓我問你一個問題，追求成功和財富的路上，吸引力和說服力有多重要？對我而言，兩者都是非常關鍵的成分。如果你吸引不到好機會和貴人，無法說服他人和自己去採取行動，那你只是空有好點子，卻沒有實踐的動力。若你已經知道這件事，可能會點頭如搗蒜，說：「說得一點也沒錯，狄恩。這兩個要素真的很重要，百分之百正確。」至於還不知道的人，容我解釋一下為何重要。

當我回顧公司的成就和成功時，吸引力和說服力是我完美掌握的兩種最高階習慣，將我推向年輕時想都不敢想的繁榮富足。我很幸運可以憑這兩種技能，就能衝勁十足和荷包滿滿。但我經常看到這兩大致富因素遭人看扁，甚至被忽視。請相信我，正因為我不曉得這兩者的重要性，過去總是在這兩方面跌跌撞撞，鼻青臉腫。如果你想嘗試的話，大可默默親自體會，吞忍我過往吃過的苦頭，但你是聰明人，不會拿自己當實驗品。既然現在有了本書，可以直接從我手中接收祕訣，從我多年來的調頻中獲益。

趁我更深入探討吸引力和說服力的習慣前，我要先向你保證，我不是在賣你什麼廣告花招，讓你「毫不費力」先馳得點。本書要傳授的不是這種訣竅，想必讀到這，你應該心知肚明。這兩大習慣是讓你更深入基礎的元素，助你更上一層樓，把財富推到更高峰。

現在就先來定義這兩個名詞吧！直接切入重點，吸引力和說服力只是行銷和銷售的優雅說法，我現在就來分享兩個我聽過最貼切的定義。**行銷就是「吸引你人生嚮往的事物，驅逐你不想要的」，這裡指的可能是客戶、潛在買家，甚至是感情；銷售則是「打動對方的情感，讓他們產生興趣，聽從並遵照你的想法」，無論你是希望他們買某樣東西，接受你的拍賣開價，同意使用你提供的服務，抑或接受你、展開一段合作或感情關係都好**。要是讓他們採取行動的事，能讓他們生活變得更美好，你就真的紅不讓了。

我相信前述定義都很貼切，所以希望在本章結束時，你也可以用這種觀點看待行銷和銷售。

但真正困難的是，有些人不想被貼上行銷人員和推銷員的標籤。

我請問你，非裔美國人民權運動領袖小馬丁・路德・金恩（Martin Luther King）是否運用行銷手法，讓大家認真聽他說話？絕對有！大家聽他說話時，他是否試圖銷售他的理想？當然有！要是我們從沒聽過他傳遞的信息，請問現在會變成怎樣？要是他的吸引力和說服力不夠強烈，無法讓美國進步，今天的美國會是什麼模樣？那麼德蕾莎修女、印度國父甘地（Gandhi）、富蘭克林、美國第三任總統湯瑪斯・傑佛遜（Thomas Jefferson）呢？他們是不是天生的行銷和推銷好手？如果不是，你今天恐怕就不會聽聞他們的大名，也不知道他們對世界形成的偉大影響。藉由道德手段行銷、推銷自我，就是讓世界運轉的方式！以商業界為例，你認為蘋果（Apple）或微軟沒有分分秒秒都在運用說服力和吸引力的藝術嗎？他們都是這兩種作法的老手！你絕對不是莫名其妙愛上**iPhone**的。

多年來的歷練讓我學到一個真相，如果你想開設新公司，或是在職場步步高升，卻害怕推銷和行銷手法，這代表兩件事：第一，你不會成功爬到你想要的高位；第二，你對推銷和行銷的看法大錯特錯。

當你知道自己是某職務的完美人選，或有個超棒的產品與服務，要是不推薦給別人實在太可惜，那你就應該擁有瘋狂推銷的使命感，甚至聘請某個懂推銷的人。如果你對於推銷和行銷手法還是不安心，可能需要重新點燃你的熱情，抑或改良你的產品或服務。

推銷的需求也適用於各個人生層面。以感情來說，如果你目前單身，想要吸引適合的對象，就得說服對方和你來場約會，接著是第二場約會，假使你倆雙雙陷入愛河，要說服對方跟你結婚，請記得不是用不道德的方式說服她，而是展現出最優秀的自己，讓別人或世界看見你表現出的正向特質。要是你對行銷和推銷畏首畏尾，那我敢說你在人生其他方面，肯定早就吃過虧。

要是你不想向他人自我推銷，推廣自己的價值，就得深入內心找出原因。也許你需要加強自我、你的產品或服務。不管你想要什麼樣的人生，如果沒了吸引力和說服力，說什麼都沒用。先決條件是你得真心相信你的產品和自己。好消息是，不管你覺得自己在這方面有多好或多差，我都會在本章教你簡易有效的習慣，教你變厲害，這個過程比你想的還要簡單，因為起點就是你最優秀的自我，而不是最差的你。這裡請讓我解釋一下。

不覺得自己在推銷的思考方式

推銷可能是壞事嗎？那還用說！如果你販賣菸毒，或是某種損人利己的產品，這種推銷的用意自然不對。

但要是你賣的不屬於這種商品，我會強烈懷疑推銷是壞事。你可以想成自己是正確發揮吸引力和說服力，改善他人和自己的生活。當我站在舞台上，或是對著攝影機推銷時，如果我知道自己的書可以讓你的人生更上一層樓，我就會滿腔熱血、充滿使命感，推銷介紹我的書。若知道自己做的是正確的事，就會覺得有義務讓別人也加入你的行列。

要是你有辦法說服自己珍愛的人戒菸，救他一命，難道你不會竭盡所能說服他戒菸嗎？你應該說服他、強力督促他，無所不用其極地勸他戒菸。如果你有賭博的毛病，而我知道有辦法能讓你不毀了自己的一生，我就會竭盡所能幫你戒賭。關於你的公司、產品、自我，你也要有同感。要是你開始用這種方式思考，就不會覺得這是行銷和推銷，因為到頭來，你並不是為了個人私利而舌粲蓮花、空口說白話，是吸引正確的對象和機會走進你的人生，說服你成為最好的自己，同時說服他人去做你希望對方去做的事。現在我們來討論幾個可以融入生活和事業的習慣，掌握吸引力和說服力的藝術吧！

說服他人的第一守則

我該如何說服別人幫我工作、接受我的忠告、購買我的服務、向我學習？我該怎麼在這類情境吸引對的人？

以下是我的第一守則，超過十五年來，我就是靠這方法上遍各大電視台，到世界各地傳授推銷、吸引貴人走進我的人生，完成大筆交易，坐擁幾間億萬美元資產的公司。**當人們覺得自**

己被理解，而不是去理解你時，自然就會向你學習、聽你說話、愛上你、購買你的商品服務、僱用你。我的話先說到這裡，讓你沉澱一下，如果你願意，也可以大聲說出口、寫下來、畫線、打上星星記號。「當人們覺得自己被理解，而不是去理解你時，自然就會向你學習、聽你說話、愛上你、購買你的商品服務、僱用你。」

當人們覺得自己被理解時，就會傾向照你說的去做，讓你主導。偏偏我見過大多推銷員和商人完全沒掌握到這點，逕自說個不停，很少真正靜下心聆聽對方說話。大部分的人一踏入會議室，就口沫橫飛地強迫推銷，逼對方聽自己說話，不斷證明自己提供的東西有多好，而不是試圖先理解顧客或會議桌對面的人。這也是多數人都會犯的錯，他們天生的內建模式就是解釋自我創造的價值，例如自己有多厲害或是他們的產品有多好，而不是留意對方或客戶的需求。

要是在會議室、舞台上，甚至是感情關係中，開口閉口都是「我、我、我」，你完全料想得到這個說話的人注定失敗。反之，沉靜自信、生意成交、擁有良好感情關係與知心好友的人，理解箇中道理，他們明白了解他人就是成功的鑰匙，這些人讓對方感到被理解，而不是一股腦兒要求對方去理解他們，正因如此，人們會被這種人所吸引。

很明顯，為了傳達個人想法，你不得不使用「我」這個字，我在這本書裡也常使用這個字，畢竟為了分享自己的經驗和習得的教訓，不得不使用這個字。但這本書跟我無關，是專為你而寫。我希望你明瞭，我也曾經走過你正在走的路，希望讓你覺得有人理解你，我也曾經遭遇並克服你現階段正面臨的障礙，如果你能從這段經驗中成長，就能有同樣美好的成就。

以下是一個簡單案例，說明去理解和被理解的感受差異，或許可以讓你更清楚我想表達的意思。當你走進一間汽車經銷店，一名銷售員上前對你說：「我在這間經銷店已經服務十八年，是本店王牌。我看得出你是聰明的消費者，想要一部可靠的汽車，這個品牌非常適合你。順帶一提，這台車的油耗和後視鏡都是一流的，強悍馬力更是不用說。」這番話會讓你感到對方理解你嗎？還是只是急著自我吹捧，拿商品優點等話術向你推銷這輛車？他只是想要你理解自己多厲害、他在賣什麼，遇見這種推銷員，你八成只想逃之夭夭吧？

反之，想像一下，如果汽車銷售員上前對你說：「這個週日怎麼想來這裡呢？週末過得還愉快嗎？你的家人怎麼樣？你有幾個孩子？需要怎樣的車？目標是什麼？你覺得一部車最重要的是什麼？安全性能？舒適度？便利性？趣味？」每次問完問題，他都靜靜聽你說。第一個銷售員不曉得你是打算為五個孩子和一隻狗購入一輛休旅車，或是找一部自己的代步車。趁你說完早安前，他早已先跳入推銷話術模式。他連稍微花點時間去理解你的需求都不願意，就滔滔不絕賣起車來。對客人硬性推銷，絕對創不了銷售佳績。

我要再三強調，**理解他人想法就是吸引力和說服力的基礎**。想必你也很清楚，在人生許多時刻，我們只是等待對方說完話，好輪到自己開口。請問在這種情況下，是我們希望理解對方，還是要求對方來理解我們？你上一次和人交談，直勾勾望入對方雙眼，聽見他說的每字每句，真正聽懂他說的話語，又是什麼時候的事？

每當我走進大型會議室，發現對方只想談成交易，卻反覆聽見「我、我、我」時，都感到不可思議。想要談成交易，希望對方遵照自己想法，還有比這更好的方法，如果你仔細思考一下，推銷多半只是提供對方一個解決問題的方法。

我的團隊都稱我為「問題解決高手」，從長年累積的經驗得知，這是最有效的說服和吸引力法則。在最近一場公司會議，我的活動統籌人說：「每次一有問題或紛爭，狄恩就知道是他出馬的時候，每次只要他出手，問題就能迅速解決。」相信我，這其實比大家內心想的簡單得多。我不是一走進門就口若懸河，信誓旦旦說「我辦得到」，或是要大家「聽我說」，而是按照我的老習慣，一進門就靜靜聽對方說話，試著理解對方。我想知道為何對方會有某種不同於他人的想法。而且不只是他們說的話，還有話語背後的含意！結果你猜怎麼樣？最後我得知在場每個人的想法，其實讓我知道該怎麼處理問題、釐清混亂狀態的也是他們，然後我就像魔術師般神奇地解決問題，說到底，這些不過是他們提供給我的解決線索。你的耳朵，其實比嘴唇更具有說服力。

相反地，我記得二十幾歲時，當我興奮不已地想談成某筆交易，或是急著達成合作關係，我只是逕自講個不停。走進室內後，我的表現就像在說：「快看看我，看我帶來了什麼？看我能做什麼？看我能提供什麼？」卻鮮少靜下心去了解對方的需求。

不過時間、經驗、挫敗、成功的磨練，都帶給我寶貴教訓。現在我擁有多數人不曉得自己也有的優勢和成功習慣，傾聽他人說話，仔細深刻聽對方說話，然後試著回答以下問題：

- 他們的傷痛是什麼？
- 他們的恐懼是什麼？
- 他們為何會有這種想法？
- 他們的壓力是什麼？
- 他們有哪些局限自我的信念或激起力量的信念？
- 他們的目標是什麼？
- 我該如何解決他們的問題，引導他們踏向目標的正軌，同時滿足我的個人需求？

我敢說你看得出來，這項技巧不僅在會議室奏效，諸多場合也很有用。要是伴侶間的其中一方，希望對方了解自己的感受，卻吝於聽對方想說什麼，兩人很容易發生嚴重衝突。在我們內心，是這麼想的：「是、是，你說的都是！但以下是我的個人想法。」我們等待一個見縫插針的機會，高談闊論自己的論點。

想要終止紛爭嗎？那就請仔細聆聽。走進他人腦海，來場真實的內在對話，讓他們覺得被人了解，然後彼此聯手解決問題。就算你真的是萬事通，如果想吸引貴人，就不要擺出萬事通的姿態。因為要是你嘴巴動個不停，說服別人就不會那麼簡單。

成功推銷的強效技巧

從他人的角度觀看問題，可能讓你獲得意想不到的結果：推銷成功。以下是一種價值數億萬、屢試不爽的成功習慣。如果你搞不懂對方究竟想要什麼，抑或很難「成交」，可以使用以下戰術，這方法通常能讓大家靜下來，你不需要端出大人物的架子就能主宰全場，真的屢試不爽。我會禮貌性地打斷大家，提出我在第一章問你的問題：「嘿，各位，我只想釐清一件事。要是時間快轉到一年後，假設我們交易談成了，合作也很順遂，而我們今天聚在這裡，是為了慶祝合作滿一週年，回首過去這一年，你們是否可以告訴我交易怎麼發展？能為我描述過去這一年的進展嗎？」語畢，我沒再說下去，安靜聽他們說。

原本總是不斷推銷個人目標、要求別人聽自己說，或是不斷解釋為何別人應該聽從自己的人，這下當真安靜並陷入深思，以不自在的沉默回應我，還說「這真是個好問題」，或是「我從沒用這個角度思考過」。當我聽見最後一個回答時，忍不住心想：「請問我們究竟在做什麼！」

這個技巧在各種情境都很適合。假設你的孩子正在決定該上哪間大學，你可以這麼說：「我想先了解你想要的是什麼？現在先來想像一年後的今天吧！假設你已經讀了一年大學，現在放假回家，你在過去這一年，過得很精采，請問你這一年都做了什麼？說來聽聽。」孩子的答案能幫他們做出困難的抉擇。

如果你和伴侶發生爭執，這一招也很好用。你說：「你知道嗎？我不想說服你接受我的觀點。現在讓我們想像一年後的今天，假設這是我們兩人最甜蜜的一年，你覺得這一年會是怎樣的一年？全都說來聽聽。約會之夜，我們都做了什麼？怎麼教養孩子？我們共度了多少假期？住在怎樣的房子？鉅細靡遺地描述給我聽。」

這種技巧強而有力，可以引導人認真思考答案，這也很可能是對方第一次這麼認真思考，

未來這一年的理想是什麼。說實在地，大多數的人都不曉得自己想要什麼，可能從來都不會認真思考這個問題。所以，這是一種啟發性練習，僱用員工時也很好用。我是絕不會僱用某個說不出答案的人，要是對方連自己想要什麼都不曉得，我又怎麼可能知道？

有了答案之後，你就知道怎麼談好交易或是跳過不接，拍拍屁股走人。當我沒有聽到好答案，或是對方毫無頭緒，抑或太過消極時，我只會禮貌性地說：「嘿，各位，等到大家都知道自己的期望後，我們再來開會，我很清楚我想從這場會議得到什麼，也可以明確說出我想要A、B，還有C這三樣東西。要是我們可以攜手合作，未來這一年會很美妙。倘若你們不知道自己想要什麼，那我們恐怕很難達成共識。除非你們想清楚自己想要什麼，否則我覺得我們不該談這筆生意。」

透明化和真誠是必勝戰略

等到你精通理解他人，而不是被理解的藝術，就能朝透明化的方向前進，只需要做自己就好。我的人生之所以有成就，全多虧我不只懂得聆聽，同時保持開放的心態，只做真實的自己，而不是勉強自己去成為別人。

年輕時，有次我和一位年紀稍長卻比我成功許多的先生共同搭車。當時我二十出頭，內心的窮小子正準備大展身手，開始賺錢、相信自己的能力。就當時來說，剛起步的我，發展還算不錯，我擁有一家二手車行兼汽車保養廠、二十套公寓，當時正在蓋幾間新房子。我正準備在這座大約七千人口的小城市裡成為大人物，但我還想更上一層樓！於是這位先生帶我前往紐約市，向某個創業投資集團推廣我的線上治療構想和商業模式。我想要打造一間公司，可以為治療師和病人牽線，在線上展開療程。我知道在現代這算不上什麼厲害的構想，但在一九九四年真的還挺酷的，可說是前所未有的新穎點子！

我還記得搭著他的捷豹（Jaguar）汽車前往紐約市，跟他討論優勢和弱點時，他看著我，問：「狄恩，你覺得自己最大的弱點是什麼？」

我回答：「我最大的弱點就是太容易相信別人，正因如此，我被占了好幾次便宜。我得學會更以目的為主，更狡猾一點。」

他說：「你覺得自己最大的弱點是人太好、太值得信賴？」

我說：「對。」

他直直望入我的雙眼，說：「你居然會有這個想法，真不可思議！因為我覺得這正是你的優點。你才二十幾歲，沒有待過大公司的經驗，沒有實現創意計畫的資金，也沒有大學學歷，可是我卻願意賭上我的信譽，帶你去紐約，就是因為你太值得信賴，人太好了。」

他繼續說下去：「正因為你誠實、透明、守信，才會被人占便宜，可是日後回首，你會發現正因為你善良又坦蕩蕩，才吸引到貴人，說服對方跟你一起合作，所以你的收穫其實超過你所吃的虧。」這是他二十多年前講的話，直到今天，我還是覺得這番話很中肯。

對了，這不是我真正的「故事」，而是小時候我從爸爸那裡得來的局限思維。他用身為父母的愛灌溉我，以為灌輸這種思想是在保護我，然而這想法卻在那一天煙消雲散！

如今我發現，當你想要在人生路上，說服和吸引貴人、對的資金、對的工作、對的事業，透明永遠是上上策。和人做生意時，你八成常發現對方遮遮掩掩，或是不表露真實自我。自年輕時代起，我就決定不論結局如何，我都要做自己。有些人會覺得我做生意的手法太過透明化、太值得信賴，可是我現在發現，他們正是因為這點才想跟我合作！即使偶爾有人占我便宜，又有誰在乎？我還記得剛開設網站（deangraziosi.com）並對外公開時，我也是盡可能保持透明化，真心希望得到大家對每支影片、每次貼文的反饋。有時，我會收到令人沮喪的意見，可是到頭來，還是維持真我，大家就是喜歡這樣的我，聽見別人分享的心得後，我也慢慢進步。

當我完全透明不遮掩、發自內心說真話，我的公司就躍上一個全新境界。在本書中，我也是打從心底對你「說話」。我侃侃而談自己的家人、個人的掙扎歷程、我的感情和人際，還有我的人生。我知道在商業關係中，甚至是私人關係裡，無論是好是壞，我愈是不隱藏自己的感受，和他人的關係就愈好。我們愈是坦蕩蕩做自己，彼此之間的感情就愈好，這亦能讓我們更上一層樓。真摯和熱忱幾乎每次都勝過完美和架構。

現在把這概念套用在你的事業上，你要如何在事業和生涯裡變得更透明？我說的**不是時時刻刻掏心掏肺、不斷講自己的感受，講到讓人無聊打哈欠的那一種，而是工作上保持誠實開放、真誠待人接物**。由於你無法裝成別人，也不能誇大自我，畢竟天花亂墜跟不真摯一樣致命。要是推銷員不能真正了解顧客，光靠花言巧語這一招很難成功。身為顧客的我們，一旦察覺對方的不實宣傳或舌粲蓮花，通常很難聽得下去，再不然就是起身離開，謝謝不聯絡！**不管是哪種情境、何時何地，透明化都是上上策**。無論是你的事業或自己的人生，人們都可以一眼識破不真誠和虛情假意。真摯就是必勝戰略。

別讓匱乏思維影響觀念和決定

存在於人們內心的不是匱乏思維，就是富饒觀點。匱乏思維的人往往看見事物不樂觀的那面。舉個例子，匱乏思維的人會說：「我們快沒油了，世界將要崩塌。我們積欠太多債務，休想擺脫這筆爛帳。我要是真的賺大錢，也是掠奪他人而來的。美國夢已死。財務獨立，創造個人財富的世代已消亡。」

生活中，我們內心深處難免藏著匱乏思維，所以我們得謹慎提防，別讓這種思維影響觀念和決定。我們都有匱乏恐懼，也就是劃地自限的信念與質疑。

書中前幾章提到的內在反派在你耳邊竊竊私語：「不，你辦不到！」「這根本不可能實現！」或「已經來不及了！」可能搗亂你的想法，模糊你的焦點。更慘的是，你還真的心想事成，過度聚焦在負面結果，沒想到惡夢果然成真了。

檢視你是否有匱乏思維的想法。在《富足》（*Abundance*）一書中，作者彼得・戴曼迪斯（Peter Diamandis）講到石油及某些人的說法：「我們快要沒油了，日後我們的汽車該如何是好？」他寫道：「石油曾經只是駱駝蹄上的油脂，石油的價值之所以改變，全多虧人類的智慧資本。聰明人想到加工提煉、運用石油、燃燒石油，製造內燃機為全世界供電的方法。如果智慧資本和富饒心態能讓人類科技發展，富饒心態和思想過程怎麼不能帶我們踏向更高一個階層？」現在我們有電動車，很難說哪天可以靠水或太陽能發電駕車。

匱乏思維的人常常說：「如果你致富發財了，肯定就是踩著別人往上爬。」這並不是事實，就算你致富，也是因為找到為世界創造價值的方法。如果我有方法吸引他人聽我說話，並帶他們通往下一階段，就等於為他們的生命創造無價價值。如果你這麼做，如果你創造價值，你就創造財富。如果你運用自己的資金行善、幫助家人朋友、打造安穩生活、捐贈慈善事業、回饋世界，也是很了不起的成就，這就是帶著富饒心態生活。

一定要避免匱乏的窮人思維，這只會說服你自己什麼都不夠，如資金不夠、時間不夠、工作量不夠、朋友不夠。每當你注意到自己陷入匱乏思維，試著來個一百八十度急轉彎，切換成富饒心態。

我見過太多生意不見起色的創業人士，把公司的失敗怪給一百種理由，說到底都是別人的錯，或是把錯怪在自己無法掌控的情況。聽過不勝枚舉的藉口後，我每一次都忍不住心想：「他們的願景被匱乏思維蒙蔽了，以致於看待事情的角度天生就很消極。他們的顧客感覺得到，家人也感覺得到。他們的行徑根本前後不一致，一邊罵著世界哪裡有問題，一邊試著說服你去做對的事。這種做法是行不通的。」了解並使用書中提供的策略，每天都望向眼前的富足。改變思想，你會發現自己的吸引力和說服力技能急速飆升。

激發人們內心的強烈欲望

我見識過滿腔熱血的大公司和新創公司嚐到敗果，也看過成功募資的公司最後無法起飛，或是發明家一心創造出人人需要、人人想買的東西，最後卻慘敗的例子。

請你這輩子務必記住以下建議：**人們最想買的，其實不是他們需要的東西，而是他們想要的東西**。我見過公司創辦人投入大筆資金，製造令人熱血沸騰的產品，卻從未想過顧客是否真的想買。

這種事只會發生在工作上嗎？我們有時不也以為自己很懂另一半、孩子、家人、員工需要什麼，結果大錯特錯，其實他們真正想要的跟我們預想的完全不一樣。我們以為自己知道對方的需求，但他們內心深處想要的，是我們的關愛、傾聽、注意，或只是希望我們別再心不在焉。

我知道我和孩子相處時，偶爾也會犯這種錯。我太專注他們需要什麼，卻忽略了他們真正想要的。很多人都需要減重，但實際上他們只想大嗑高熱量食物、冰淇淋、堆積成山的麵包。人們需要上健身房，但若是他們不想去，最後還不是連門都跨不出去？有些人需要婚姻諮商，卻反而想上酒吧，買醉麻痺自己婚姻不順的痛苦。

你的目標可能是讓公司更上一層樓、展開新事業、在目前的工作平步青雲，無論是什麼原因，都請記住一點：**與其提供你覺得對方需要的東西，不如給他們想要的**。當研究做好做滿，了解潛在主顧真正的需求後，你是否能滿足終端顧客的某些欲望？觀察老闆想要什麼，並且是你可以提供的？站在公司內部員工的角度來看，你的公司下一階段會是如何？是什麼能讓員工加倍賣力，讓他們看見你更遠大的願景？

我有一個可以回答你疑問的正解，即使一開始你可能會質疑這句話的行為準則，但這是千真萬確，我想看看你能否運用在自己的人生、事業，還有創造財富的能力上。這個正解就是：「推銷人們想要的，提供他們需要的。」如果你反轉以上觀點，嘗試推銷你自認為他們需要的東西，就可能失敗。最好的做法還是瞄準欲望紅心，再以他們的需求包裝。

這就是你每天都看得到的成功廣告行銷術。如果有人需要減重，光是告訴他們過重不健康，或是按照他們目前的體重來看很難長壽，也許根本不足以讓他們提起勁、開始減重。他們可能已經知道自己需要減肥，但是一則好廣告更能激發他們內心的強烈欲望。

「我想要自己變得性感」、「我希望可以再次充滿自信，穿上比基尼去沙灘和游泳池」、「我想要在另一半眼中再次變得性感，或是回到我以前的苗條體態」。善用人們的渴望，你就能牽動他們的情緒，讓情緒帶動決定，推動他們展開某件事，或是採取對人生有益的行動。請盡自己所能，將可能化為現實。

如果你可以在能力範圍內，勸不健康、體重過重的朋友開始減重、變健康，就去做吧！要是你只是單純叫他們減重，或是急著推銷，說服他們去做必須做的事，最後你很可能以失敗收場。在你的人生、事業、創造財富的路上，請記住人們比較會買他們想要，而不是需要的東西，所以請視情況調整你的方法。

說服力不可或缺的要素

你會發現我在本書中，運用許多真實案例闡述我的論點，這是因為我認為軼聞趣事、歷史事件、故事等例子，都是不可或缺的說服力要素。不過，想要打造有效的推銷工具，你還得說對故事。人們常對我說：「狄恩，你經常上台，站在攝影機前，可是我跟你不同，生性害羞，說服不了任何人，我說的話根本不具吸引力。」我知道在攝影機前，我看起來活潑大方，站在舞台上，面對成千上萬名觀眾時，行為舉止很像外向人。但是坦白說，我其實是個徹底的內向人。每次參加孩子的活動，看見在場的家長，我只想躲在角落。我說的完全是真話，真的就是這樣的人。

可是懂得說好故事，讓我能夠充滿信心地站上舞台。不僅如此，當你學會說得一口好故事，說服力與吸引力就會倍增。如果你能在故事中巧妙揉和訊息，證實你的主要論點，說服力甚至更強烈。成為一個卓越的故事高手，可以讓老闆發現你比他想得更有實力，抑或讓員工明白你是懂他們的。因此故事對世界，具有深遠的影響力。

你有哪些老故事能讓聽者覺得幽默有趣？哪些故事可以展現你的工作道德或聰明才智？你有沒有可以說明個人潛能或是其他才華的故事？我建議你編撰並練習訴說你最好的故事，也就是那些能增加訊息力量的故事。

我上了十五年的電視，每次上節目講的都是蘊藏影響力訊息的故事，要是你下次看見我出現在電視或站在講台上，可以注意我是怎麼將訊息融入案例。說故事讓我從全班最害羞，每逢上台報告就翹課的孩子，搖身一變，成為自信大方的公開講者，現在的我可以自己上台，單獨對一萬五千個人進行演講。什麼樣的故事，可以改變你？

無論你是否心想：「太棒了吧！我故事一籮筐。」抑或根本不確定自己有沒有好故事，都可以利用一點時間，列出具有潛力的好故事。你或許想分享一則人生教訓、克服障礙、證明你的勤奮認真，或是展現你在感情中的柔情似水。花一點時間寫下，開頭可以說：「當初我之所以＿＿＿＿（請自行填空），背後有一則好故事。」然後拆解故事，挑出你想強調和分享的內容。對他人說故事時，別忘了引起他們的共鳴，迫不及待地聽到最後，這樣他們才能從你的故事學到某件事或某個想法。練習時，千萬別忘了真摯和熱忱比故事的完美和架構更重要。

幾年前，我和家人在加州度假，我的說故事技能，當時正備受嚴峻考驗。我們坐在戶外，剛烤好棉花糖，圍繞在火堆旁時，我發現五歲的兒子露出憂傷神情，我主動關心他，問他怎麼悶悶不樂，他提起再過幾天就要回去上學，但因為他是全校個頭最嬌小的孩子，就跟當年的我一樣，而我也知道有位同學很愛欺負他，讓他有點抗拒回學校。

他沒有直接提及那名取笑他的同學或其他人，但不開心早就寫在臉上。這時的我大可對兒子說：「布洛迪，我以前體型也很嬌小，所以很清楚這種感受，但這也讓我變得更健壯強悍，使我因為自己的體型反而完成許多事。所以你也會好好的。」這樣一來，就變成我在自說自話，反倒是要求他來了解我和我的感受經歷。我發現這方法行不通，無法產生共鳴，無法讓他明白我懂他的感受。

但要是我說：「別擔心，這沒什麼大不了，你會沒事的。」更是完全無法產生情感連結。於是我立刻在腦中搜尋，思考該怎麼給他一則強而有力的人生教訓，讓他了解他體型嬌小是有原因的。我該怎麼教他變得堅強，卻不至於自說自話，同時又能讓他明白我懂他的感受？就在這時，某則故事浮現在我腦海，我邊說邊編造故事。

我說：「布洛迪，你有聽過牙子的故事嗎？」不是牙齒，是牙子。他說沒有，這時我女兒布蕾娜豎起耳朵，湊上前來：「我也沒有，爸爸，牙子是誰？」

「牙子是一個只有一顆牙的狼人，可是他只有一半是狼人，並且只在半月時分現形。但是，哎呀，每次變身狼人，牙子的模樣都慘不忍睹，身上覆蓋著一坨又一坨的長毛，只露出一顆牙，嗥叫的聲音又超怪的，總之就是怪裡怪氣。」

這下孩子們好奇了：「真的嗎？那牙子發生什麼事了？」

我說：「你們也想像得到，牙子去上學時，大家都以為他只是一名再普通不過的學生，直到半月降臨的那天！牙子忽然渾身是毛、嘴邊露出一顆牙衝出廁所，樣子詭異得不得了。結果你們知道發生什麼事了？還不就是每間學校、每個地方、人生每個階段都會發生的事——他遇到欺負人的惡霸。惡霸笑牙子長得很奇怪，還幫他取難聽的綽號，讓他傷心地哭了，覺得自己好孤單。」

我的孩子緊緊瞅著我，眼中閃爍著種種問題：「然後呢？可憐的牙子怎麼了？他幾歲？是真人嗎？」

「他是真人啊！可是有天，牙子走路上學時，看見那位常常嘲笑他的惡霸同學被他的爸爸欺負。他的爸爸對他真的很壞，竟用力將他推下車，這個畫面打中牙子的心。他說：『我已經不在乎他怎麼嘲笑我，因為我現在明白他這麼做的原因了，』牙子走向惡霸，對他說，『你聽好，你可以對我不好，但我理解你為何這麼做，我很難過你爸那樣對你。』」

「接下來他主動想給惡霸同學一個擁抱，未料對方卻一把推開他。可是那天午餐時間，惡霸同學卻突然坐到牙子身旁，肩並肩聊天，最後變成好朋友。那天，牙子領悟到一件跟惡霸同學沒有直接關係的事，就是他決定以後不要再讓別人破壞他的心情，他要掌控自己的情緒和感受。」

「他決定了，無論別人對他說什麼、做什麼，他都要保持愉快心情。他了解自己的樣貌、頭髮、半人半狼人的長相是怎樣都不重要，真正重要的是他內心的感受，旁人話語其實對他構不成影響。」

「牙子變得很堅強，剎那間全校的人都喜歡上他。很快地，他的自信心上升，甚至當上學生會會長。長大後的牙子考取一所很棒的大學，結婚成家，過著幸福快樂的日子，因為他知道自我價值不存在於他人的想法，而是來自自我的內在。」

聽到這裡，我的天，我的孩子激動得不得了！他們超愛牙子的，甚至對我說：「牙子太酷了吧！我好想認識他哦！快點告訴我們其他故事！」於是我們坐在火堆旁好幾個鐘頭，我隨機應變，編造出一則則牙子故事。他在某篇故事中結婚了，並在另一篇故事裡有了孩子。我們為他的孩子取名傻傻、里里、慢慢，故事裡蘊藏著許多美妙訊息。但是最後我達到什麼目的？我成功向兒子傳達我想說的訊息，讓他變得更堅強，也透過強而有力的訊息讓女兒變得堅強。要是我沒有編造故事，坦白說，這則訊息不會在他們心中沉澱萌芽。不用說，我兒子也完全忘了學校的煩惱，不再擔心自己的身高，嘲弄他的壞同學也不再對他構成影響。

你內心也有這樣的好故事，無論是真實或捏造的都好。思考一下，你可以跟家人、另一半、顧客、生意夥伴，以及任何你遇見的人，分享哪些故事？

見好就收，懂得適時安靜

你是否曾經順利成交？我說的不只是工作，甚至是小時候成功說服父母帶你去哪裡、送你去某個朋友家，或是晚點上床睡覺？你是否曾經在人生任何方面順利成交，卻因為之後自己話太多，害對方改變心意？

你是否曾經在某次約會後，還想和對方約下一次，卻在對方答應後，因為你的喋喋不休，不知何故又沒約成？我年輕時曾親眼目睹父親鑄下同樣錯誤，直至今日我還會拿這件事鬧他。當時我年約二十歲，我們有一間中古車行，每逢週六我會和爸爸親自去賣車。每當有人上前來看車，我都會跟我爸開玩笑：「你要我去賣車，還是你想要自己來，嚇退對方？」語畢，兩人哈哈大笑。

能在這個年紀見識父親犯這個錯，可說是我的幸運。當時我爸走出去，滔滔不絕對顧客說著某部車的優點，直到對方答應：「好吧！那我買了。」接下來，我爸會繼續滔滔不絕，說出諸如此類的話：「話說我們最近才剛幫這部車重新粉刷呢！」對方聞言後說：「噢，你們粉刷過了啊！我不是很喜歡新油漆，我看我還是再考慮一下吧……」然後這門生意就這樣吹了。

最近我女兒也碰到類似情況。她鍥而不捨要求我答應某件事，直到成功說服我。她想要在上學日的前一晚去朋友拉森家過夜，其實我們都不太想答應她，可是她已經提前寫完作業，想方設法爭取去朋友家的特例，最後我好不容易才首肯。

一聽到我答應，她立刻滔滔不絕，不小心透露隔天一大早有小考的事，但她還沒複習。

我說：「太不巧了，布蕾娜，這下妳不能去了。」

她不服地嚷嚷：「可是爸，你剛剛明明已經答應了！」

我回答：「布蕾娜，妳就把這當成寶貴的一課，以後見好就收。既然爹地都說好了，妳就要懂得適時安靜，說謝謝就好。」

想跟我爸買車的人說「好，那我買了」時，就是他停止推銷的時候，他只需要說「謝謝，那我們來填寫資料吧」就好。因此，當你想說服他人行動、購買你的產品、在銀行貸款、申請生意補助的私人資金時，記得見好就收，別再繼續喋喋不休。

我時常在房地產教育論壇上，傳授這項技巧。如果你深思熟慮後，很清楚自己想要某間房屋的理由，也清楚它的價值後，只需要說：「我願意提出的價格是十萬美元。」接著就別再說話，因為一般來說，協商時，率先開口的那個人就是輸家。所以沉默是金，至少只要算準沉默的時間，你就是贏家。

成就和說服力的燃料

既然本章是講吸引力和說服力，就不能跳過熱情。當你對某樣事物充滿熱情，就會非常在乎，在乎到時時刻刻都想著這件事。要是對自己推銷的產品深信不疑，說出來的話就比油腔滑調、愛拿數據班門弄斧的人更具可信度。當你對自己的產品、觀點或是提案的信念堅定不移，人們就更容易認真看待你，也會被你對產品的真誠信念打動。

這就是為何我要你在許多練習前，透澈思考「你目前處於人生哪個階段」、「你想要前往哪個方向」和「你為何想要成功」。你的目標和你實現目標的渴望，皆與熱情息息相關，畢竟熱情是成就和說服力的燃料。我不是世上最聰明的人，甚至連屋內最聰明的人都稱不上。但我對自己做的每件事熱血沸騰，並且在最需要的時候找到自信，當我運用這兩種成功習慣，加上讓對方覺得被人理解，那我就能克服重重障礙，成為行銷和銷售高手。認真思考一下，你要如何運用這些要素！

熱情、自信、讓對方覺得被理解，這些大概就是我最主要、最基本的成功祕訣。噓，千萬別到處洩露我的祕密。好啦！不開玩笑了，我在本章分享的全是通往目標的捷徑，若你可以掌握吸引力和說服力法則，就會以意想不到的速度，成就不可思議的事。如果你這輩子都按照我在本章分享的技巧去做，我可以拍胸脯保證，你會倍速成長。

市面上有很多傳授說服術的書籍，就我來看，很多都只是傳授小花招，玩心理遊戲罷了。但是我分享的技巧不一樣，我不玩把戲，我的目標是讓你以正確與道德的手法吸引貴人、好事。我要你成為人人豔羨的對象：「她的人生順遂如意，總是招來良好人際關係、好工作、優良事業。她知道該如何推銷好產品，讓人從中受益。她真的好幸運。」可是你現在知道了，這並非僥倖和運氣，全多虧我跟你分享的成功習慣。

第8章

最多人會忽略的售後服務

「信仰只是不去親身體驗的爛藉口。如果你想要擁有信仰，相信確實是一個很好的開端，但最強而有力的做法還是親身體驗。如果你認為自己真的了解中國，不如親自走訪中國，這時就會看見中國真實的樣貌，而不是腦中自編自導的模樣。」

——東尼．羅賓斯，美國勵志演說家，摘自與狄恩．格拉齊斯的訪談吸引力和說服力是實現願景與目標的關鍵，但這兩者卻不是非凡成功習慣的最後一塊拼圖。有了這兩大決定因子後，再加上一個習慣，三大強者就成了一本基礎寶典，可以為所有新創公司帶來成功，激勵你在公司內部爬上新高峰。這個祕密成功習慣就是「成交」後的售後服務，請容我稍加解釋。

首先，來為你目前的進展做個總結。

- **你清楚自己渴望的人生方向。**
- **你揪出並踢出內心的反派分子。**
- **你用不設限的故事取代阻礙成長的論述。**
- **你認識了最好的自我。**
- **你發覺能讓財富更上一層樓的決定性組合。**

不論是公事或私生活，世界最成功人士都會運用這些億萬富翁的成功習慣。

本章要講的是最多人忽略，甚至沒人思考過的祕密成功習慣，正因為他們忽視，最後失敗收場。但這習慣卻讓超級成功人士出類拔萃，他們理解成交後仍得經營售後服務，了解對方成交後的售後感想、售後互惠。

我回顧個人經歷，深感自己何德何能，可以靠每間公司和品牌累積上億美元的資產，我之所以成功，全有賴於成交後，重視客戶的感受。即使現在你覺得沒什麼大不了，請相信我，這很可能就是造成小成就和重大成長的關鍵。

只需要應用一個簡單的戰略性步驟，你就能理解客戶或你生命中其他人的感受，明白成交後他們值得你付出什麼。比起其他形式的成就，本章強調的主要是創造財富和事業，不過這項策略當然也適用於各個人生層面。

舉例來說，假設你吸引到某個對象後，說服對方跟你結婚。對方答應你，這段感情「成交」後，請問你會怎麼做？你是否曾聽過：「噢，老天，我先生溫柔迷人、貼心又浪漫，可是婚後怎麼全變了樣？」你是否聽過有人在合作初期感到興奮期待，說好要一起開餐廳或全新網路公司，彼此關係密切融洽，可是就在公司開創五、六個月後，雙方卻鬧上法庭、對簿公堂。

你是否曾被銷售員、產品、公司、網路上的銷售漏斗*迷得團團轉？你覺得很開心，終於有人了解自己？其實他們只是做了我在上一章傳授你的事，他們弄懂你想要什麼、傾聽你說

* Sales Funnel 經常運用在網路世界，透過提供潛在客戶有價值的資訊或服務，吸引他們進入你設定好的銷售漏斗，最後購買產品或服務。

話、完美給出你想要的東西，卻在推銷成功後人間蒸發。當你想要打電話給他們，電話卻無法接通，或是你最後只能跟某個不相干或幫不上忙的人對話。

本書進行到這裡，我分享的知識皆可為你創造難以想像的動力，但如果你想要繼續成功、成長，爬到你夢想不到的高峰，就得學會成交後建立好關係。接下來，我要分享一則警世故事，說明忽略這個成功習慣的悲慘下場。

幾年前，我和好友喬決定要加入英國維珍集團董事長、億萬富翁理查・布蘭森爵士的行列，協助他的慈善分支機構「維珍聯合」（Virgin Unite），在世界各地進行偉大善舉，為需要幫助的人伸出援手。維珍聯合是非常好的慈善機構，我和喬幫忙募集一百萬美元，這筆錢最後全額捐出，用於當地。布蘭森自掏腰包，買單維珍聯合的開銷，募得款項全數捐贈給需要幫助的人。你說是不是超棒！

於是我們加入志工行列、募集款項，最後還去了布蘭森位在英國的內克島（Necker Island，這是布蘭森在英屬維京群島擁有的私人小島），整週都跟他混在一起。這項活動就這麼連續進行幾年，我在他的島上航海，跟他玩賽艇、潛水，共進晚餐，真的很棒！我從一開始的認識，到後來漸漸喜歡上並深入了解這個成就許多大事的男人，他創造的品牌包括維京唱片（Virgin Records）、維珍航空（Virgin Atlantic Airways）、維珍電信（Virgin Mobile）等多到數不清的公司，也幫助許多世上有需要的人。

我們有錢出錢，有力出力，共同付出勞力、募集款項，其中包括我捐贈的大筆資金，最後我感到十分滿意，覺得自己參與了某件意義重大的事件。但是我要坦白告訴你，捐完錢後我就和該機構斷聯了。這和布蘭森本人完全沒關係，該慈善機構也對我們的協助，心存感激，只不過他們並沒有想過售後關係，而我也沒再接獲對方消息，對於捐款流向也一無所知，更別說是建蓋學校的照片和受助孩童的消息。

某次，我捐贈一筆錢，為美國無家可歸的孩童添購新衣，我已經知道衣服會分送至中西部，可是捐贈結束後卻音訊全無，再也沒有該機構的消息。雖然我很欣賞這間慈善機構舉辦的活動，也深深敬愛理查．布蘭森，但正因為如此，之後我沒再繼續協助該機構，轉而支持其他慈善活動，這次我向對方解釋，要是日後有機會聯絡交談，請對方勢必報告與更新後續進展。

人人皆知美髮品牌肯邦創辦人約翰．保羅．德約里爾，自稱有理解他人的強迫症，在員工答應來上班後，他會主動去了解員工。此外，他也會了解購買他龍舌蘭和洗髮精的客戶，以確保他們日後還會回購。

德約里爾曾這麼說：「我從事的產業不是銷售，而是再銷售。我想要大家心滿意足後，還會再回購。」如果你想要與另一半重燃愛火，感情關係就得套用同樣道理，靜觀其變，再去做一遍當初讓伴侶愛上你的事，看你們是否會重燃激情。事業也是同理。

如果你曾經上過我的房地產課程，或是買過我的《紐約時報》房地產投資暢銷書，就會知道買完書後，每週還會收到一支我拍攝的影片，傳授你人生進階、發揮才能，激發每次靈感的祕訣。

我沒有收取費用，也沒告訴別人我會製作免費影片，而是身體力行。我確保學生在「成交」後收到我的電子郵件，知道我是真的關心他們，也欣賞他們。這就是我培養「售後」關係的其中一種方法，表達我對他們的感激之心，謝謝他們相信我。結果你猜後來如何？他們非但感受到了我的心意，還把我推薦給其他人，購買我其他產品，甚至幫我寫正面評論。不是因為我賄賂他們，而是因為他們知道我是真的在乎。

在我的高階大師課程團體中（好比我跟好友喬．波利許帶領的團隊，每年繳交十萬美元給我和波利許上幾天課），我會在他們付款上完課後，回頭關心他們，讓他們知道我是真的在乎。我不只給他們無可比擬的價值，也關心他們的感受。

你知道人們很容易忘記你的名字，我就常常忘記別人的名字。別人也會忘記你的職業、忘記你上的是哪所大學、忘記你們當初是怎麼相遇的，卻絕對不會忘記你給他們的感受。你知道，我們終其一生都在追尋自信，你為何要找事情做？為何想賺更多錢？是因為你想要更有信心，或是想要某種感受。為何要戀愛？因為你想要感受對方回饋的溫暖和感情連結。為何要喝酒？為何運動？全為了這些事物可以帶給你的強烈感受。所以，請記得以下真相：「若對方是你的客戶，就一定要以對方為主，以他們的感受為主，尤其是在他們答應購買你的服務、公司、你銷售的產品之後，重點不是你覺得他們想要什麼，也不是你覺得他們值得什麼，而是他們的感受。」

寫這個章節時，我想起**盲目忽略他人感受是件多可怕的事**，這段回憶簡直歷歷在目。早餐時間，我和孩子坐在餐桌前，我兒子的記憶力十分驚人，當時他正好很迷特殊蠟筆。我說的不是那種常見的紅色、綠色蠟筆，而是高級蠟筆，蠟筆名稱諸如英格蘭朱紅（English Vermillion）、威尼斯深紅（Dark Venetian Red）、永恆天竺葵湖水綠（Permanent Geranium Lake）！我們坐在餐桌前，桌上的蠟筆盒中共有五十枝筆，我隨性拿起一枝蠟筆，問兒子：「這是什麼顏色？」他說出正解時，我忍不住驚嘆：「哇！」然後接二連三抽出不同蠟筆，總共五十枝特殊名稱的蠟筆，兒子都正確無誤背了出來。

我驚訝不已，差點沒從椅子上跌下來。女兒見我這麼大力稱讚兒子，忍不住吃味地說：「蠟筆借我一下，我要好好研究。」接著盯著蠟筆整整兩分鐘，我說：「孩子們，每個人的天賦和技能都是獨一無二，這只是布洛迪的其中一項特殊技能，像我就辦不到。布蕾娜，妳擁有屬於自己的特殊技能，而這些技能布洛迪也沒有啊！」

她說：「好了，現在換你考我，」結果她第一枝就猜錯了，布蕾娜面露哀傷地說，「我再研究一下。」

可是再過五分鐘，孩子們就要去上學了，於是我說：「布蕾娜，現在沒時間研究，妳得去上學了。」

她傷心地哭了起來，說：「爸，每次都是布洛迪。你每天早上都陪他玩，不陪我玩。」

我自以為做的是正確的事，卻沒發現我壓根沒察覺她的感受，於是我說：「布蕾，妳這是在胡說八道，妳明明知道什麼才是事實。別自己胡言亂語，也別對我胡說。我每天都很公平分配時間給妳和弟弟，所以妳是在無理取鬧，也是在對我胡說，請妳收回這句話，快點準備去上學。」

她傷心欲絕，痛哭流涕地離家。這是她出生九年來，第一次沒在早上說「我愛你」並親我一下才出門。她出門半小時後，我開始對剛才的行為內疚不已，我忽略了她的感受！我對女兒的感受視而不見，無論她說的是真是假都無所謂，要是她有這種感覺，就表示感受是真實的！

這個頓悟讓我內心為之一震，於是我跳上車開往學校，禮貌地請她出來教室。然後帶她走到庭院，坐在長椅上。我望著布蕾娜的眼睛，說：「布蕾，老爸犯了一個大錯，無論我感覺是不是真的都無所謂，我知道我很公平分配給妳和弟弟的相處時間，但是剛才我打發妳，敷衍冷落妳的感受，等於是要妳『吞下去』，就像是說妳的感受如何都不重要，爸爸知道真相是什麼才重要。但我大錯特錯了，這樣只會傷害我們的感情，妳將來也不會願意坦誠面對我。我想向妳保證，從今天起我會盡自己所能，不再犯同樣的錯，要是又犯錯，我會馬上修正。這次真的是我不對，對不起。」

女兒綻放出燦爛無比的笑容，我也卸下肩頭的千斤重量，當下立刻明白，她其實只是希望有人理解她，至於真相究竟如何，她根本不在乎。

因此，**跟客戶或生命中的人成交之後，一定要堅持了解對方感受。如果你在銷售或推銷後，關心跟售前或成功推銷前一樣，就是為自己鋪好一條路，踏向最強大的祕密成功習慣，家財萬貫、鴻圖大展、人生成就便不遠了。**

下一個富足階段：在對方內心紮營

我兒子上週說出「廢到爆」這個詞，其實我已經聽過好幾年，但要是連你七歲的孩子都會使用，代表這個詞正式躍上流行詞的行列！以下是生活和工作上，廢到爆的定義：要是你不在客戶、伴侶、孩子、同事或員工的腦中「紮營」，你就真的廢到爆！

所謂的「紮營」到底是什麼意思？這個隱喻是說，我想在他們住的地方搭帳篷，換句話說，就是我想走進他們內心。

如果你在朋友家的沙發上紮營兩週，就會獲得第一手情報，例如你會了解他的生活作息、習慣、煩惱、目標、喜惡，比起偶爾聊個幾回，你對他的理解會增加一百倍。

我要請你運用這個比喻，記得一件事：要是你在客戶或你在乎的人腦中紮營，就等於進入了下一個富足階段。你也很清楚，人們願意花大把錢在行銷、廣告、吸睛、說服上，目的不過是為了讓客戶點頭說好，可是成交之後，多數人卻忘了客戶也是人，也有需求。

以下情境可以用來說明，為何這件事可以說忘就忘。一間新創公司甫成立時，所有人的態度都很積極主動。你的員工會竭盡所能去理解客戶需求，接著公司開始蓬勃發展，你得多僱幾個員工，好比財務長、私人助理、銷售員、一組客服團隊。公司開始茁壯，生意愈來愈興隆，你也加入當地鄉村俱樂部，搬到地段更好的大房子。

以下情境也適用於各行各業。你的法律事務所一開始只有四名客戶，現在增加到一百人。你的網路公司原本每月只有十個買家，現在卻有五百個買家。身為醫生的你，剛開業時每週門診只有四名病人，現在卻變成每小時得應付四個病患。你猜得到接下來的發展嗎？你的公司或工作不斷進化，意思是你會變得更忙碌，時間愈來愈少，或是你專注在擴大營業、拓展行銷，再不然就是其他促進公司成長的活動。

就許多情況來說，你忽略或遺忘了手上客戶的想法，已經不在他們腦中紮營。你不再留意他們的恐懼與需求，也不在意他們需要你提供他們什麼，而是專注在程序和制度。公司當然需要程序和制度，可是當你不在客戶腦中紮營，他們就會與你斷線，你也將封閉了通往更高成就的道路。

紮營可以用在人生各個領域，像是你的老闆、員工、父母、伴侶，甚至孩子。說到最後一種關係，我不得不強調紮營的重要性，但我的意思不是要你去州立公園紮營，而是請你主動關心孩子的生活。我有朋友忙到錯失與自己孩子培養感情的機會，等到他們想和孩子相處時，才發現為時已晚，因為孩子已經長大成人或不感興趣。

要是你知道孩子所有朋友的名字，你覺得對彼此的感情是否會有幫助？要是你知道下課時間孩子們都在做什麼、比較不擅長哪個科目、喜歡哪個老師、又覺得哪個老師煩人、跟他們同年齡層的小孩，現在都流行什麼，或是有哪些關於男女朋友的疑難雜症，你覺得是否有助於彼此感情升溫？

你知道大家往往都有這種傾向，儘管家人近在身邊，卻沒在他們的腦中縈營。我們常常會搶著替他們說完一句話，而不是安靜聽他們道出真實心聲，或是只有在他們放學回家後，問他們：「今天在學校過得好嗎？」他們回答：「很好」，接著便默默走回房間，對話結束。

與其如此，你何不望著孩子的雙眼，對他們提出可以好好對話、促進兩人關係的問題？不要問他們：「今天在學校過得好嗎？」可以把問題改成：「今天下課時間，你和史考特有踢美式足球嗎？還是你們踢足球？或者你只是待在教室看書？噢，因為今天天氣太熱，所以你在教室看書啊。你還在讀那本很酷的《野獸國》（*Where the Wild Things Are*）嗎？」

要是你的孩子已經長大成人，你知道工作的事，讓女兒低沉沮喪，與其問她：「最近工作如何？」不如問她：「史密斯先生照樣讓妳加班嗎？妳答應七月要放自己一場大假，去美國佛蒙特（Vermont）度假，最後有去成嗎？」

剎那間，你不再只是對著空氣自言自語，提出毫無創意的問題，你的孩子也能感受到你是真的關心，這個舉動為你們創造強大的感情連結。

或許你根本沒有孩子，正在納悶我為何要一直講親子教養的事。孩子觸動我們的心弦，而我認為你應該去觸動親近的人的心弦，譬如你的伴侶和客戶，即便他們已答應你的要求，也不能就此鬆懈。如果你不懂他們的恐懼，不在他們內心縈營，用心體會他們的難題，他們就會去找其他願意關心他們的人。

我見過最可怕的事，就是委員會擅自決定其他人需要和想要的東西，這在大公司內部尤其常見。在上一章，我提到人們不見得會買自己需要的東西，反而會想購買他們想要的東西，但我們現在來聊聊，當他們真的成為你的客戶或顧客後，該怎麼做吧！

要是你的公司接受大量退款、退貨多到數不清、守不住回頭客，或是招不到常客，問題往往出在你沒有在人的腦中紮營，只是逕自決定對方想要和需要什麼。如果委員會嘗試自行解決問題、不再聽取客戶意見，最後注定會失敗。

為了避免這種情況發生，以下是幾個有效紮營的戰略：

- 寄意見調查表給顧客，了解對方需要和想要什麼。
- 親自詢問對方需求。
- 利用道德的賄賂手法，請對方分享他們真正需要和想要的東西。
- 運用社群媒體追蹤最新潮流和資料，了解你的客戶點擊哪些網站、最常掛在哪個網站。
- 查看貴公司網站的分析數據，找出最高流量的網站區塊。
- 對於顧客的需求千萬別裝懂，或是在沒有意見回饋或資料的情況下自行臆測。

善用這些戰略，你應該就能學會聆聽，在對方腦中縈營，讓他們告訴你，他們想要的是什麼，你要做的就只是提供他們想要的東西。

不求回報的無壓力互惠

互惠的定義是什麼？該如何應用在「售後」服務上？首先，字典或許已有「互惠」的定義，但我相信的是另一種定義，暫且稱之為「無壓力互惠」，也就是不求回報地提供對方價值，抑或趁對方為你做事前，搶先為他做好。

多數人內心的想法都是：「要是對我有好處，我就去做。要是我幫對方，對方之後能幫上我的忙嗎？」我覺得自己很有福氣，幫不少傑出的人做事，並且不求回報，最後彼此培養出很棒的關係，不求回報地為他人付出就是無壓力互惠，許多成功人士和公司都是這樣奠定根基的。無論你是否相信報應或是人跟人之間要「將心比心」，都請當那名率先採取行動、大方付出的人。與其當一個為了目的而行動的人，不如當一個懂得主動付出的人，之後就靜觀禮物、突破、契機、升職，朝你滾滾而來。

成交之後，運用互惠法則，以意想不到的方式獎勵對方的善意舉止。你可以思考一下，你有多常抱怨自己的伴侶、孩子、員工、親朋好友，讓你失望？你有多常指出他們哪裡做錯，甚至因為做錯事可能承受的懲罰？

反過來看，你有多常送禮，甚至只是在對方做對時美言一句？你上次對另一半說「謝謝你這麼偉大，為我們養家賺錢」、「謝謝你願意當一個好媽媽或好爸爸」；上一次對孩子說「謝謝你今天自己鋪床」、「我要謝謝你那晚出去吃飯時，有好好看著女服務生的眼睛說話」是什麼時候的事？

公司或事業也一樣。你上一次對客戶說「謝謝你加入我們公司」、「謝謝你的不離不棄」、「謝謝你付出的錢，這是一點小小回禮，聊表我的感恩之情」，又是什麼時候的事？

再舉個例子，我在美國有四百間房子，如果你正好租了其中一間，並且連續六個月都準時繳交房租，就會收到附有五十美元星巴克禮品卡的信件，我會在信裡寫道：「你可以選擇準時或延遲繳交房租，但是這段期間以來，你選擇準時交租，我想好好向你說聲謝謝。」沒人會期待收到這樣的信件或禮物，所以當他們收到後，我會接收來自五花八門的正面回應。房客可能決定多租一陣子、減少抱怨，甚至常常有人表示想要跟我買房子。一封信可以將人串連起來，這不是要詐，而是我真心誠意的感謝，我也不吝讓房客知道我的心意。我這麼做的同時，也超越了一般房客和房東的關係，不再只是單純的金錢往來，而是建立實際的人際關係。沒錯，他們是有付我房租，而我也提供他們一個家，這樣當然已經夠了，公平交易。可是我出租小家庭住屋的投資報酬率，卻大幅超過業界標準，我的房客也心知肚明，即使他們已經繳交房租，我對他們的關心與在乎卻一點也沒少。

以下是你的目標，讓工作和生活中與你「成交」的人，知道你對他們的關心。做法如下：我要給你一項挑戰，我敢說這能為你帶來意想不到的回饋。這週，親手寫感謝函給五位對你人生影響深遠的人。你上次親筆寫信是多久以前的事？如果你的字跡潦草，也可以寫電子郵件。但我可以向你保證，每封信都會帶來不可思議的效應。把感謝函寄給客戶、心靈導師、老師、先生、太太、母親、父親、兄弟姊妹、孩子、員工、經理或老闆。

以下是令人驚喜的簡單感謝信函範例：

我寫這封信只是想告訴你，我今天坐著思考我的人生道路時，頓時發現一件事。要不是有你的督促、嚴格把關、對我體貼關愛、照顧入微、在人生路上為我付出好多愛、購買我們提供的服務，我就不會是現在的樣子。我只是想告訴你……

我想你大概知道該怎麼做了，空格就由你依據不同對象填寫了。幫幫忙，請在本週接下這則挑戰，寫好信後寄出。如果你願意的話，也可以用電子郵件寄送感謝函。除了信件，最好再附上一個小禮物，送出花束和謝卡，你會發現對方收到意想不到的禮物時會多麼感激，互惠就是這樣打造而來的。

依照我說的去做，關愛豐沛的情感就會如同潮水湧回給你。如果你在私下做得到這種無私舉動，工作上為何不這麼做？為何不也對客戶或同事這麼做？為何不對老闆和員工大方表態？

建立互惠關係可以培養長遠的人際關係，意思是接下來幾年對方都會持續使用你的服務、尊敬你、感謝你、將你的名字掛在嘴邊。這和單次交易或短期人際關係相反，培養長遠人際關係就是許多超級成功人士的核心成功習慣。

換位思考，能更了解對方

如果你擁有自己的公司和員工，抑或要你管理一群懶散又士氣低迷的人，又或者出於某種理由，他們不願意好好工作，你可以考慮花點時間，去了解對方和他們的世界。既然他們已經答應為你或他們的老闆工作，現在就將焦點放在他們的感受上，將能獲得意想不到的結果。要是他們的障礙和挑戰，跟你想的不一樣呢？他們有何目標？午餐時都討論什麼？對你和你的管理風格有何看法？他們回家後都和另一半聊些什麼？

現在請換位思考。你答應為某間公司工作，你想在該工作環境成長。假設你的工作環境艱困，老闆難搞，可以問問自己以下問題：你的老闆對自己的工作有何感覺？他真的是個瞧不起員工的傲慢老闆嗎？或者只是誤會一場？他要面對的壓力有哪些？她有哪些煩惱？他正面臨哪些人生挑戰？她的老闆怎麼對待她？

要是你可以竭盡所能找出這些問題的答案，就能重新認識對方，套用你剛得知的情報，讓老闆知道其實你懂她的感受，讓老闆知道你可以幫她解決問題，而不是成為她的問題來源。

套用我稍早分享的教學，在你的合作對象腦中紮營，就能以嶄新觀點看待事物，最後你就能更了解對方，猜到他想說什麼，曉得該如何幫他們解決問題，而不是變成他們的問題來源。

純屬交易的關係，感受不到真誠

以下是本章傳授最重要的一項成功習慣。如果你希望事業飛黃騰達，更上一層樓，請務必記住這件事：面對客戶時，請成為一間在乎人際關係的公司，而不是眼中只有交易的公司。人們會要求退款，卻不會退回人際關係。關於這點，請讓我快速解釋一下。如果你和當地餐館老闆只是普通的生意往來，走進餐館後，你們的對話大致如下：「嗨，請問想坐哪裡？這是今日特餐菜單，請問你想點什麼？」老闆面帶微笑送上餐點，你吃完飯結帳，步出餐館，沒什麼不對，餐點也沒問題，但這只是單純的生意往來，感受不到熱情和真誠的人際關係。

但要是老闆真心花時間認識你，與你建立人際關係呢？他說的話會類似：「嗨，狄恩，真開心又見到你。你家人好嗎？下次再帶孩子過來吃飯啊！我們會幫他們製作上次他們愛吃的特製聖代。你想要坐你最喜歡的位置嗎？一樣點綠茶，對吧？沒問題，馬上來！」請問這兩間餐廳，你比較想去哪間吃午餐？要是哪天你運氣不好，餐點碰巧出問題，請問你比較願意再光顧哪一間？當然是跟你關係比較好的那間。人們很快就會忘卻單純的生意關係，但要是你們擁有實際的人際關係，對方知道你是真心在乎，就會緊抓著你不放手。

如果你有間公司，你和顧客之間的關係純屬交易，顧客也感覺得到。也許你單純推銷產品，或是只在乎銷量，商品退款率高，顧客又頻頻抱怨（或者不會向別人推薦你），抑或你無法讓對方有回購的動力，這很可能是因為你對顧客展現出的在乎並不符合他們的期望。你可能無形中把顧客視為交易對象，而不是一個有感受的人。在今天這個互聯的世界，想要不靠人際關係維繫顧客忠誠度，恐怕是件很困難的任務。

相反地，如果你理解顧客或者客戶的感受，也知道他們的背景，明白他們是怎麼找到你，察覺他們喜歡或不喜歡你產品的哪些層面，並能了解他們的個人喜好與需求，就可能和他們培養出超越生意往來的關係，亦能培養出老主顧的關係，而不是單次交易的顧客。

不隨便臆測對方的想法

成交之後，另一個你可能鑄下的大錯，就是自以為知道對方的想法或感受。我們在生活和工作中都可能犯這個錯，既勞心又傷財。我要分享一則對我影響深遠的故事，這件事讓我學會不該隨便臆斷，假裝了解對方想法，而是盡可能去真正了解對方。

我的第一本書《成功完全攻略》（*Totally Fulfilled*）在二〇〇六年登上《紐約時報》暢銷

書榜，幾年後我又出了一本《躍升房地產億萬大亨》（*Be a Real Estate Millionaire*）。這次為了宣傳這本新書，我做了一件與眾不同的事。這本書跟《成功完全攻略》一樣，也在實體書店和其他通路販售，但我另外製作一支商業資訊廣告影片，直接向消費者推銷這本書。結果空前大成功，這本書也成了我最熱賣的一本，幾乎長達十八個月來，我的首支商業資訊廣告天天在全美播放。我們長期霸占電視螢幕，每週售出上千本《躍升房地產億萬大亨》。然而，卻因為我隨意臆測某位重要團隊成員的想法，害我的書最後差點不能大賣。

我已經和團隊約定要邀請某人在攝影機前訪問我，這個人是訪談高手，也是眾人大力推薦的首選。當時我已經上過七年左右的商業資訊廣告，但這卻是我第一次坐下，接受類似賴瑞．金的訪談。有天晚上，我看見賴瑞．金訪問美國作家約爾．歐斯汀（Joel Osteen）的節目後，採用同樣模式打書的想法油然而生。我知道要是賴瑞．金幫我打書，對觀眾說：「不管你喜不喜歡歐斯汀，如果你想獲得這本新書，請打下面這支電話，馬上以折扣價入手。」這本書絕對會大賣！這件事在我腦中盤旋不去，於是我依樣畫葫蘆，最後找到一個我自認完美、厲害的主持人，不但談好條件，還約好拍攝日。

拍攝當日，我依約前往攝影棚，忍不住緊張起來，因為我沒有準備台詞，而是打從心底和觀眾說話。我不打算看稿，以一對一的聊天方式進行訪談，分享真人真事和我最真實的情緒。

別忘了這是經濟衰退初期，經濟慘跌，不少房子都成了法拍屋，而我卻想上電視推銷一本傳授房地產投資術的書，大家當然都覺得我瘋了，親朋好友都想勸退我：「沒人會想知道怎麼靠房地產致富的，現在大家都自身難保，賠掉房子了，狄恩！」

但我還是保持樂觀，不去聽唱衰我的聲音，按照行程發行新書，準備節目型廣告的拍攝。但我還是想太多，導致我更加緊張，前往攝影棚的路上，我格外焦慮。我說的話會有可信度嗎？我能打從心底分享自己的故事，不凍結冷場嗎？

我內心略感忐忑地到達攝影棚。走進攝影棚時，電視主持人對我視而不見，起初我有些錯愕，馬上妄下結論：「這傢伙八成也覺得我瘋了，還在這種時候拍攝這支廣告。」

這時電視主持人問我：「你希望我問你哪些問題？」

我答道：「我其實不想要你發問，你只要盡自己所能證明我錯了，證明我並非真材實料，或是我根本不懂房地產，現在不是投資的好時機。讓我們盡量將訪談拍得寫實。如果我不是騙子，打從心底分享心得，想必觀眾也感覺得出來。」就在這時，我內心又冒出相同想法，他似乎認為我正在鑄下大錯，對我投以質疑眼神後，他默不吭聲走進化妝間，彷彿瞧不起我的書和我想傳達的信息。我要承認，我允許這些感受在內心擴散惡化，心情惡劣到差點取消訪談，甚至心想，或許改天再錄吧，可能我根本還沒準備就緒。

我在自己腦海中編造關於這位電視主持人的論述，情緒激動，心想：「這傢伙根本不相信我是真材實料，他覺得這只是一場鬧劇吧？」導致我的情緒更緊繃焦躁。

接著我們在訪談的布景坐下，他凝視著我，說：「狄恩，很抱歉我剛才的表現不自然，我只是有點怕你。你在電視上的表現實在太好了，更別說你還是這個舞台的傳奇人物，這幾年來我一直是你的頭號粉絲，超級期待錄製這段訪談。我只是感到有些緊張，雪上加霜的是，我的流行性感冒還沒完全痊癒。」

現在我要你回想我做了什麼好事。我自以為電視主持人怠慢輕忽我、不相信我，還為此獨自悶悶不樂一個鐘頭。我在腦海中捏造主持人覺得我很可笑的故事，最後證實自己大錯特錯！我浪費太多力氣了，對吧？我真的覺得自己很蠢，但至少這個故事的結局很圓滿，我按照計畫錄影，並在攝影機前真心分享故事。他的訪談功力十足，節目型廣告大受好評，也是我有史以來最成功的一部，叫好又叫座，光是那部節目就賣出幾十萬本書，而我也靠這本書傳授美國各地家庭，安全地投資房地產。

我現在為何要說這則故事，這跟邁向成功的售後祕訣有何關係？因為這件事發生時，我已經是經驗豐富的老闆，也是成就斐然的億萬富翁，按照「別再妄自臆斷」的法則生活。儘管如此，我依舊暗自做出不真實的假設，因此請記得不斷提醒自己，**千萬別妄自臆斷，否則你就不**

能說是為了人生事業的成長，處心積慮地經營人際關係。

回想過往，問問自己是否也曾在某段工作關係上，與伴侶、孩子、同事、老闆、員工犯過類似錯誤？你的腦袋開始猶如失控的貨運火車般突然啟動，而你擅自捏造的瘋狂假想則無故為你的生活製造不必要的壓力。既然這種事會發生在你的私生活，肯定也會發生在你和客戶身上。你以為知道他們真實的想法？你真的知道嗎？盡自己所能了解真實情況，將這門哲學應用在人生某個層面，接著再觀察你會如何成長。

第9章

將快樂化為成就核心

「如果你傾注所有，去服務、去創作、去做你想做的事，就不會有空去聽負面論述，負面聲音會成為背景音，漸漸消逝在遠方，最後蕩然無存。但要是我們閒置過久，負面聲音又會重新浮現。如果我們做事時，不集中精神，最後注意力將無處可去，你會聽見迴盪在腦海中的聲音，相信自己真的不如人、什麼都辦不到。訓練自己保持專注，是一件有趣又很酷的遊戲，可以確保你將採取實際行動，而你將獲得的副產品就是自信。」

——瑪莉．佛萊奧，瑪莉電視和B學院創辦人，摘自與狄恩．格雷齊斯的訪談當你的成就、薪資、責任增加，就不能對快樂視而不見。如果你不下意識捍衛快樂，快樂就會離你遠去。本章我要跟你分享十個將快樂變成成就核心（而不是成就才是快樂核心）的習慣。沒錯，你沒看錯，快樂能帶來成就，而不是成就帶來快樂。

人類社會常以為只要榮華富貴、當上公司老闆、日進斗金、有錢有勢，快樂就會自動上門。事實上，人生無法獲得美滿的最大阻礙，就是以為只要擁有成就，快樂就會隨之而來。拿你自己的人生來說，你是否想過要是爭取到某份工作或展開事業，你就會快樂？你是否曾以為一旦你賺到某份薪水，或是有個愛你的太太、先生、有了孩子、減重成功，你就會變得快樂？哎，我實在不想戳破你的美夢，可是許多這麼想的人最後都發現自己錯了。

要是我沒告訴你這個祕密，就太對不起你了。沒錯，擁有正確習慣是能讓你的財富三級跳，可是何不選擇讓自己快樂？畢竟缺乏滿足感的財富只是一場空，現在就讓我帶領你達成目標。

如果我們多年來都搞錯方向了呢？要是快樂其實是一切的先決條件呢？要是快樂就是成就、富庶、繁榮、苗條、熱情、親密、愛情的先決條件呢？要是大多數人不知道怎麼讓自己快樂，都以為只要解鎖某種成就，我們就會變快樂呢？想想我們是怎麼告訴自己的：「只要讓事業起飛，蓬勃發展，我就會變得快樂。」或是說：「只要我買下那棟夢想的家，我就會心滿意足。」

你也知道，多數人都被外在物質的欲望牽著鼻子走。我們以為一旦有了那棟新家或新工作，心靈就會滿足快樂。可是你猜怎麼樣？對外在物質的期待興奮，終究會消逝。「只要我加薪或多賺一點，我就開心了」，你是否也曾這麼想？當你真的賺到更多錢，開心地花著這筆錢，購買新物品，升等你的公寓，心想：「我確實賺更多錢，所以現在的我很快樂！」然而幾個月過去，全新收入和你買的東西卻再也滿足不了你。

雖然我鼓吹你運用正確習慣帶動財富成長、事業成功，可是除非你內心滿足，否則賺再多錢也都無法讓你真正快樂起來。話說回來，若你除了有財富，還有快樂，就能同時獲得真實滿足和人生升等。

有位朋友告訴我，有對夫妻自成年後，就一直夢想搬去西岸。太太只想每天望著夕陽西下，漸漸沉入海洋。於是這對夫妻積極存錢、努力打拚了好多年，等到退休時，他們總算順利搬去加州。每晚都可以坐在房屋涼台上，望著太陽沉沒大西洋，能達成這個目標著實不可思議。你大概心想他們的人生已經圓滿，從今以後過著幸福快樂的日子吧？你錯了！在那棟房子住了十八個月後，他們氣沖沖地決定：「我們得為窗戶加裝百葉窗！每晚煮飯時，炙烈太陽都會穿透窗戶，扎得我們眼睛睜不開。」

你也知道，外在只能帶給你稍縱即逝的快樂，人人都想要收入三級跳、理想體重、完美健康、良好生活方式、富有、真愛、親密關係、熱情。請信我一句，我知道各式各樣的欲望，以及欲望實現後帶來的美好，但是除非我們學會打從內心感到快樂，否則物質帶來的滿足終究會消散。以下告訴你一件不可思議的事實，雖然不容易，但要是我們打從內心找到快樂，會瞬間發現其他渴望的東西，其實唾手可得。當你學會在內心創造快樂，你渴望的外在物質就會變成快樂的副產品，這種想法正好跟大家的普遍認知相反。大部分的人都相信是先有成就、金錢、跑車、鑽戒，才有快樂，但這完全是錯誤的想法，也是許多人至今依舊低沉憂鬱的主因。

現在我們就來了解快樂的真諦，聽聽我多年來創作、閱讀其他成功法書籍，還有與億萬富翁、總裁、改變世界推手往來後的心得感想。我汲取這些經驗，寫出這份含括十項習慣和思維過程的清單，這就是我認為可以通往快樂的捷徑。正如我一直說的，我只想給你食譜、原料、指導，讓你快速找到屬於你的成就定義。

快樂習慣❶ 定義你心目中的快樂

想像一下，我們正坐在餐廳，我問你一個問題：「**我要請你從內心深處回答我，你覺得什**

麼讓你感到快樂？」請問你有答案嗎？你知道答案是什麼嗎？我相信對大家來說，這道題目都不好回答。這是因為我們太常拿自己的定義跟他人比較，只因為別人對快樂的定義是擁有一部跑車、一棟豪宅，但不表示這也是你個人的定義！老實說，如果你五年前問我同樣問題，我恐怕也支支吾吾，說不出個所以然。當時的我還不是很清楚快樂對我而言是什麼，要說出「跟我的孩子在一起」何其容易，即便答案是真的，卻是下意識的回答，並非經過深思熟慮後的答案。可是我需要你透澈思考，是什麼讓你感到真正的快樂？

現在請花點時間，仔細思考或是開始寫下可以令你心滿意足、雙眼為之一亮，讓你雀躍地生龍活虎的事物。什麼事能讓你感到真正的快樂？來吧，認真想一想，別隨便搪塞幾個反射動作般的答案。認真思索小時候或是年輕時代，你什麼時候會感到心靈平靜？什麼事能讓你滿臉興奮或微笑？是和你的孩子在森林裡遊戲、呼吸芬多精？還是參加運動或釣魚？你喜歡踩在海灘上，感受趾縫間推擠的沙子嗎？我個人最喜歡去森林，參天樹木和山泉澗水總是令我心曠神怡。也許是因為我小時候在紐約上州長大，祖父常常帶我去釣魚。他是一個偉大楷模，也是我深深敬愛的人。在大自然的環抱下，我感受到真實的快樂。如果我可以整天都在荒野之中，沉浸在高大樹木和晶瑩剔透的美麗溪水，就能感受到難以言喻的幸福。

和孩子相處時，我感覺自己帶領他們踏上正確的人生道路，這種時刻也讓我格外快樂。當我鼓舞他人成為最好的自我（我希望就像是現在）、站在講台上、對著攝影機教學，這些都讓我感受到深刻地快樂。你的快樂清單上有哪些事物？

更確切的問法是，你今天的快樂清單上有哪些？若是要我在五年前寫一張諸如此類的清單，答案跟今天肯定是天壤之別，有些是關於物質，有些則讓人尷尬不已。所以盡可能思考你眼前的快樂。

另外，**千萬別把快樂跟目標混為一談**。我仍然有物質目標、財務目標、成就目標，也不打算停止進步成長，但我很清楚目標和真正讓我快樂的事是兩回事，希望你也能分辨清楚。

思考透澈，以最適合當前人生的情況下定義，開始尋覓快樂。不妨試試看別想太多，迅速寫下來，也不要局限快樂清單，只寫你要做的事，別漏掉讓你快樂的想法、令你感激不盡的祝福、帶給你歡樂的活動。寫、寫、寫，全部寫下來！回頭查看你的清單，圈出三至五項讓你有強烈感受的答案，這就是你的前幾名。

快樂習慣❷ 和當下交朋友

不是的！我說的不是放在聖誕樹下的禮物，而是當下、現在，你活著的這一刻，你要跟「當下」成為好友。太多人引領期盼明天、下週、明年，卻不懂得活在當下，和當下做朋友。我們內心往往這麼想：「升官之後，展開自己的公司之後、公司賺錢之後、太太或先生真正了解我之後、孩子戒尿布之後、孩子上大學之後、我甩掉幾公斤之後，我就會快樂了！」這種思維只是幫自己找藉口，將快樂拖延到某個模糊的未來。但真的到了那一刻，你猜怎樣？你可能永遠不會快樂，這就是為什麼人要活在當下。所以，何不現在就決定快樂？

當你時時刻刻將「當我」、「等到」掛在嘴邊，例如你說「等到我升職就可以輕鬆享受快樂人生」，等於是把快樂延後到明天，因為你的內心沒有活在當下。有多少人都覺得需要等待某件事發生，才允許自己快樂？要是我們拋開這種念頭，跟當下當好朋友呢？如果今天是很值得開心的一天呢？如果我們不再活在往日或將來，而是決定此時此刻快樂活著呢？要是我們今天去做更多快樂的事，將心思放在讓自己喜悅的想法呢？就是現在！你有權決定這麼做，這是你的選擇。

你有多常受困於未來可能出錯的想法？你多常想著「要是我這麼做，下個月或明年可能會發生這件事」？接下來發生什麼事？你爬上消極思想的斜坡，思考著哪天可能走下坡，結果還真的從山坡滾落。你不僅是在預測未來，甚至是預測一個悲觀的未來！事實上，你根本不知道未來會是如何發展，事情最後會變成什麼模樣。帶著錯誤的想法，活在遙遠未來，自然也會奪走你當下的快樂。

選擇活在當下，現在就下定決心這麼做！明白每一天都是有用意的，你必須活在當下，好好把握這一刻。雖然忠告聽來簡單，但是仔細思考其中含意，要是你感激自己此時此刻健康活著，許多機會在眼前等著你，這代表什麼？

當你不執著於昨日，事過境遷，就不會再專注內心假想出來的未來，學會活在當下，這就是感恩和快樂的開端。艾克哈特．托勒在他的名著《當下的力量》裡寫道，當你活在「當下」，你就能找到內心的平靜與快樂，所以別再延遲享樂！今天，你就有快樂的權利。

快樂習慣❸ 避免內心上演小劇場

你有聽過一句話嗎？「分析過度導致癱瘓。」*我們不能過著夢寐以求的生活，主因就是想太多。我見證過五花八門的情境，尤其是剛開創事業和追求財富更上一層樓時，不少人會因為想太多、過度分析，最後裹足不前。

無論目標為何，你都可能想太多，不小心把自己逼入絕境。我在教授房地產課程的這幾年來，看過太多真實案例，每次參加活動、與人見面，跟學生握手簽書時，都會有人這麼告訴我：「狄恩，你知道嗎？我是真心想達成首筆交易，可是我還沒讀完合約，得先了解每一條項目。在那之前，我得先取得工商管理學位，存一筆備用金，找一個合作夥伴（以下開放填空）。」其實很多人提到的事，我一件都沒完成，可是我的房地產成交量卻高達數千件！如果成功有食譜，照著食譜做就可以，沒必要從零開始，對吧？不用考慮太多，想太多反而什麼都做不了。

我曾遇過急著想交女朋友的單身漢，最後因為自己想太多，一個對象都找不到。「我應該試著跟她交往嗎？是啦！可以試試看，但她可能會跑，可能傷透我的心。我們的宗教信仰或心靈相配嗎？如果不配，日後可能會有問題。這樣吧！我看還是別蹚渾水好了。」

你連試都沒試，就宣告放棄！如果對方是你的真命天女，卻因為想太多而錯失良機呢？

＊當過度分析備選方案或過度思考，將阻礙個人或團體的決定，此時就會發生分析癱瘓（analysis paralysis）。

所以要先明瞭，你需要建立信心，但別深陷無止境的問題泥沼，無須過慮，也不要掉進分析的無限迴圈。如果內心要你採取行動，潛意識要你積極爭取，就別再上演內心小劇場，不如起身行動吧！

快樂習慣❹ 聚焦正面結果

這是一種擁有快樂人生的有效方法，讓你提前獲得渴望的事物。我知道話說得簡單，但我告訴你，我實在太常聽人說：「噢，狄恩，你樂觀過頭了。」真的是我樂觀過頭？還是我只是明白潛意識的力量強大？聽我說，你的精力會耗用在你瞄準的地方，你能自行選擇把精力消耗在正面或負面上。

我知道太多人把心力放在人生潛在的負面，而不是正面發展。如果有天他們正好身體微恙，腦中就會浮現各種恐怖情境：「要是我真的生病了呢？要是我得了流感呢？我沒有接受流感疫苗耶！要是我患了絕症呢？我沒有健康保險！可惡，這下我真的死定了！」你猜怎樣？這種人最後真的會把自己逼得生病！何不把精力都專注在正面結果、完美健康、更豐碩的財富、快樂、富饒上？集中念力在健康和長壽的想法。

一項研究指出，在一條僅有一棵樹的長路上駕駛，會發生什麼事？結果值得你認真思考。在這條路上發生的交通事故，多半是駕駛不慎撞上樹，可能橫衝直撞或方向盤失控，一心想著：「我不想撞上那棵樹，我不想撞上那棵樹，我不想撞上那棵樹。」結果怎樣？他們真的撞上那棵該死的樹。

這個世界讓我們下意識用某種想法，思考著我們面臨的情境。一旦事情發生，腦中就會立刻浮現：「噢，不，太可怕了！萬一真的發生，萬一真的發生怎麼辦？噢，天啊，萬一這樣，萬一那樣，我該怎麼辦？」解藥如下：認真觀察自己的思想。這招對我很有效，現在只要「萬一」的負面思想試圖溜進我的腦海，我就會及時制止：「不、不，不行。我不能那麼想。」沒錯，我大可把心思都集中在負面想法上，成天擔憂可能發生的壞事，焦慮到壓力破表，可是我早在幾年前已下定決心，再也不想繼續下去。你可以全神貫注在可能出錯的事情上，也可以定焦在可能成功的事情上，既然如此，為何不將精力消耗在可能成功的事情？

過去的我只專注思考負面結果，我的地獄故事也說明了放錯焦點的危險。多年來，我因為太多想法在大腦轉個不停，常常在凌晨兩點驚醒，我還以為這是我成功的主因。醒來後，我會開始思考當天要做的事，然後想著哪裡可能會出錯，並趁問題成形前找到解決之道！大多時刻，我的大腦會無止境想像各種最壞後果，導致我的情緒焦慮緊繃，以至於根本無法睡回籠覺。有天我告訴自己：「夠了！醒來後，我一定要逆轉負面思維來拐騙我的大腦和潛意識。從現在起，我只要思考事物的正面結局，而不是讓大腦幻想負面後果。」後來變成怎樣？我能想像成功和快樂，最後總算可以好好睡上一覺。我花了不少時間逆轉思維，將負面轉為正面，當改掉讓我軟弱無力的習慣，套用賦予我力量的習慣時，正面思想也跟著定形。

曾經是國家美式足球聯盟球員特倫．希爾頓（Trent Shelton）是康復時光（Rehab Time）的創辦人，每週他都會透過社群媒體傳遞啟發人心、強大激勵的信息。希爾頓現在擁有的不再是美式足球員生涯，而是一名出色的勵志演說家和激勵領導者。他在美式足球員時期，樂於成為鎂光燈焦點，現在的他製作影片和貼文，每個月有幾百萬點閱率，所以他現在扮演的角色能見度更高，收到成千上萬則正向鼓勵的觀眾貼文，感謝他製作優質影片和內容。但正所謂樹大招風，不免也會引來一些酸民的負面消極聲音。

我和希爾頓進行訪談時，兩人對話激盪出不少受用的經驗，包括他個人的快樂習慣。希爾頓利用這些習慣，有效應付網路和真實人生中的消極想法與看衰自己的人。

「一開始，我覺得某個愛張貼酸文的人，應該是某個對我感到失望的粉絲，只是他沒發覺自己需要動力或希望。每次只要用滑鼠滾動捲軸，我很容易在上傳的某支影片下方，看見馬上影響我心情的貼文。我跟大家一樣，也有情緒和感受，可是當我為負面貼文賦予全新意義時，再也不會想：『一定是我做了什麼，對方才會說出這種話，』反而會心想，『這個人還是很需要幫助，希望他哪天能改變想法。』畢竟我掌控不了他人，只能掌控自己的行為，於是我把成千上萬則受我啟發的人，所留下的正面留言當成我的燃料。為了更進一步保護自己，我千挑萬選自己追蹤的對象、做的事、觀看的事物，甚至是我跟別人進行的對話……我會過濾別人打來的電話，因為我知道有些人不是想要利用我，就是想要八卦，再不然就是小題大作，於是我得無時不刻維護自己的心靈平靜，盡自己所能在我和他們的負能量之間搭起路障。請務必維護你每天的心靈平靜，慢慢觀察自己會變得愈來愈快樂和喜悅。」

「我還有一個習慣，能讓我每一天都是以最佳狀態展開。起床後，我會進入冠軍心態，這是我自己取的稱號。我會感謝上蒼，自己依然活著，感謝另一天我又能全力以赴，這就是我維護自信和心靈平靜最主要的方法，我們常常沒注意到自己擁有的機會，沒注意到我們每天都能對世界貢獻個人長處。上帝賦予每個人不同優勢天賦，但除非我們有平靜的心靈，否則無法與人分享，也無法發揮個人潛能。請務必不惜一切維護你的平靜，讓世界看見你。」

向希爾頓學習，**別讓唱衰你某件事不會成功的人拖垮自己。轉換思維，盡量為你聽見的負面聲音賦予全新意義**。希爾頓常把「維護你的心靈平靜」掛在嘴邊，你也該這麼做。多數情況下會受苦都是自己選的，盡可能培養新習慣，盡可能別讓自己受苦。你很優秀，所以別吝於讓世界天天看見這麼美好的你。

快樂習慣❺ 別斤斤計較結果

這個習慣可以讓你改頭換面。不容易，但非常有效。我們常常因為事與願違，不肯放手最初的期望。「如果我把資金投入這筆交易，和這個人合作，就能攜手創造財富，情況應該是要這樣發展。」或者，結果一旦不如預期，快樂就會消失不見。你暗自心想：「這不是我想要的啊！跟我想的不一樣！根本不對！」可能你原本點的是牛排，服務生送來的卻是雞肉，這瞬間讓你一肚子火。「這不是我點的！我真不敢相信他們居然送錯餐！」

我們在感情上也會犯同樣的錯：「我們明年結婚，然後去夏威夷度蜜月，這就是事情應有的發展。」要是情況不如預期，我們會勃然大怒，原為美事一樁的快樂，瞬間消逝無蹤。

還記得東尼．羅賓斯說過的話嗎？「人生不順我們的意，必有其用意。」假設你正在泛舟，划向下游時，剎那間急流將你推向意料之外的方向，你可以抗拒不服，說：「我才不管河水有多湍急，無論如何都要逆流而上，回到預期的路線。」可是這樣難道不費力嗎？路線若是不幸改變了，與其生氣，不如說：「稍微改變方向是否也可能是人生進階的策略呢？人生不如我意，或許是另有用意。也許我應該順水推舟，看看會如何發展？」

創業人士創辦一間公司時，創始概念不如預期發展是常有的事，這時他們會隨機應變，改變路線，以完全意想不到的方向摸索，找到成功出路。舉個例子，推特（Twitter）可說是意外誕生的。原本推特的創辦人伊凡．威廉斯（Evan Williams）創立這間播客（Podcast）公司，只要撥一通電話，人們就能創立一個播客頻道，當時該公司叫歐戴爾（Odeo，推特前身）。後來蘋果宣布將播客加入 iTunes 時，歐戴爾瞬間天崩地裂！他們經過一場又一場的會議，一次又一次的腦力激盪，最後構思出公司的全新方向，發想出現在無人不知的推特！要是當初因為創業概念不能實現，創業者就此放棄，推特就不可能像現在這般成功。

當你希望事情只按照某個結果「順水推舟」，一旦情況不如預期，就容易不開心，陷入不快樂的情境，就不可能成功。失去自信的你，走到哪裡都是憂鬱沮喪。當我學到教訓後，我改變了自己的人生。如果要開公司，公司發展不如預期，我就順水推舟，也許這個方向，會帶領我邁向成功啊！**當你放手，不再死腦筋，斤斤計較著某個結果，就可以從肩頭卸下期待的沉重包袱，立刻變成另一個人，快樂也會源源不絕湧上。**

快樂習慣❻ 別害怕失敗

我們自小抱持的觀念，無非是「失敗是壞事」。但事實上，失敗乃成功之母，現在我正盯著牆上那句英國前首相邱吉爾（Winston Churchill）的名言：「成功是走過一次次的失敗，卻沒有喪失你的熱情。」你上一次擁抱人生中的失敗是多久以前的事？

要是你沒有失敗，往往代表你把自己逼得不夠緊，沒有試著嘗試新事物。你只是隨波逐流，或是沒有脫離經年累月的慣例，因而深陷窠臼。事實上，如果你開啟的是自動導航模式，就絕不可能實現目標。

所以，我會鼓勵你多品嚐敗果，改變自己給失敗的定義。我希望你可以驕傲地說：「今天我失敗了，但至少我嘗試了新事物。」我也常問自己的孩子，「今天你們哪件事失敗了？」要是他們說沒有，我會告訴他們，「這樣啊！那就表示你沒有踏出舒適圈，或是沒有去嘗試新事物。」我正努力重新導正他們對失敗的觀感，讓他們看清失敗乃成功之母。

要是你擁戴失敗，事情不如預期發展時你就不會感到傷心。我寫電子郵件詢問數不清的客戶，他們不追逐夢想的原因是什麼，恐懼失敗是我最常聽見的答案，但要是你別執著於害怕失敗的心態呢？只要你肯放手，就能接受人生的無常，也不會繼續恐懼。被譽為曲棍球史上最偉大的運動員韋恩・格雷茨基（Wayne Gretzky）道出其中精髓：「不採取行動，你就百分之百會錯過機會。」把失敗當作成功的必經之路，好好擁戴它，並且當成每天的目標。

快樂習慣❼ 別懷恨在心

關於這項習慣，另一種說法就是「**別太往心裡去**」。我知道這很難辦到，可是當你懷恨在心，犧牲的可是自己內心的快樂、健康、成就。你是否曾對父母、老闆、親戚，或是某個可惡的人懷恨在心，對他們的所作所為牢記不忘？你要知道，記恨並無法懲罰冒犯你的人，即使你怒火中燒，充滿恨意的想法也傷不了他一根寒毛，受傷害的反而是你和你的未來成就。所以你必須放手，別再記恨，當然我知道說的比做的簡單。

小時候，我跟父母之間有各種問題，有時我覺得自己孤單無依，成長路上沒有父母的支持，沒人知道我內心積怨已久。

我睡著時做夢、醒著時想著的都是對他們的恨意，可是懷恨在心讓我無法升級快樂，於是有天我決定放手，我說：「要是那些事當初沒發生，我就不會是今天這個男人，不會是今天這個父親，更不會是今天這個激勵講師。事出必有因，我要原諒我所怨恨的人，使恨意消散！」

當我不再積怨，快樂指數就升高一級。釋懷過去的仇恨是我做過最解放的事，我認為你也應該回首人生，找出應該釋放的積怨，要是做得到，你就能解放自我，成為最優秀的自己。

快樂習慣❽ 對擁有的一切心懷感激

我們都曉得感恩是快樂的基石，這是你每天必須有所意識的事，你可能正為了生活，處於水深火熱之中，也許急需用錢、背債、帳單欠繳，或正在談離婚，但我們總能在生命中發現值得感恩的事。

我知道**人生有時對我們殘酷無情，但感恩卻能戰勝一切，最好的做法就是專注於你感謝的小事，例如對你微笑的陌生人、孩子的擁抱、伴侶注視著你的眼神**。感恩你住在一個可以定義自己的地方，讓你能自由自在地享受做最好的自己。感恩藍天、白雲、花兒、青草。拜託！至少感謝你的心臟還在跳動，不需為健康煩惱。

我再強調一次，缺乏滿足和快樂的成功，還是慘敗。所以，我鼓勵你們從今天開始為小事感恩。當你成功訓練自己可以為一頓簡單午餐或一個擁抱，以及林林總總的小事，心懷感激，就能每天為有意義的事感恩。

快樂習慣❾ 拒絕平庸

別接受平庸，平庸能在一瞬間奪走你的快樂。千萬別說出：「我的感情生活夠美好了。」而是要說：「我的感情也許不完美，但我會努力讓它更好。」為了人生各方面的美好，盡心盡力。一旦你輕易接受平庸，無論是薪資、工作或感情，就等於捨棄爭取更豐富喜悅的人生。

拒絕平庸，把平庸兩個字踢出人生的字典。因為接收平庸就等於下意識告訴自己：「你不夠好，也不值得更好，其他人可以過著幸福豐富的人生，偏偏你不行。你能有現在這樣已經不錯了。」這算什麼！**別再告訴自己你不需要追求更好，是你下意識摧毀了未來的幸福、喜悅與滿足的機會**。

你不需要逞強地說：「我現在的人生很完美。」誠實地說：「今天還可以，但我還要追求更好。」我知道你會追求更好，所以請繼續努力！因為好還不夠，對我的學生和本書讀者都是，你還有更美好的人生，現在就是你積極爭取的時候。

快樂習慣⑩ 成為更強大的一分子

這裡我要說的是**追尋靈性連結，也就是與上帝或更崇高的力量培養關係**。你必須成為比自己更強大力量的一分子，信仰才能躍升更高層次。探索任何符合個人信仰與傳統的靈性關係，可以是一般的靈性、佛教禪宗、其他制度性宗教，或是你和上帝之間的個人關係。當你和某個大於自己的事物連結，快樂就會加倍。

我知道你買本書是為了學習創造財富和豐碩人生的習慣，我也舉雙手雙腳贊成，想賺錢就衝吧！但我希望你認真看待本章，把快樂當作人生的基礎，一旦你套用了以上十種快樂習慣，不管你選擇的領域為何，成功將得來不費功夫，迅速上門。若我想鼓勵你重讀本書哪個部分，肯定就是本章。把習慣牢記在心，深深記在腦海之中。我也建議你在接下來幾個月，慢慢套用這十種習慣，也許在接下來十週，每週選擇一種習慣進行深度練習。好了，現在笑一個吧！

第 10 章

運用偷吃步，成就更快達陣

「電影《魯迪傳奇》（*Rudy*）描述了美國弱者的相關情節。身為一名弱者的概念十分強大有力，如果你是弱者，恐怕隨時隨地都充滿鬥志、無時不刻都在奮鬥，並且不輕易妥協，只接受優秀，不斷朝更加優秀的目標衝刺。你不會力求完美，而是盡可能找到那個完美的瞬間，卻絕不會變完美。我不是說你不會遭遇讓你苦苦掙扎的難關，找到對的人相處，才應該是你的難關。」

——美國激勵講師魯迪．休廷傑（Rudy Ruettiger），摘自與狄恩．格拉齊斯的訪談本章的主軸是成就偷吃步的快速教學，讓你調整並立刻套用在自己的生活。當然你有幾千種通往成功的習慣、日常慣例或「偷吃步招數」，可是本章提及的是我最喜歡的招式，你可以輕而易舉、快速融入生活，影響力超乎你的想像。

每天來點創作時光

我們常深陷窠臼或慣例，每日行程大同小異，有時你覺得自己猶如踩著滾輪的倉鼠，只是在同一個地方空轉。遇到這種情況，你的創意、新點子、夢想、願景、發明，就不會有發光發熱的機會。

每天抽出十至三十分鐘的時間，鍛鍊你的創意思維。別去回覆電子郵件，別去看待辦事項清單，別回簡訊或逛社群網站，而是用這段時間認真思考。我每天上午都會在健身後、孩子起床前這麼做，專注思考人生的下一階段。我應該在書裡說什麼？我今天可以跟大家分享什麼能大大改變生命的新穎概念？下一場電視節目該如何製作？

練習創意發想的同時，創意就會源源不絕。不管你是否覺得自己缺乏創意，但我知道你一定很有創意。如果你跟多數人一樣，就不會相信自己是一個有創意的人。舉例來說，你打造了一段全新關係、一間公司、職業生涯、和孩子一起玩的遊戲、整理庭院更有效率的方法、某個讓另一半開懷大笑的角色，除非我們發想到某個點子，否則人生中形形色色的事物不會自動發生。就像那盞燈、那張椅子、那幅畫，原本都是某人的創意發想，後來才會變成實際物品。

如果你忘記每天來一點創意時光，就無法餵養滋潤你的靈魂，可是我知道你絕不希望靈魂枯萎吧！有時我會花一整天時間從事創意活動，找一些事情去做，刺激腦袋、激勵自我、讓我可以期待更美好的人生。所有人都有自我定義的創意時光，可能是繪畫、寫作、雕刻、發明、數位設計，世界上還有一千多種讓你發揮無限創意的事，無論是什麼，都別忘記每天挪出一點時間進行。

心懷感恩觀察他人工作

這句話是什麼意思？我們前文提過要心存感激，但我想要再補充幾個概念，讓你可以察覺並表達感激的心。無論事情大小，你都要找出方法向世界表達感恩，但有時這並不容易吧？你很忙碌，一口氣扛下十項任務，找出值得感恩的事，不應該是你時時刻刻掛念的事。

所以我的做法是**觀察別人的工作，從中產生感恩心態**。我不管你是靠什麼維生，當然我也知道你的工作壓力可能很大，甚至還可能讓人喘不過氣。可能覺得自己做的事，微不足道或沉悶瑣碎，沒有為世界帶來改變，但當我看見有人埋頭苦幹、不惜弄髒雙手，都會在內心對他們說「謝謝」，默默傳達感恩和激賞的心意。

以下提供一個案例。我住在夏季火傘高張的鳳凰城，最近開車時，會看見五名男性在攝氏四十一度高溫下，站在屋頂上工作。我抬頭望向他們，默默在內心送上我對他們的關懷。我不想太矯情或來新時代運動*那套，但我就是會這樣做的人。我心想：「他們實在太偉大了。兄弟們，謝了。」他們照顧自己的家人，盡心盡力將我社區的某棟房屋打理得更美觀，同時提醒我，要對自己的工作心存感激。我每天看見有人奮鬥打拚，從事不輕鬆的工作，而我也因此對自己的人生心存感恩，並把我的激賞默默傳送給他們。

設定感恩鬧鈴

現在的手機除了不能代替你上廁所，幾乎無所不能。我很喜歡設定鬧鐘，提醒我時時保持感恩的心。這個超酷小技巧是我從好友布蘭登．博查德那裡學來的。忙到不可開交的時候，我們可能會忘記保持感恩的心，也許深陷沮喪、驚慌失措、心煩意亂，甚至悲觀到笑不出來，所以我的方法是**每天在三個時段設定手機鬧鐘，加上一段搭配鬧鈴跳出螢幕的文字提醒**。上午十點，鬧鐘鈴響，提醒文字跳出：「保持樂觀、熱血、關愛」。午後三點，鬧鐘又提醒我：「什麼都難不倒你」。晚間七點，通常是我在家裡陪伴家人的時刻，我會讀到以下內容：「你真的很幸福，記得時時心懷感恩。」這些訊息正好都在我最需要提醒的時候跳出來，次數多到我數不清。不論當時我在做什麼，這些小提醒常常會讓我停下三十秒，感激我在世上擁有的一切。

另外，鬧鐘和訊息常常能讓我心情一秒好轉。

---

* New Age Movement 是一種去中心化的社會現象，興起於二十世紀的一九八〇年代末，是向內探索，了解內心、接觸自我、靈魂和本源的意識形態。

儲蓄是培養自信的來源

請相信我一句：「**你得養成儲蓄的習慣。**」我不管你每週是賺五百美元還是五十萬美元，一定要把部分的錢存起來。有的人屬於月光族，賺多少花多少，甚至月底透支，要是賺一元，就會花一．二五元。這種人你很可能就認識幾個。

不過你也早就聽過這句忠告。父母、財務顧問、伴侶可能都堅持要你開始儲蓄。可是這個成就偷吃步，其實跟錢沒太大關係，而是自信。

當你開始存錢，就會有自信，你內心深處會知道，就算遭遇風暴都不用害怕。如果你某個月或某三個月生意清淡、因腿傷無法工作，你也知道自己不會受到太大影響。這是因為你清楚自己和家人會生活無虞，安然挺過這場風暴，所以不會擔心。

另一方面，**要是沒有積蓄，你就會時常為了未來提心吊膽**，即便只是潛意識的擔心也罷，這都是世上最難受的感覺，將挑戰你的自信和心靈平靜，你會開始心想：「要是再過幾個月都沒有好轉，我恐怕會繳不出房租。我沒有為了退休存款，目前零積蓄，所以要是出事，我會跌得很慘！」於是我鼓勵你，收入多少不重要，無論如何請一定要養成儲蓄習慣，即使是日子最難熬的時候，每週都得存一點錢，當作備用金。這無關乎你最後存了多少錢，而是讓你有信心做出可讓你繼續前進的正確決定。

你是否聽過一種說法？「縮手縮腳，賺不了錢。」這句話一點也不假。沒有積蓄，你會凡事小心翼翼，為求避開風險而打安全牌。正因如此，你可能錯失賺大錢的機會，做不了萬全準備，不敢放手一搏。要是不存錢，你就沒了墊背，必須咬牙繼續從事你討厭的工作。然而，要是你認真儲蓄個三、四年，儘管最後老闆待你刻薄，忍無可忍，你至少還可以拍拍屁股，瀟灑走人。可是你要是沒有積蓄，就得忍氣吞聲，無條件接受老闆的虐待。我不管你準備每週存個十美元、一百美元，還是一千美元，存多少都好，存就對了，存錢的意義遠遠超越僅是單純的儲蓄帳戶。

偶爾犒賞自己，為你帶來動力

乍看之下，可能跟我前文提到的儲蓄說法互為衝突。但請先聽我解釋，你可以存錢，也可以犒賞自己，謹慎選擇犒賞的方式就好。我沒有幾百部汽車、幾千雙鞋，因為對我而言，這麼做是一種浪費，但我還是會用其他真正重要、能為我們創造價值的事物，犒賞自己和家人。

舉例來說，我知道我們家的伙食開銷是一般人的三倍，這是因為我不想要家人將一堆化學物質吃下肚，所以家人吃的全是有機食品。

我偶爾會帶家人來場奢華旅遊，留宿高級飯店，好好寵愛自己。我喜歡和家人享用美食佳餚，價格對我而言從來不是問題，因為這就是我辛苦工作的獎勵，讓我有更多追求高成就的動力。所以我建議你犒賞自己，藉由激發正向感受的方式對自己好一點，要是這筆開銷可以製造永久回憶，不是更好嗎？

如果你平時有存款，不會把錢花在對你意義不大的事物上，等你有機會把錢花在有意義的事物上時，就有錢來犒賞自己了。**犒賞自己能為你帶來動力，讓你一瞥美好生活的面貌，推動你繼續往前進，為了更美好的生活，實踐策略、做出決策。**

終身投資自我

我真心相信，活到老學到老。人在一生中，要是不積極向上，就等著溜滑梯般下滑。如果你希望收入三級跳、退休時更有錢、擁有更多自己的時間和自由，就永遠不要停止投資自我。

吸取知識，把人生經驗轉化為智慧，智慧將會帶給你洞察力，指引你爬上更高一層樓。我每年為了進修，花了逾十萬美元，要是你讀到這裡，我敢說你也屬於同道中人。請別忘記我前文提到壞忠告的內容，並確保你學習效法的對象，一定要在你的領域具有資深經驗。找一位導師或教練，加入實習行列，向有計畫和方向的人學習，看他們怎麼達成你夢想的成就，並且消化你學到的知識。

隨時微笑，活力滿點

我是一個樂觀的人，也喜歡跟人相處，就這麼簡單。可是我知道要長期保持樂觀、友善的形象並不簡單。有時我們忙得不可開交，深陷自我的世界，沒空去理睬對方，低頭冷落了我們覺得不重要的人，例如貨運司機、大樓警衛、餐廳服務生，就可能遭受冷落。但要是換成背景雄厚的人走進室內，我們會立刻擺出友善臉色。我敢向你保證，這輩子我從來沒有對一名服務生擺過臉色，總是保持親和禮貌。但十年前，我決定不只要待人有禮貌，還要隨時保持微笑，眼睛直視每個和我互動的人。這不是決定「當一個好人」，而是選擇接上以人為本、積極向上的電源。

當然，你是不可能隨時隨地都處於「開機」狀態，可是你也不希望只巴結某個可能給你好處的人吧？反之，**重視每天你遇見的所有人、隨時露出微笑**，不是比較好嗎？你想想，這需要耗費多少力氣？根本不費力吧！這麼做可以提升你的心境，讓你活力滿點，甚至可能讓對方一整天都心情愉悅，何樂而不為？

從不如意中發現美好

如果你可以培養一種好習慣，**從不如意之中發現美好，人生就可能出現轉機**。太多人在人生道路上不如意，好幾年都裹足不前，直到哪天才忽然領悟：「你知道嗎？當初感情不順其實也是好事，我後來才能找到真愛。」或是「你知道的，我很慶幸第一間公司以失敗收場，因為我能從失敗經驗中學習。有了這個經驗，我的下一間公司總算成功。」

你認識的人當中，有多少人因為幾年前的某段戀情傷透心，現在不敢再投入感情？抑或你是否認識某個人多年前經商失敗後，就再也不敢創立新公司？我相信人生不順，必有其用意，目的是帶給我們一場教訓，美妙事物也會跟著降臨。如果你能盡快培養這種習慣，從不如意當中發現美好，就能逆轉人生。

從失敗中快速振作

推動我成功的原因很多，但我經歷挫折，迅速振作的能力，卻幾乎是榜上第一名。你何不成為同儕、同事、員工眼中，那位能迅速從失敗中恢復、克服障礙的人？我已經內建了這種習慣，也就是從失敗中，迅速振作的速成妙招，這個習慣讓我收穫良多。所以，你打算緊抓著錯誤多久？你要失敗場面在腦海中反覆播放多久？從錯誤經驗中學習，但要學習正確的，再帶著你獲得的經驗前進。**最快失敗的人，就是最早發現解決之道的人**。

把精力放在找出解決之道

當事情出錯，人往往執著於事情發生的原因，誰是罪魁禍首？為何倒楣的都是我？平心靜氣來看，這種思想真能為大多情況帶來好處嗎？沒錯，學習教訓，訓練大腦專注於解決問題上。讓我們舉一個最簡單的例子說明。要是有一杯牛奶不慎打翻，該怎麼辦？沒錯，你可能會執著於牛奶是怎麼打翻的？是誰打翻的？會不會在地板留下痕跡？會不會發臭？各種想法在腦中打轉：「為何我老是倒楣的那一個？我時間已經很趕，沒必要再給我找麻煩了吧！」可是思維傾向解決問題的人，只會默默拾起一塊毛巾、撿起玻璃杯，然後重倒一杯牛奶。善用你的精力，從錯誤中學習，迅速帶著解決之道前進。

多多培養好習慣，**在事情出錯時迅速反思：「我該怎麼補救？為了降低損失，現在可以採取哪些步驟？」**不要執著於應該責怪誰，將精力全部投注在解決問題上，並變成一種個人習慣。

向開朗的人挖掘快樂祕訣

每次我遇見總是陽光開懷、笑臉迎人、正面看待事物的人，都會想主動攀談，問對方：「請問你快樂的祕訣是什麼？」讀到這裡，你大概也猜到了，我很喜歡訪問別人的快樂訣竅。對方可能以一句詼諧的俏皮話回應，你只需要笑一笑，結束對話。但偶爾對方的回答，也可能引人深思，帶來深遠影響。**要是看見快樂的人，去找他們說話，挖掘他們保持快樂的祕訣**。

我的超級好朋友約翰是我遇過最愛笑的人，他經營一間價值數百萬美元的公司，責任壓力都不小，同時還有三個年幼子女要養，可是就算是最簡單的事，都能讓他哈哈大笑，而且他的笑聲深具渲染力。我當然沒放過這種大好機會，詢問他的快樂祕訣，他告訴我：「我每天都在想，我何其幸運可以出生在好時代，住在我目前的居所，擁有我的家人。」所以你瞧，其實沒有什麼石破天驚的答案，約翰沒有一顆啟動快樂的神奇按鍵，他只是找對方法，時時保持感恩之心，快樂常在。

想想開心的事，跳脫負面情緒

我在第九章的快樂習慣已經稍微提過，但這個成功習慣最重要的就是，有特別快樂的回憶或想法。有時我們會意志消沉，需要有能迅速跳出負面情緒、導正思想和靈魂的偷吃步招數。對我而言，回想小時候和奶奶相處的時光很有效。她就是我生命中一道溫暖寬慰的曙光，和她在一起時，感覺就像環繞全身的溫暖擁抱。她會教我煮義大利菜，週日在廚房忙著烹煮你想像得到的美味義大利料理，而我會坐在一旁，陪伴她數個鐘頭。諸如此類的回憶就是我的快樂泉源，所以在我需要時就會回憶這段往事。我鼓勵你也找到屬於自己的快樂泉源，要是哪天不順遂，請養成好習慣，提醒自己回想這段回憶。等你不再消沉，就能重新冷靜思考。

活得健康，願望萬千

「生生不息，繁榮昌盛！」（Live long and prosper!）這句出自《星際爭霸戰》（*Star Trek*）裡的經典台詞，很值得套用於人生。沒有健康的身體，就很難擁有健康的人生和思想。

有一句印度諺語是這麼說的：「健康之人擁有一千個願望，生病之人卻只有一個願望。」這句話是不是很中肯？

這不是健康書，我也不是健康專家，但在這個時代，健康生活的知識比以往唾手可得。搜尋健康資訊，養成讓你保持最佳的健康習慣。要是明明知道自己有潛力，卻無法成為你理想中的父母、祖父母、領導人、伴侶，就算多金、成就非凡、繁榮富足，又有什麼用？

為了活得健康，你得運動。開始這項習慣也許困難，但當運動成為生活的一部分，你也能體會見證運動的好處，最後對運動上癮。你可以上網找到適合自己身體狀態和體能的超強運動。拜託，再不然去找個健身教練，請老師監督你好好運動，幫你安排健身課表。可是無論怎麼做，都請務必身體力行。我個人找到幾種保持運動習慣的動機。首先，我想當孩子的楷模，我希望他們看到我把運動當成生活的一部分，而不是苦差事。我知道有件事千真萬確，光說不練是沒用的，除非你自己身體力行，否則孩子不會去做。另外，我也想當個活力充沛的老爸，未來哪天可以當活力充沛的阿公。我猜你肯定也這麼期望吧！

以下是幾種養成運動習慣的方法。首先，找個朋友一起設定健身挑戰，減重目標、褲子尺碼、五千公尺田徑賽，或是對比前後照片的比賽都可以。設定挑戰之後，運動習慣就比較容易持之以恆。再者，我建議你什麼都來一點！不要每天都做一樣的運動，輪流交替進行各項運動，如散步、慢跑、滑雪、游泳、騎單車、重訓、划船、打網球或短跑衝刺。養成每天做不同運動的習慣，一旦開始認真運動，其他事便會水到渠成，你將開始慎選飲食，節制酒精飲品，甚至開始改善睡眠品質。更加分的是，你會變得容光煥發，這真的很令人上癮！何不今天就開始養成運動習慣？

不要妄自下結論

當某人做了某件事，讓你覺得遭到輕視、不受重視、輕忽怠慢，甚至不尊重，你的心情肯定不好受，這我完全可以理解，可是很多時候我們根本不了解對方的感受，只是暗自猜想對方帶著惡意。就如我先前所述，我們可能會為這種無聊小事，浪費心思力氣、時間、精神，有時甚至還是不知不覺發生，所以應刻意遠離這種讓人白費力氣和時間的心態，最好還是別浪費時間來假設對方對我們無禮。

關於這方面，我自己也有親身經驗。每次見到女兒朋友的父親時，都覺得他故意對我視而不見，我記得當時這麼想：「啊，他肯定對我有意見。」我試著主動打招呼時，好幾次他都不苟言笑，連一句「嗨」都懶得說。於是我告訴自己，他一定是個勢利眼或剛愎自用的人，卻愚蠢地選擇不去和他聊開這件事，直到有天我決定坐下來好好跟他聊聊，經過交談後我發現，之前對他的看法錯得離譜！他不過是個性害羞，對人際相處感到有些沒把握，完全不是那種自以為是的人，他非但個性謙遜，還是一位好爸爸，只是與自己不熟的人，缺乏交流的自信。

逼自己先了解某個狀況再下論斷，為我帶來一百八十度的轉變。養成習慣，遇到讓自己不愉快的狀況時，無論多麼不開心，都請先冷靜一下。如果我們試著理解對方這麼做的理由，就能避免不必要的壓力和浪費力氣。若有必要，你也可以決定無論如何，都不要讓某件事影響心情，避免白費力氣。如果你發現另一半或孩子對你撒謊，公司某人想要暗算你，健身房有人嘲笑你，抑或有人在背後捅你一刀，都請先暫停一下，深呼吸。要是生活中遇到令人不快的事情，請先深呼吸，不要即刻反應，這樣一來，壓力自動就會減輕。從對方的角度和背景看待事情，先望進對方的雙眼再回應。**對未知直接猜測臆斷，是最浪費力氣的做法**，所以請務必養成習慣：千萬別這麼做。

不輕易論斷、批評他人

說的比做的簡單，這我知道。可是每當有人問我，人生最大轉機是出現在什麼時候？我總會想起自己不再論斷他人的那一刻。世上有所謂的完人嗎？沒有，當然沒有。但你可以更接近完人嗎？當然可以！而且結果會改變一生。

我們批評他人時，其實就是把精力、腦容量、時間，消耗在與我們無關的事情上。小時候，我的身邊常常圍繞愛批評、論斷他人的人，年輕時代的我覺得自己不愛批評他人，但諸如此類的心態還是滲透進我的內心。有天我忽然驚醒：「我在論斷他人，但事實上我根本不曉得情況，還有對方為何會有某種行為？」看見過胖的人時，你可能下意識會認為他們一定很懶，或是無法控制飲食。看見酒鬼時，你可能會認為對方沒有自制力，應該澈底戒酒。當你看見某個脾氣暴躁或不尊重他人的人，也許會以為對方個性格卑劣。每個人心底都內建這些下意識的評斷機制，可是當你不再批評人，你的靈魂就能完全敞開釋放，騰出空間讓你成長，展開全新探索。

你也知道，我喜歡以身作則，與他人分享。我想在孩子還小時，就讓他們學會長大後不去批評別人。過去五年聖誕節，和孩子拆完禮物、完成早晨例行活動後，我們就會跳上車，帶著裝有一百美元鈔票的午餐，開到鳳凰城市區，沿著街頭巷弄，尋覓聖誕節早晨無家可歸的人，把其中一袋午餐交給對方，說：「聖誕快樂。」我們開車離去時，常看到有的人震驚不已，感動到痛哭流涕，有人則會說：「感謝老天，感謝你們。」他們收到的不只是食物和錢，也體會到還有人願意關心自己。我的孩子年紀已經夠大，對於這件事，他們知道有人會說：「你們為何要把錢白白交給流浪漢？他們明明有選擇的權利，大可認真工作，可是最後卻選擇懶散怠惰度日，只會拿你們的錢去買毒品或酒精。」也許某些人真的會這樣做吧！但我們又憑什麼去論斷？

看見某個髒兮兮、衣衫襤褸或渾身散發惡臭的人，與其捏著鼻子默默走開，我希望和孩子分享的一課，能永遠刻在他們靈魂的深處。我教導孩子，我們並不曉得這些流浪漢是否被家人逐出家門、是否遭人騷擾毆打、是否有嚴重卻無人注意到的學習障礙。我和孩子分享，他們今日之所以落得無家可歸的處境，背後有一百萬種可能，有些人也許吸毒、酗酒，但他們可能只能透過吸毒酗酒，來靜下心。我總是告訴孩子，我們並不曉得他們為何變成流浪漢，但至少可以祝福他們，讓他們知道還有人關心自己，還有人會為他們禱告，並且感謝自己在人生裡享有的福分。

沒錯！我的童年比我的孩子不好過，這是身為父親的我想要教育孩子的一課。我這麼做多半是為了教導孩子長大後，要成為一位具有惻隱之心、關懷他人的大人，千萬不能輕易論斷批評，並要心懷感激。我之所以持續做這些事，也是為了讓這些價值觀深深扎根在我的內心和人生。所以，千萬不要去批評論斷，好好看顧自己的心靈、思想，世界就會為你敞開大門，你的收入也會跟著水漲船高。

向需要幫助的人伸出援手

這一項忠告可能跟前一個習慣很相似，但請先聽我娓娓道來，便能發現其中差異。幾年前，我請一位朋友介紹約爾．歐斯汀給我認識。真正碰面後，他邀請我飛往美國休士頓（Houston），參加一場禮拜。我還記得教會規模龐大、美輪美奐，令我不由得肅然起敬，參加禮拜的人臉上堆滿笑容，快樂滿足。

我正好坐在歐斯汀的太太和母親身旁，很享受這場禮拜的過程。我不得不坦白，自己已經好久沒上教會，聽歐斯汀分享故事時，他的故事深深打動我的心，於是我在這裡盡可能完封不動地還原故事內容。他說的話大致如下：「當你覺得自己的人生事事不如意，覺得錢不夠用、享有的愛不夠多、身體不夠健康、心靈不夠快樂，就去幫助日子比你難熬的人吧！要是你覺得自己的感情關係一塌糊塗，不妨去幫助家暴婦女，去捐款或是貢獻自己的時間。要是你覺得自己應該加薪，卻等不到加薪，也不受老闆器重，不妨走一趟流浪漢收容所。我們自身遭遇的問題當然存在，也是我們切身重要的問題，我們還是會感到心痛難熬，但是悲傷沮喪的話，就不可能心懷感恩。養成一個好習慣，去幫助比自己生活不好過的人，心情低落時，更該這麼做。**當你協助日子更難過的人，感恩之心就會油然而生，你的壓力也會相對減輕。對大家都是贏面。**」

幫助他人絕對不是完全無私的舉動。請記住一個重點，當你向需要幫助的人伸出援手，你也會從中受益。

凡事全力以赴

我知道很多人都痛恨自己的職業，他們夢想盼望、努力尋覓理想的事業或職業生涯，可是在找到自己的熱愛前，請運用以下的成就偷吃步招數：**踏入另一個人生高階前，即使你痛恨你的工作，務必盡自己所能，全力以赴**。沒錯，不管是做什麼，都要拿出一〇〇%的拚勁。還記得我一開始分享的億萬富翁約翰．保羅．德約里爾的故事吧？即使是老闆都不會注意的地板角落，他也掃得一塵不染，為他人生後來的成功習慣奠定基礎。也許你不喜歡某項任務或工作，即便如此，都要使出渾身解數做到最好，要是你培養出這種習慣，日後將會成為你的無價之寶。

就讀高中時，我會和爸爸去修車廠維修損壞的汽車，這份工作又臭又髒，化學物質的氣味經常讓我頭痛，我的指甲卡著髒汙、衣服也弄得破破爛爛。其實我很討厭這份工作，可是你很難從我的表現發現我的真實感受。因為如果有人正好走進修車廠，我知道他們一定會這麼想：「哇，這傢伙真的很愛自己的工作！」他們看見的是我笑容滿面，每天盡自己所能做好工作。

第一個幫我完成大型房地產案的客人，就是某個修車廠常客，我們很常談天說笑，我知道他很欣賞我的熱忱。有天我告訴他，自己手上的房地產案雖然尚在籌措資金的階段，但我還是很努力地進行，他看到我這麼有熱忱，決定借我八萬多美元。想像一下他走進門時，要是我用消極負面的態度迎接他，你覺得他可能幫我出資嗎？他才不可能理我！沒錯，我是討厭修車，但我的習慣是全力以赴做好分內工作，直到邁向人生下個階段，這就是轉變人生方向的案例。房地產案最後賣出一百萬美元，真心不騙！

我喜歡分享人生中的真實案例，藉此說明一旦良好的成功習慣或「偷吃步」變成人生的一部分，所對我造成的影響力。我不是唯一發明這種偷吃步和習慣的人，很多高成就的人其實也有這種習慣，而且我指的是世上最成功的人。

九年多前，在夏威夷（State of Hawaii）一場週末舉行的大師課程上，我認識了喬許・貝佐尼（Josh Bezoni）。當時的他正在經營一間規模頗為龐大的公司，在營養食品界發展得有聲有色。我們一拍即合，很談得來，之後變成好友，多年來一直保持聯絡，後來貝佐尼的事業遭遇難關，公司收了。大約六年前，我飛到美國科羅拉多州去見他，當時公司正準備關閉，我還記得穿越他舊辦公大樓的畫面，簡直像是一座鬼城，舉目可見辦公桌前空無一人，景象淒涼傷感。我感覺得到好友硬擠出笑容，但內心其實在淌血。

約莫一年後，貝佐尼邀我參加一場他在美國德州奧斯汀（Austin）舉辦的小型活動，算是他的初登場派對。他花了不少時間摸索並了解自己犯下的錯誤，並且克服腦海中的負面故事和自我懷疑的聲音，他已經準備好回歸業界，即便當時的他根本沒有創業資金。

現在我們從貝佐尼復活的那一刻快轉，今日的他是BioTrust營養保健品公司的創辦人兼執行長，該公司成為全球健康品牌的龍頭之一，創下億萬美元銷售額，僱員眾多，提供傑出產品，我甚至還會每天服用其中一些營養品。

這中間發生什麼事了？貝佐尼是如何甩掉公司倒閉和事業失敗的巨大壓力？他是怎麼在沒有創業經費的情況下，躍升世界龍頭品牌的創辦人？他的回答是：「我從個人的成功和失敗，在嘗試錯誤中發現，我必須改變自己，培養新習慣。」

幾年下來，他扮演諸多成功角色，好比企業家、營養師、慈善家。於是，開始撰寫本章時，我致電貝佐尼，詢問他是否有全新的成就習慣或偷吃步祕訣可以分享，貝佐尼興奮地一口答應，同意要和我們分享讓他澈底改頭換面的慣例，甚至馬上錄製一段音檔，傳送給我。

他分享不少偷吃步的方法，我沒辦法一一寫進書中，但容我提供你一些「甜頭」：

僱用有經驗的人，展開理想事業

根據貝佐尼的說法，這就是他第一名的成功習慣，他還特別提到這就是他展開 BioTrust 營養保健品公司的做法。大多人以為自己可以訓練員工從事某份工作，但事實上經驗無可取代，要是對方有經驗，而你沒有時，這更是血淋淋的事實。貝佐尼和我們分享：「別僱用你覺得可以訓練到位的好士兵，找個比你更清楚自己角色的將軍，讓他們僱用士兵，在他們的麾下服務。」

把不屬於個人專業的事交給別人

我們來聽聽貝佐尼的說法，為何覺得這是十分重要的偷吃步：「十年來，我寸步不離死守著公司，這種感覺形同坐牢。我樣樣事必躬親……公司的團隊很小，而我也確實賺了不少錢，可是生活卻悲慘至極。我每週工作八十個鐘頭，明明可以利用部分資金，僱請更多員工，把工作交派出去，偏偏我還是覺得自己來，否則可能做不好。原本的公司倒閉後，我有時間仔細檢討，思考未來可以改進的地方，我也知道自己勢必要改變。當我創立BioTrust，我開始將自己不擅長的工作交託給別人，就這樣望著魔法在眼前施展……正因為我變得比以往快樂，所以我也更成功，畢竟我做的都是自己真心喜歡的事……我學會放手，不再親力親為，堅持去做自己不擅長的事，像是會計、超文本標記語言*設計等事務。」

「當我將心力專注在個人專長上，也就是僱請對的人，為公司打造偉大願景、組織優秀團隊，我就發揮了最大影響力，看著公司和個人生活的各個層面都更上一層樓。」

餵養你的動機，就像每天餵養你的身體

貝佐尼的意思是說，你每天都得提醒自己，你為何在做你正在做的事。以下是貝佐尼運用這個習慣的做法：「有時我會錄製鼓勵音檔，有時閱讀，有時聽聽東尼・羅賓斯和其他激勵思

* HTML，英文全名為Hyper Text Markup Language，為WWW上所有網站網頁的基礎，是對網頁文件進行視覺化或功能性的標記。

想領袖的談話。我每天都會在大腦輸入正面能量和資訊，提醒自己當初設定的目標……人生不如意十之八九，沒人可以免疫，無論你目前正邁向哪個階段的成就都一樣。你大可決定專注在失敗上，也可以善用任何潛在資源，每天來點正能量激勵自己，專注於更好的自己。既然都要用腦了，不妨把腦容量用在對的地方，聚焦正面思維，思考你設定的目標與如何達成目標等。」

我在一旁看著貝佐尼改變習慣，這不僅讓他成功強勢回歸，更創造出繁榮富足的公司和人生。貝佐尼也犯過錯，覺得自己讓人失望，一心認定自己不夠好。這跟你我曾經有過或正在經歷的感受不一樣嗎？不，當然一樣，畢竟大家面臨的難關都大同小異，可是有的人選擇縮在低沉絕望的谷底，重複千篇一律的慣例，年復一年、日復一日，跳不出常規模式。不巧的是，人生並不會哪天意外變得美好，所以你得主動出擊，自行決定方向。貝佐尼就是活生生的例證，說明一個人必須先了解自己的目標，從過去的錯誤中學習成長，而不是沉溺錯誤，最後他成功改變了個人習慣，成就美好。

帶著滿腔熱血，專心只做一件事

我真心相信這個偷吃步的招數有效，如果你也能「聽見」貝佐尼的敘述，肯定深有同感：

「我有注意力缺失症，要是可以的話，我絕對會創立一百間公司。可是我規定自己只能做一件事，並且觀察這件事是否做得成功。我不去做別的事，而是強迫專注（這是我為這個習慣取的名稱）於某件事，畢竟創業人士滿街跑，他們手裡可能有一百件專案，卻沒有一件正式起飛。所以即使這個規則很困難，但你必須強迫自己專注於一件任務。」

請善用我在這裡列出的貝佐尼成就偷吃步招數，也可以根據你個人的情況修改製作，而你現在就能將這些微小卻影響深遠的習慣或偷吃步招數融入生活。正如我先前所言，這無關乎你為自己擠出更多時間或加上新習慣，而是改掉對你的未來沒有助益的現有習慣。如果我們每天可以改掉一種習慣，未來人生就會大不相同。

第 11 章

不光坐而想，更要起而行

「我要跨出家門、採取行動，我要自己知道成功是可能實現的，畢竟『可能性』極具渲染力。若你告訴自己，某件不可能的事是可能發生的，那你這一生就充滿信心。因此，我每週都會去做某件我認為『說的比做的容易』或『不可能』的事，我毫無保留，全力以赴，讓自己看見某件事是可能實現的，這種方法幫我克服了恐懼感。」

——特倫．希爾頓（Trent Shelton），美國勵志演說家，RehabTime 創辦人與執行長

截至目前，你已經讀到世界首富和全球最成功人士的成功習慣，現在換你了，你爬到高峰的時候到了。你可以擁有夢想中的一切，財富、好工作、成功公司、深厚美妙的感情，這些不必只是「美夢」，可以實現，所有一切都唾手可得，那是什麼阻撓你前進？

這個嘛！如果你跟多數人一樣，讀了這些激勵人心的話語後，深受啟發，開始在腦中夢想著可能發生的事，一瞥未來的潛在樣貌，甚至還有清晰強大的願景，只要不讓內心反派從中作梗，並把局限故事變成無限可能，也許你的想法就會充滿可能發生的好事。你想像得到這種改變將影響你的一生，你有成功習慣、快樂習慣、成就偷吃步招數。一切都很合理，我所說的故事激勵了你，跟你背景類似的人也成功改變自己的人生，某些我分享的故事，甚至可能讓你心想：「要是這傢伙辦得到，我肯定也可以。」

所以不論是你或者任何人，請問究竟是什麼讓你遲遲不展開行動？那是因為改變人生的念頭龐大得嚇人，而你的潛意識已經找到安全所在，不想繼續飄蕩。但安全不表示快樂、滿足、發財，那只是藏在意識表面下的狀態！以有意識的層次來看，事情沒那麼簡單，你得繳交帳單、工作、做家事，即使你真的很想把成功習慣變成生活的一部分，你仍得採取行動，必須起而行。

我懂，我也受困於想法和行動之間，不得動彈。不過我有個好消息，我知道該如何跳脫窠曰，我現在就要和你分享技巧，所以這本書不只是激勵人心的讀物，還是一張行動的路線圖。

試行九十天計畫，踏出一小步

你是否試過只憑藉意志力或加油打氣的話語，說服自己去改變？這種效果通常不夠力，只能維持一下子。你需要一次踏出一小步，去做你覺得執行得了的步驟，並深刻感受你想像中的改變。這就是你的動機來源，也是讓自己開始行動的方法。

以下是執行得了的小短跑，我猜你可以想像自己進行某種活動九十天，而這九十天不過是人生的一小段時間，把這當成可能讓你上癮的測試期。讓我們細分拆解這九十天，也就是我所謂的短跑期。儘管想像未來十二個月，甚至十二年的人生，是非常重要的步驟，但你需要從今天起就可以執行改變的短跑衝刺。把待辦清單分割成可以消化的大小，開始想像今天起的九十天後，你已經創造出驚人的人生改變。

按照我在第一章的做法，假裝現在已經是未來九十天，而且這還是你人生中最美妙的九十天，請問這九十天是什麼模樣？你對誰許下了承諾？又拒絕了誰？是否向老闆要求加薪？或是辭職了？你是否註冊新公司的名字、僱聘第一位職員、開始為擴大營業的公司展開推廣行銷活動？或是已經僱請財務長？請問你人生中，最美妙的九十天是什麼樣貌？你可以把焦點放在薪資或事業上，也可以從人生各個不同面向思考這九十天。為了讓你更能看清楚這場短跑，請以回顧視角重看未來九十天，回答並寫下這些問題的答案：

- 過去九十天具體發生了哪些事？你的工作、公司、感情、社群出現哪些改變？
- 你為人生創造了哪些成功習慣？又改掉哪些對你沒有好處的習慣？
- 你用什麼方法把全新的成功習慣套入生活？為了實現目標，你做了哪些事？你說了什麼或做了什麼能帶來改變的事？
- 有了正面改變和成就的你，現在的感受是什麼？你的自信程度、快樂指數有多高？你凝望鏡子時，看到什麼人？
- 你現在比較常或不常跟誰相處？
- 你當下心境如何？為了哪些事情感恩？

想像一下你站在未來，回顧這段時間，然後搖動筆桿或敲敲電腦鍵盤，寫下哪些是你為了實現想像場景而非得採取的行動。

切記這些步驟只是未來九十天的計畫，用意並不是要你達成最終目標，而是讓你朝正確方向前進。所以請你仔細思考，為了拿到那份好工作、內部升遷、開設新公司，你應該做哪些事，才能讓你踏上正軌？只要你認真回答這道問題，就可以得到一張路線圖和交通工具，帶你前往你想去的所在。

以下是讓九十天短跑成真的關鍵。別再瞎忙（也就是不要忙對個人目標沒有意義的事），每日活動至少要有五成能落實你的九十天目標。沒錯，就是這麼簡單。接下來看以下範例，請跳下讓你原地踏步的跑步機，並衝上階梯。

讓人生翻轉的真實案例

麥特．萊森（Matt Larson）是一名年約二十出頭、憂鬱症纏身的機械工廠作業員，他環顧身邊的員工時，發現某位七十多歲的同事只比他多賺大約一〇%。看在萊森眼裡，深信這就是他的未來。雖然萊森很聰明，工作認真，但收入卻不高。

萊森購買我的書，讀了之後深受啟發，於是他選擇投入房地產。對於這個選擇，萊森的親朋好友都無法諒解，批評他，就連女友都說他在做白日夢，最後離開了他。儘管如此，萊森依舊義無反顧。跟多數創業人士相同，無論他覺得多麼無法承受，都必須咬緊牙關、相信自己的直覺。

後來，我跟萊森見面，幫他上了幾堂私人課程，傳授他這套九十日短跑練習。當時我告訴萊森，他太心急，自我要求過高，壓得自己喘不過氣，恐怕會故態復萌。所以我建議他跟我做九十天練習，我對他說：「假裝已經過了九十天，而且這還是你人生最美妙的九十天。回顧這段日子，請問你看到什麼？」

萊森回答，他一個月有五件大規模房地產銷售案，月入七萬美元，他還補充現在變得更有自信，不再沒有安全感。此外，他根本不需要再擔心帳單，他不但準時繳清，還可以讓父母提前退休。畢竟父母年事已高，還擔心自己得繼續工作。

最後他說：「我想向朋友證明自己，讓他們知道我夠聰明，我想要凝視著鏡子，深知我充分掌控了自己的命運。」

我說：「好，老弟，請問你要怎麼做才能實現目標？」

萊森的步驟跟他原先想的不同。他發現白忙的工作吞噬了大部分的時間，而其中一個列出來的行動就是僱請私人助理，幫他處理跟賺錢無關的事務。

為了變健康、有精神衝刺工作，他還列出一項目標：提早一個鐘頭起床上健身房。

他決定壓力大時，不得再喝調酒，避免和生活中負面消極的人相處。由於他有意僱請私人助理，所以在多出來的時間裡，他打算擬定特別行銷計畫，利用電郵、臉書、美國分類廣告網站 Craiglist，鎖定房地產客戶。

在萊森的九十天衝刺期內，他的時間主要都運用在落實行動上，不去插手管會霸占時間且會讓自己瞎忙的事。到了九十天最後，他達成每項目標：父母退休、完成的交易量超越當初的野心，找到一名出色的私人助理，而這名助理後來還幫他管理公司。

萊森後來完成了三千多件房地產銷售案，我認識不少房地產投資高手，他就是其中一人。由於他改變人生的計畫遭受諸多負評，加上改變人生的不容易，讓他無法喘息，害他險些達不成目標。他的家人之中沒人賺過大錢，也沒人上過大學，更沒買過一棟房子，但萊森卻跨越重重障礙，多虧九十日短跑練習，擬定足以應付執行的短期計畫，萊森才能踏實逐夢，邁向成功的康莊大道。

相信自己潛力無窮

也許你心想：「狄恩根本不認識我，我才沒有萊森那麼厲害。對別人或許有用，但我不敢說這方法對我有用。」如果你是這麼想的，讓我告訴你一個真相，你的潛力無窮無盡。雖然我不認識你，但我敢拍胸脯這麼說，是因為我從個人經驗知道，每個人都能在人生中做出微小改變，進而累積成大成就。唯一的問題是，你自己是否能察覺你的潛能？

我是相信你絕對可以，但首先你得突破多數人都有的錯誤觀感：其他人都很有才華、優勢，也比你更有成功的潛能。沒錯，有些人生來就是長人，具有打籃球的優勢。沒錯，有的人確實腦袋聰穎，是天生的數學家，短短幾分鐘就能解出我們花費數個鐘頭，都解不出的複雜算式。

我們常聽到別人強調「天賦」和「好運」，可是如果你**仔細研究擁有高成就**、**人生更上一層樓**、**完全發揮個人潛能的人**，**就會發現高成就者具備兩大共通點**，**那就是相信自己**，**也相信自己的願景**，**並且執行到底**。他們的決心堅毅不搖，追求夢想成果，他們不會只呆立在邊線，暗自期許自己「有天賦」。

雖然美國高球傳奇老虎伍茲（Tiger Woods）已經不是世上最出眾的運動選手，但在高爾夫球史上，沒人可以像他一樣，在人生巔峰期達到如此高的成就。老虎伍茲不過是另一個天賦異稟的運動選手嗎？他是否只是運氣好罷了？抑或他的成就，跟他五歲起每天勤加練習有關？無數年來，許多國家美式足球聯盟選手在夏季放大假、等待訓練營開始時，美國傳奇四分衛培頓・曼寧卻待在家裡，反覆觀看錄影帶練習。

任何創造財富和豐碩人生的人也一樣。他們是因為特別、天賦異稟、運氣好才成功嗎？或是他們因為願意下苦功、確實執行，即使嚴重卡關，依舊努力不懈？

我為何要分享這則故事？因為除非你親自執行，否則我在書中提及的成就習慣不會見效。善用成功習慣的人和遲遲不採取行動的人，兩者最大的差別就是前者展現出剛毅決心。對我來說，剛毅就是不放棄，剛毅是堅持到底，代表你願意為理想咬牙撐下去。

你有多想爬上人生更高階？明明知道自己可以有所作為，卻遲遲沒有成就，請問你會有多洩氣沮喪？

好消息是你不需要「安於現狀」。別再繼續拖延，你不必從今往後都好奇「萬一那樣該有多好」，不必為了無法得以發揮的潛能，心煩氣惱。你可以擁有自己渴望和應得的一切，但若想達成目標，就不能聽信唱衰你的人，這絕不是你希望好事發生，事情就自動發生。正如耐吉（Nike）廣告台詞說的，現在就是你行動的時刻：「去做就對了」。

對愛批評的人視而不見

高成就者懂得咬緊牙關，熬過難關，即使沒人相信自己也不為所動。他們不計一切代價，堅忍下去，落實成功習慣，即使發展不如預期，也不會輕言放棄或就此收手。如果你仔細觀察獲得重大突破的公司，會發現大多公司就算沒有破產，也曾在某個時間點瀕臨失敗，多半公司創辦人也曾聽過別人唱衰他們的點子不會奏效。

你看，愛批評的人都是喜歡對人品頭論足的類型，成功人士往往會對這種人視而不見。**愛批評的人消極悲觀，早就放棄自我夢想，導致他們尖酸刻薄，唱衰別人辦不到、得不到，不會成功。如果你想要更加富饒的人生，就得相信自己，而不是只仰賴別人的鼓勵或支持**。這番話或許忠言逆耳，但這就是你通往自由的道路。等到你總算突破，就能期望生命中出現一群支持你的新朋友。

我不是要你去討厭身邊愛唱衰你的人，但要是你的同儕一口咬定你不可能成功，就得反抗到底。有可能是你的家人、朋友、同事，或者其他反對你的人，但他們只是根據個人因素，並不了解你或知道你能達成什麼，便認定你不會成功。你或許必須堅定立場，對同儕說：「感謝你的意見，可是別告訴我做不到什麼。」堅信自我，相信自己一旦下定決心，沒有什麼難得倒你。發掘出我們在第二章提到的人生「動機」，不管誰想阻礙你，不管誰說你這麼做很不明智，你都要定睛緊盯目標。一旦你有了目標，就不能輕易聽信他人話語，必須不計一切代價去拚搏。

事實上，你可能要去做不同於身邊其他人所做的事，這種感覺或許奇怪，但若是你繼續做旁人都在做的事，最後發展就會跟他們一樣！若他們的生活不是你夢想和應得的，你就要選擇一條相反的道路，區別自己與同儕。我不是說你應該以菁英主義的心態與他人劃清界線，也不是要你被自滿傲慢驅使。反之，你個人真實的目標才應該驅使你。

反覆練習直到內化成實力

麥可．喬丹（Michael Jordan）是美國籃球史上最強籃球員，他說：「你可以每天練習投籃八個鐘頭，但要是技巧錯誤，就只會變成錯誤投籃的高手。穩紮穩打，發展就會水到渠成。」關於堅持和毅力的價值、反覆練習、運用全新技能直到內化成個人實力，我前面已經著墨不少。我也強調某些我認識的超級成功人士，都是憑藉百分百的決心毅力獲得成就，他們反覆套入成就習慣公式，直到成為基因的一部分。沒錯，確實可能熟能生巧，但喬丹已說得很清楚，練習的方向必須正確。

我兒子現年七歲，自三歲起就打棒球，我不得不說，他的練習讓他成為傑出小球手。在上一個賽季，對手投出的二十九球中，他擊出二十五球，打擊幾乎零失誤。

看見弟弟的成長和嘉許，女兒布蕾娜也決定打壘球。所以一年半前，對壘球一無所知的她加入壘球隊，懵懵懂懂開始練習，第一年表現不錯。第二年，練習改成是學員投球，而非教練投球。如果你從沒觀看過女子壘球比賽，可能不曉得投球動作有多麼複雜，揮臂、從投手板蹬離，並從腰部高度投球。直到現在，我依舊做不好這套動作，還在努力為布蕾學習！但就在第二季第三場比賽後，女兒驚覺：「我們隊上沒有優秀投手。」正因如此，比賽變得十分無趣。以她的年紀來說，如果女球員無法在壘球比賽上揮棒打擊，到達規定的五次跑壘，就得下場換下一局，感覺漫長得有如盯著油漆緩緩乾掉，或是草慢慢長出。

也許是為了不讓球賽無趣，或是渴望成為焦點，女兒告訴我：「爸，我想當投手。」請記得一個重點，她從沒投過球。於是我告訴她：「妳得向我證明妳是真心想當投手，而且要勤加練習，展現毅力，否則就別當投手了。」

於是我們一起觀看許多支 YouTube 影片，大致學會了正確投法和姿勢，然後我在家後院擺放一塊投手板，每天陪女兒一起練習！

最後她的投球水準，總算提升至我認為尚可的程度，這時我對另一名教練說：「我覺得布蕾已經準備就緒，可以派她上場表現幾局。」正好某場比賽，我們的投球七零八落，於是壘球隊便派我女兒上場，她投出第一球，表現亮眼，最後他們贏了，布蕾在接著幾場比賽上繼續風光。

可是我注意到，布蕾有兩個我在YouTube特訓影片上沒看見的怪習慣，於是我特別請來一名教練。教練來了之後，開始調整她的投球順序，改變了她握球的手勢、她的踏步。

你或許心想：「本來就做得不錯了，何必畫蛇添足，去擾亂原來的秩序？」問得好！但是我僱聘的教練向我解釋，依照她目前的投法，擊出幾球沒問題，但如果以後還想進步（她確實想進步），這種投法最多只撐得到九歲，之後就很難有卓越的表現。

他又接著解釋，如果她十二歲還是同樣投法，就等著挫敗連連。儘管女兒沮喪失落，我還是鼓勵她改變投法。既然已經在練習了，不如以正確方式練習。你知道下一場比賽，女兒的表現如何嗎？那是她有史以來，最慘烈的一場比賽。

她使用矯正過後的動作投球，卻始終投不出可以揮擊的球。下場後，布蕾嚎啕大哭，氣惱我破壞她原本的投法。

我現在要告訴你的，正是我當時給她的解釋：「你可以用錯誤方式練習，最後表現平庸，也可以用正確方式練習，最後完全發揮潛能。」沒錯，對一個九歲小孩來說，這句實話不是很好懂（我希望你一聽就懂）。如果我繼續讓她花時間精力，以錯誤的投法練習，就等於害她日後更難矯正根深柢固的錯誤習慣。最後布蕾總算理解她必須以正確方法練習，現在的她每天都是以調整後的姿勢練球，得心應手，成為一個可以在各種級數的比賽，獨當一面的投手。

請切記，過去某種讓你成功的習慣，到了現在可能已經沒用。因為帶你離開埃及的習慣，並不見得能引領你前往應許之地。＊

我希望就像我女兒，我的指導「中斷」你目前的比賽。當你開始落實全新成功習慣，就會發現新舊習慣之間的差異。新習慣剛開始可能讓你難以適應，好比某個怎樣都不順手的高爾夫揮桿動作。可是一時短暫的不適應，能為你的餘生帶來富饒、喜悅、財富。一旦步上軌道，好事就會接二連三降臨。

全球暢銷書作家麥爾坎・葛拉威爾（Malcolm Gladwell）有一句名言：「不投入一萬個小時，不可能神乎其技。」這句話說得真神！不過換個角度問自己，過去十年來，你做錯哪些事到達「很神」的境界？也許你缺乏安全感、終日後悔懊惱、不懂把握眼前機會，而你在諸如此類的情況「很神」？又或許你專打安全牌、避免嘗試新事物、愛對人說教卻禁不起批評，你是這方面的神級人物？

無論你有哪些限制個人潛能的神級習慣，都無所謂，誰沒有這種習慣？但幸好你不需要花上十年，就能逆轉，甩掉壞習慣，不過你真的需要拿出行動力，堅定你的決心毅力。我很喜歡東尼・羅賓斯的一句名言：「人會高估他們在一年內能做到的事，低估他們在五年內辦得到的事。」我不是說改變需要五年時間，但想像一下，要是你仿效那些成就攀至高峰的人，你的人生可能出現哪些改變？簡單來說，你明天起床後，就要開始套入成功習慣的祕方，並且在一跳下床、展開全新一天時，就要立即套用習慣，才能改變人生軌道，即使一天只有移動一吋也無妨。

經過一吋吋地累積，對你沒好處的事物會離你愈來愈遙遠，而你距離設定的目標與目的地也會愈來愈近。容我重複一次，這絕不是什麼神奇的賺錢機器，不是一按下按鍵，財富就會滾滾而來。倘若你套用成功習慣，做出你將來也能持之以恆的改變，咬緊牙關苦練，你就會獲得世上最接近賺錢機器的事物。

別忘了剛開始改變某種習慣時，新學會的動作也許會讓你不自在，但請你記得一件事：

---

* 以《出埃及記》（*Exodus*）作為比喻，《出埃及記》主要是講述以色列人在埃及受到逼害，接著由摩西帶領他們離開埃及的故事。

「我這麼做不是為了討好同儕，而是為了我的道路，我的命運。」多多練習某種經過證實有效的成功習慣，你就會愈來愈自在，也會愈來愈熟悉這個習慣，不消多久就會成為一種下意識的習慣了。

每天數分鐘進行九十日衝刺練習

我知道你想要進步，你願意為了成就花時間。證據已經擺在眼前，若你堅持讀完這本書，足以說明你的為人和你的將來，絕對不是一個輕言放棄的人。

我告訴你許多值得深思和採取行動的想法，但有時你只需要從書中擷取「一個要件」，就能大幅改變人生。就我的人生來說，許多情況下，我只需要一個小轉變，就能導正道路。今日一個微小的轉變方向，就能帶動明日、一年後、十年後的改變。

所以，現在我要你去做一件能夠啟動變化的事，並且不會讓你故態復萌，重回老習慣和舊狀態。我日日夜夜研究思索，怎麼做才能讓你踏上正確軌道，並且持之以恆。其中一種方法就是九十日衝刺練習，這方法不會讓人覺得改變有多辛苦，或是龐大得難以消化，也可以輕鬆達成目標。

但我想要的是某種更簡易的方法，讓你搭配九十日短跑練習，每天花個幾分鐘進行即可。這種做法可以讓你的改變更根深柢固，而你也幾乎感覺不到改變。你會展開一個不容錯過的過程，剛學到的新習慣也能持之以恆，催生助長你的行動，這就是本書的附加特色。沒錯，我確實是想以道德的方式賄賂你，既然這種賄賂可以讓你起身行動，我就不會因此有失身分吧！

為了催生你的新生活，我在www.thebetterlife.com網站上加入了「美好人生挑戰」（The Better Life）練習（可從報名〔Sign Up〕註冊參加），這是我特別為你設計的三十日日常快速小練習。每天只需要幾分鐘，就能不費吹灰之力重新調整你的習慣。你的心智能量與自信會迅速與日俱增，也會覺得自己強大有力，加滿油箱，達成你的九十日衝刺短跑目標，衝向你曾以為不可能實現的人生。這項挑戰的用意是讓你慢慢進入狀況，不會讓人覺得改變過大或犧牲太多。

以下是其中幾項三十日快速小挑戰：

第五天：隨機善舉

今天你的挑戰就是主動對一個陌生人釋出善意。隨機幫某個人買午餐、清理車庫、提購物袋、幫助某個流浪漢，或是用五分鐘傾聽某個需要傾吐的人說話。

第十五天：不去做清單

要是我們浪費時間做了不該做的事，寶貴時間就一去不復返，無法實踐更重要的工作案，也無法更上一層樓。你現在做的事情中，有哪些是應該刪除的？今天我們要列出五大項你「不該做」的事，詳情請見影片，看看哪些是你可以採取的步驟！

第十七天：真實的你

如果你覺得不會有人批判你，如果你沒有金錢困擾、沒有時間方面的問題，請問你希望用什麼方式賺錢？你的夢想職業或事業為何？你希望每天早上醒來後過著怎樣的人生？

第二十天：勇氣日

今天是你鼓起勇氣的一天，去做一件你想了多年卻遲遲沒有行動的「事情」，別再猶豫拖延，詳情請見影片內容。

關於這項挑戰，最棒的一點就是，你不僅可以在三十天內改變自己的人生，還可以邀請親朋好友一起接受挑戰，在社群網路上分享戰果。照著做，你就會得分，最後獲得神奇禮物。基本上，這是讓你採取行動的大型道德賄賂，如果你已經準備好不再只是夢想美好人生，而是展開美好人生，那就請上我的網站 www.thebetterlife.com，今天就展開挑戰。

現在就是行動的時刻

這也許是人類有史以來最瘋狂的年代，但事實上，現在也是最適合套用成功習慣的時機。請記得，動盪不安、戰爭、憂鬱、壓抑、流行病、「瘋狂時代」*已延續數千年，但務必記得一件事，**只要擁有正確成功習慣，無論你身在哪個時代都會致富**。現在就是你最好的時機，因

* Crazy Time 指表現出非常反常或病態的心理狀態。

為你活著，而且正在讀這本書。不要再拖延一天、一個小時、一分鐘，現在就落實好習慣。如果你想說現在不是好時機，那麼永遠沒有好時機。一個月過得很快，一年、十年也轉眼就過，不要等到之後又去找另一本成功法書籍，不要又等十年才尋覓激勵人心的現場活動，重新開始。不要眼睜睜讓別人搶先一步，實現你的商業點子。也不要讓別人奪走你夢想的工作，現在就是你行動的時刻，專屬於你的時刻。

我那救了我一命的祖母，給我最好的一句忠告就是：「既然改變不了，就無須費心煩惱。」若我考試考不好，她會問我：「你可以重考嗎？」要是我說：「不行。」她就會告訴我：「那就別再想了。再考一次，這次考高分一點，分數平均之後，你的成績就會比較好看了。」

別為改變不了的過往，心煩意亂。把過往當作一段研究發展期，是你美好未來的燃料。就讓昨日枯槁死去，帶著作為美好未來養分的經歷前進。專注於你能夠改變的事情，以及現在應該如何創造美好人生，你已經有一張路線圖，也已經擁有實踐策略和帶你通往目的地的習慣。

你可以一夕之間，套用所有習慣嗎？當然不可能，但是一次一小步，改變人生很快就會讓你大吃一驚。趁你現在還有動力，馬上展開「美好人生挑戰」。今天就把人生的方向盤轉向旁邊一吋，明天再移動一吋，接下來只須親眼看著你嚮往已久的人生雛形漸漸浮現！

今天就能開始踏上更高階段的人生之路，邁向富貴、繁榮、幸福。這不是捷徑，而是策略，不僅對我有效，也幫助世上最成功人士更上一層樓，這些策略你已經掌握在手裡。

現在，你握有成功習慣，所以衝吧！採取行動，堅強毅力遠遠勝過天賦，讓全世界看見你的實力。

第12章

效率與成就的藝術

在開始關於新增的效率章節前，我要請各位幫幫忙，請你們毫無保留！

這句話到底是什麼意思？

意思是，如果本章提到一、兩個課題，請用點時間實踐。要是我建議你對自己提問，也請你百分之百誠實應答。

我是這麼想的，既然你已經讀到這裡，表示你不只是一個夢想家，而是實踐家。所以不妨跟我一起實踐，一個都不能漏掉。親身經驗的收穫將會跟你付出的時間精力成正比，所以如果想逆轉人生，茁壯更美好強大的自我，就請毫無保留，跟著本書以下幾個簡單步驟進行。

讀到這幾頁時，請試著帶著情感讓這些話語扎根在你內心，用感情連繫你最渴望的改變和目標。我從這幾年的創業，學到許多課題，其中最重要的是不具情感價值的資訊，無法發揮作用。如果你想要本章的訊息確實沉澱，就要在學習的同時，用心去感受，好讓你學到的知識根深柢固。

本書提到的成功習慣非常寶貴，除非你確實套用，否則你的收入不會自動變多，也不可能變成億萬富翁，更別說是改善你的生活品質。你不能在腦海空想這些習慣，或是等到未來某時才實踐，你必須無時不刻、下意識落實。唯有練習，你學到的億萬富翁的成功習慣才能逐漸變成你的個人準則，讓你看清自己的真實潛能。

聽著，我很清楚這麼做有多困難，各種想法飄過你的腦海，你可能不假思索脫口而出：「有時間的話，再來實踐這些習慣吧！」也許你週末忙碌，或是像個神經病般，追著孩子跑。你的工作或許讓你略感壓力，家人朋友也需要你的陪伴。諸如此類的情況，加上生活中的私人小事，或許會讓你不禁好奇自己怎麼可能有時間，認真看待並實現夢想。我的意思是，每個人一天都只有二十四個小時，對吧？你迫切渴望自己長久以來想要的事物，卻似乎找不到時間實現。

但真正瘋狂的來了……我要你用一分鐘的時間思考沉澱。

毫無疑問，歐普拉、理查·布蘭森、比爾·蓋茲等世上最成功的大人物，有一方面跟你完全相同。他們跟你一樣，每天都只有二十四個小時，一週只有七天，一年只有三百六十五天，唯一的差別就是他們身懷絕技，因此能夠成就非凡事業，你想知道他們的祕技是什麼嗎？效率。你精通得了的一項最強成功習慣，就是完成工作和效率的藝術。

我幾乎可以聽見你的哀嚎：「我沒有那種美國時間啊！」相信我，我懂你的意思，因為我也很忙。作為參考，我要在此公開我的行程表，你就能了解我為何可以感同身受，為何我也清楚把所有事情擠進每日行程的感受。

一定擠得出成功的時間

創作這本書的期間，其中十五天我做了以下這些事：

- 每週輪流在兩座城市展開全新的「億萬富翁的成功習慣」現場活動。我得為了活動尋覓全新合作對象、打造訓練課程、排定流程。
- 為了一項新產品，製作長達九十分鐘的全新線上訓練課程。
- 打造日程和全新演講，行銷推廣我的 GeniusX 大師課程。
- 我和創始 GeniusX 的好兄弟喬．波利許，與該大師課程小組開了兩天會議。GeniusX 的會員價是每年十萬美元，所以我們得確實執行，以提供會員最高價值。而我們也說到做到。
- 我開了三場團隊會議，製作一個全新的高效系統。
- 待在家時，我指導了五場美式足球練習、三場棒球練習，還參加了三場美式足球賽。
- 我分別和兩名孩子進行幾場晚餐約會，除了一般的家庭時間，我也各別帶他們出門，促進親子感情。

- 為了房地產案協商，我有天親自飛到美國猶他州，完成史上最大筆交易。
- 在猶他州時，我參加朋友東尼．羅賓斯主講的演講，也得特別為這場演講做準備。
- 我飛往美國加州長灘，為了《成功雜誌》（*Success Magazine*）的年度盛事演講。
- 為電子零售協會（Electronic Retail Association）活動擔任主講人。
- 我健身運動十三次，跑了七次位於鳳凰城的駝峰山（Camelback Mountain），創下個人最佳紀錄。
- 我完成至少兩個小時的現場影片特訓，並為不同公司拍攝逾三十支影片。
- 為了我的好友特倫．希爾頓第一本書的版型樣式與打書活動，陪他一起腦力激盪。
- 我和賴瑞．金拍攝的節目型廣告在五大州登場，而我也制定了新一代的遠距房地產獲利課程。
- 我在臉書和 Instagram 進行約十五次的現場直播。

這些全在十五天內完成！分享這個時程不是為了炫耀，或是說自己有多厲害，這絕對不是我的用意，目的是想讓你明白，等你掌握效率的藝術，是有可能在有限時間內完成這麼多事的。沒錯，你很忙，我知道很難想像接下來得扛下更多任務。事實上，要是你培養效率習慣，就能完成更多任務。如果你真的希望人生進階，這就是最適合你展開的訓練。就好比鍛鍊肌肉，只去健身房一次是不可能練好身材的，所以我每天都去。如果你想要像億萬富翁、地球最強腦袋般，精通效率術，就得每天鍛鍊，讓自己變得更有效率。

在此跟你分享一個小祕密。其實事情沒有你想得困難，只是你還不知道真正達到效率的程序，至少這一刻之前不知道。我想說的是，我很喜歡從事各式各樣的事。我喜歡學習、喜歡成長、喜歡教導，我真心喜歡我的事業。最重要的是，我喜歡盡可能地花時間陪伴孩子。如果我效率不足，就不可能實現這麼多事，而這也成了我強而有力的驅動力。**在你鍛鍊效率之前，你問自己的問題不是「我必須得到什麼？」而是應該問：「我得捨棄什麼？」**

何不從此時此刻就下定決心，開始掌控效率，讓人生登上更高峰？請問你辦得到嗎？既然書已經讀到這裡，我猜你的答案是「那還用說」。我之所以寫這本書，不是為了娛樂讀者，而是為了讓你的人生更上一層樓。如果你無此打算，書也不用讀了。要是不採取實際行動，這本書頂多是擺在書架上的一疊廢紙，所以我要你向全宇宙發誓，你將無所不用其極，擴增你的收入、大幅改善健康、培養感情關係，並且依照心意過你想要的生活！

善用二元對立思維

所以高效率和成為高效率者的訣竅為何？二元對立（binary opposition）思維。

二元對立思維就像二元碼（也就是零和一組成的代碼）。**二元對立思維的道理相通，也就是非黑即白，只有是與不是這兩種答案。沒有步步高升，就等於漸漸走下坡。二元對立思維的價值在於讓人跳脫介於兩者的灰色地帶**。「我下週再做」是處於灰色地帶的模糊說法。面對現實吧！請問等到下週再做，你究竟是離目標愈來愈近，還是愈來愈遠？消除模糊思維和話語，不要留下猜疑的空間，如果要等到下週才開公司、面對你的恐懼，甚至開始全新習慣，你只會離目標愈來愈遠。每多等一分鐘，就等於未來又從你手掌心溜出一點。

舉個例子，絕大多數我見過的人都對我說，他們有興趣拓展副業，可能是家庭事業、從事房地產，或是開創線上公司。要是把二元對立思維套用在這個目標，答案不是努力投入心血，副業獲得最高收入的成效，就是零進度。問一問自己這個問題：「這能讓我靠副業荷包滿滿，還是離這個目標更遠？」問題的答案很清晰明瞭，沒有所謂的灰色地帶和中間值。

讓我幫你簡化這個步驟，畢竟這可是攸關你的成功。現在我們先踏出一小步，練習二元對立思維。請找出一、兩件你經常從事的活動，而且必須是你認為跟成功或財務成長相關的活動。

如果想要的話，也可以寫下來，認真思考其中一件事，問問自己：「這件事是消耗我，還是刺激我前進？」請記得我們現在是練習二元對立思維，所以沒有所謂的「中間」答案。答案不可以是「是有點累人，但我還是得繼續做下去。」你得從中選擇一個明確的答案。請問你覺得這是消耗你嗎？抑或刺激你前進？如果答案是消耗，那麼繼續下去只會耗損你的活力、熱忱、興奮，而你也無法邁向目標。要是你發現這件事，只是耗損你的精力，就可以明快下決定，改變行為或完全停止，設下停損點。我希望你多少能從這項練習發現，把二元對立思維當成判斷方法，你就能清楚一件事的價值。

高效率習慣❶ 不是攀上高峰，就是跌落谷底

想要養成二元對立思維的習慣，你得硬著頭皮問自己幾個難以回答的問題，接著再做一件更艱難的事：坦蕩誠實地回答。以下問題就是很好的開端：

- 這個人或這段人際關係究竟是驅動我前進？抑或拖垮我？
- 我只是窮忙，或是這件事真能讓我效率倍增？
- 這能幫我賺到錢嗎？抑或只會拖垮我，讓我無法登上人生高峰？

為何這些問題「難回答」？讓我們先來看第一題吧！把這題套用在某個跟你親近的人身上，這會讓你很難誠實回答，假設有位親近友人自認為實際，而你是無可救藥的夢想家，他可能會要你別再讀這種心理勵志書，或是批評你想讓公司生意興隆的想法。也許每次跟他相處後，你都洩氣離去，質疑自我價值與能力。

所以，我再重複問你一次這道難回答的問題：「這一個人或這段人際關係究竟是驅動你前進？抑或拖垮你？」答案很明顯了，這個人只是拖垮你，沒有驅策你邁向目標。最後，我們就是這些影響的總和，因為是我們給他們主控權，讓他們造就我們。你可能會說：「欸，他已經是老朋友，向來都是那副德性。」我懂你的意思！可是現在你會讀這本書，不就是為了養成世界最成功人士的效率和成功習慣嗎？如果讓這個人對你造成負面影響，只會與快速爬上更高階的目標，背道而馳。這就是問題難以回答的原因，因為如果你想要解脫，就必須誠實以對。

在你開始擔心要終結一堆不健康的人際關係前，我有個好消息。我的用意不是要你和另一半離婚，或是不再跟兄弟姊妹、父母、朋友聯絡。我的意思是你不能把自己的能量交付給他們，不能讓他們以錯誤的犬儒主義*榨乾你的能量，也不能讓他們用話語和恐懼操控你的前進方向。別忘了，喬·波利許說過世上存在兩種人：耗電器和充電器。要小心耗電器，畢竟他們會吸乾你的活力，如果你發現自己處於一段對個人夢想和展望毫無助益的人際關係，可以繼續使用二元對立思維法，問問自己：「**我應該終止這段關係，或是圍起界線和路障，不讓他們的負能量影響到我？**」你可以從這一步開始。

現在請思考第二道問題：「**我只是窮忙，或這件事真能讓我效率倍增？**」這問題之所以難回答，是因為沒人想承認自己「只是瞎忙一場」。這會讓你覺得自己所做的一切，都只是白費力氣。可是在這裡我們一樣得誠實面對問題，不能默許灰色地帶。所以假設你是「大忙人」，老是忙個不停，全力衝刺的你看在別人眼中可能正積極邁向目標，但這是真的嗎？或者你比較像一部在路上隆隆行駛，事實上卻忘了加裝衛星導航的跑車？你跑得比誰都快，卻沒有步步接近你真實的目標和欲望。你是否像是滾輪上的倉鼠，瘋狂打轉，卻只是原地踏步？

要是你掌握效率的藝術，就不會汲汲營營，專做對美好未來沒好處的事，也會明白成功人士完成的事，為何比「窮忙」的人多出五倍。

無論上述描述是否完全說中你的現狀，抑或只是稍微符合你的情況，我希望你曉得我不會只是指出問題，我會教你如何掌握前所未有的高效率。不過首先，我希望你先自問第三道關於忙碌的問題：「**這可以幫我賺到錢嗎？還是只會拖垮我，讓我無法登上人生高峰？**」

思索一下你的日常生活，也許你喜歡下午到星巴克來杯咖啡。當然沒問題，但喝咖啡時，你都在做什麼？單純和朋友閒聊八卦嗎？還是做白日夢？人間觀察？或是發揮創意、策劃行銷廣告，甚至實現你構思多年的發明？

或者你做了許多需要全心投入和保持活躍的事，但卻是效率的假象。如果你做的事賺不了錢，或是無法為你的目標奠定根基，恕我直言，你只是在自欺欺人。你必須問自己那道難回答的問題：「喝咖啡是否讓我賺到更多錢？」你得增加賺錢活動，減少賺不了錢的窮忙。

我常看見有人興奮期待展開事業，但是幾個月，甚至幾年後，卻沒有實質淨賺，這是為什麼？主要原因之一就是，他們沒有嚴格問自己那道問題。他們太專注「找事情忙」，卻不問結果。只是花時間在社群網站上「打響品牌」，張貼貼文，製作極具質感的影片來吸引更多人追蹤，可是這些事卻不能帶來實質收入，如果他們問了自己這道難以回答的二元對立問題，就會驚覺應該在能賺錢的行銷和銷售，花更多心思。

* Cynicism，起源於古希臘犬儒學派學者主張的哲學思潮，是對他人的動機，從根本上不信任的一種心理態度。

以下是我要你做的事，問自己上述幾個難以回答的二元對立問題，誠實面對自己的答案，變得有效率而不是窮忙，因為效率會是你夢想人生、收入、喜悅、快樂的根基。

別忘記我要你在漸進式七題練習中挖掘的「動機」。永遠記住「你的終點站」，並且訴諸情緒和欲望，不管是想要賺錢、變自由、掌控自我時間、幫助生命中的人都好，把這畫面牢牢記在腦海，再問自己兩難的二元對立問題，以簡單的是非題應答，接著就等著看你的效率飆升。最常激勵我不脫離正軌的金句就是：「**沒有步步高升，就等著漸漸走下坡**。」

現在讓我們深入套用二元對立思維原則，不只探究你的行動，還有你的思想。想像你問自己：「我是自由身，或是奴隸？」覺得這問題極端嗎？或許吧！但這個方法卻切中要害，在你內心揮之不去。問問自己，你腦中的每個想法是否讓你覺得自由？抑或被困住？沒錯，這非常需要自律，我已經在書中告訴你，為了掌控自我人生，你得培養自律。如果你停止聆聽內心的垃圾話，就不難辦到。

例如，假設我決定不再為我有意購買的房屋出價，只因我說服自己，媒體、朋友、其他投資人都說現在已經沒有優質銷售案。要是我真的聽信他人意見，改變自己原有的想法，選擇不再行動，這將讓我不再是自己的主人，而是任由他人擺布，更別說後來我也沒賺到自己想賺的錢。事實上，我寫這本書的期間，買賣成交的房屋數量創下史前新高，可是我們很容易聽信別人的謊言，這麼一來，我們的思維也會變得斷續碎裂，不再自律。

相信我，我知道改變習慣和個人想法有多困難。可是每次腦海中的聲音對我說：「晚點再做。」我都會奮力抵抗，視而不見拖延的衝動，並且馬上行動，無論多不舒服或難受都是。只要我這麼做，每次就會爬上人生更高層次。

因此，何不在放下書的那一刻，馬上改變習慣，無論對你造成多少不便都堅持下去？你是最清楚自己哪些人生方向需要改變的人，從最需要改變的地方下手，不去理睬要求你「晚一點再做」的想法，今天就下定決心，採取行動。因為這些只不過是你腦中的想法，不適感終會慢慢消退，習慣卻會跟著你一輩子。習慣會帶領你從現在的位置，走到你想去的方向，而且快到你難以想像。

為了讓你知道改變刻不容緩，我請問你過去這五年過得有多快。如果你和我一樣，大概會心想：「該死，真的過得很快。」真的天殺的快，所以沒有比現在更適合開始改變的時機，別再對自己說：「我明天、下週、下個月再來練習狄恩教我的習慣好了。」別再拖拖拉拉，大家都說沒有比現在更好的時機。儘管你現在可能忙碌奔波、壓力破表，但你現在就得開始改變，不能再等，快速正面迎接挑戰，別讓成功習慣成為「本來可以」改變你人生的習慣。

高效率習慣❷ 你是否握有掌控權

要是我們懂得自律，就沒人能掌控我們，這就是為何培養自律如此重要。假設你開一間顧問公司，協助各公司在社群媒體上推廣行銷。若是如此，如我們先前所言，剛開公司時，你唯一需要注意的是推廣銷售你提供的全新服務。所以盡可能就這兩大重點規劃時程，並且不計代價執行到底，為其他必須完成的事，設下嚴格期限。

你不應該被負面言論和分心影響。假設詢問七個朋友，「他們認為」你的社群媒體行銷服務最適合哪種類型的公司，很可能會得到七種天差地遠的意見，這樣就完全不是自律了！反而是在分散自己的注意力，你所做的事也只會拖延進度，最後一事無成。

你是否曾經因為某段關係，再也無法滿足你的心靈，於是決定結束它？但你和對方斷絕聯繫前，你去問十個人對於這件事的看法，其中一半的人要你封鎖對方，另一半的人希望你無論如何都要好好堅持下去？最後你什麼都沒做，只是繼續這段不上不下的關係。正因為其他人讓你困惑和分心，你才做不到自律，採取實際行動！

現在我們來深入探討自律的概念，一旦拆解分析，自律兩個字就變得不可怕了。想像你去健身房，坐在被運動器材包圍的長椅上，對自己說：「我想要身材變健美。」但你沒有立刻跳起來運動，而是注視著其他人，納悶哪種運動比較適合自己。然後你查看幾封電子郵件，下拉音樂選單，思考要聽什麼音樂，或許你還跑去買了一瓶運動飲料，默默讀起瓶身上的成分表。突然間你抬起頭，發現時間到了，你該離開了。步出健身房時，你心想：「下次我一定要運動！」你可以把這狀況和一個每次上健身房都是直接塞入耳機、播放音樂，接著便開始埋頭運動的人比較看看。

如果你往後退一步，仔細打量那個人，就會發現他是很自律的人，不僅如此，當你發現自律對於長遠成就，多麼不可或缺，就會迫不及待嚴以律己。

我們就實話實說吧！對多數人而言，「自律」兩字聽起來很恐怖。當然了，以前我也常覺得這兩個字很嚇人，可是這種想法其實是錯誤的。我們可能把自律跟生活缺乏樂子劃上等號，但事實正好相反，自律不過是將某種讓我們實踐目標的行動變成習慣。

長壽科學專家大衛・基赫（David Kekich）在他的「基赫信條」（Kekich Credos）裡說：「苦日子好過，好日子難過。」請用心思索這句話的意思。我們很難做到天天早起、心懷感恩，喝健康飲品、上健身房運動，但要是認真落實，最後就能享受輕鬆人生，也就是充滿健康、活力、耐力，不用常去看醫生。晚起、狼吞虎嚥吃甜甜圈、不保持感恩的心、觀看負面新聞、為了提振精神喝咖啡、晨起不運動直接上班，相較之下很容易，但等到健康亮起紅燈，或是痛恨自己身材嚴重走樣時，你會驚覺培養並維持自律可能是左右人生的重大決定！

在大多情況下，要是你感到被壓力壓得喘不過氣，多半是因為沒有嚴格對自己提出問題，導致最後做不到自律。你可能手頭上同時有太多芝麻綠豆的小事，而這些小事並無法驅策你朝遠大富裕的自我目標前進。這種情況令人氣惱，最後你慢吞吞，裹足不前，因此一旦從生活和人生之中鏟除這些雜事，就能空出時間，到時喘不過氣的感受也會漸漸淡去。

當你簡化個人事務，只去做最基本重要的事時，自律會變得更簡單。有人用三百頁篇幅，解釋如何運用一種名為「地產批發」的策略致富，但是去蕪存菁之後，其實你需要做三件事才能發財：1. 運用特殊行銷手法，尋覓隱藏交易案；2. 多多開價比價，直到發現別人沒找到的低價交易案；3. 把案子賣給以現金交易的買家，賺取盈利。除非專注完成交易，否則人的腦子很容易混濁，占用所有時間去忙許多跟房地產無關緊要的事，如果你不能專心一致做最重要的事，就不可能見效。

我的目標是引導你開始安排實踐和成長的時程表。無論你是否需要時間實踐本書提及的成功習慣，抑或行銷新公司，或是為某筆交易出價，都必須明確設定目標，把重點放在最重要的事，然後自律地安排可以讓你貫徹到底的時程。

從此刻起，拿起電話或用來安排你時程的工具，為了你的個人成長，開始規劃每週時程。

例如每週二下午兩點到四點，就是你為新公司策劃臉書行銷活動的時間。規劃時程、設定鬧鐘，在這兩個小時，百分之百專心於這項任務，思考解決方案。擁有清晰意圖，專注執行有效的重要事務，並且自律完成你已承諾的事，就能事半功倍，在這兩個小時內完成的工作，會比其他人花費十個鐘頭達成的要多。

以下是四個自律的小訣竅：

仔細觀察和你密切交往的對象

東尼．羅賓斯曾說：「你，就是最常相處來往的五人加總平均的結果。」如果這五個人讓你活力充沛，時常挑戰你、激勵你，就會盯著你完成任務。當然，對方如果是帶給你負能量的人，只會促成完全相反的結果。

規劃你的時間

別只是寄望自己變得有效率，安排每項任務的時程，自律完成需要做的事。史上最偉大腦袋和成功人士，幾乎不可能過一天算一天，他們知道今天就得規劃明天的行程。

聚焦你的想法

這也是吸引力法則，內心想的事情終究會成真。如果你告訴自己：「我永遠辦不到某某事。」那你就真的辦不到。但是如果你告訴自己：「雖然有點難度，但我要努力實現。」那麼你的理想就會實現。上谷歌查看其他成功前輩的案例，讀讀他們的成功法，以他們的故事當作模範，學習成長，將想法重新聚焦在解決之道和成功上。

開始行動，看見結果

我知道，這一點前面已經提過了，但我見過太多人只出一張嘴，沒有用行動去落實自己的想法。所以不如起而行，先有A才有B，黑夜過後，白晝降臨，要先行動才有結果（請繼續讀下去，等一下還會提到行動）。

按照以上的方法採取行動，你就能自律，並且運用清晰思緒得到你想要的東西。另外，還要與正確的人交往、安排事務時程，如果你能全神貫注，就能保持正面樂觀的思維。即使負面思想滲透，你也可以即刻揪出來，說：「不，我再也不這麼想了，對我不會有好處。」轉換思維，積極思考，專心一致在成功之上，你就能踏上行動之路，獲得期望的結果。

高效率習慣❸ 認真安排時間

你需要多少時間才能真正落實效率習慣？你可能會覺得這需要大規模投入時間，或認為要是套用我提及的習慣，每週練習幾個鐘頭，奇蹟就會發生。

事實上，時間和心力是有彈性的，你所花費的時間，其實跟結果沒有太大關係，在這段時間所投入的心力反而才是重點，所以讓我們開始認真安排時間。多數人在工作時，不超過兩個小時，專注力通常就會開始神遊渙散，除非你靈光乍現，全神貫注到沒發現時光流逝，瞥了一眼時鐘才會這麼嚷嚷：「真不敢相信已經十一點了，今早怎麼過那麼快？」但其實不少人也是在渾然不知的情況下，混水摸魚地度日。舉個例子，當你不只一次望著時鐘，自言自語：「我真不敢相信現在才十一點，今天時間怎麼過這麼慢？」代表你是在混水摸魚，而不是百分百投入工作。

所以**盡可能養成兩個小時短跑的習慣，而不是一整天拖拖拉拉**。將所有精力和熱血集中在這兩個小時，如果你發現自己被緊湊的工作榨乾，不妨休息一下，去散散步、活動筋骨、喝杯茶等，不過要有認知，一天投入五個鐘頭以上的實際效率並不持久。

這是什麼意思？你心想：「狄恩，我一天工作時數都超過五個小時啊！」我說的是有效率的工時，不是瞎忙的時間，不是忙私人事務的時間，而是你全心全力、埋頭苦幹的時間。目前你的目標應該是效率滿滿的兩個小時短跑，接著再慢慢養成每日五個小時的理想效率持久賽。如果你辦得到，就沒人可以動搖你，而你也能達到效率高峰。

以下是為你的人生，激發超強動力的祕密武器。基本上，生活有三種時刻。第一種是害怕的時刻，這時你通常感到沒有安全感，害怕展開任何工作案：「天啊！我希望自己千萬別出錯，萬一我的點子沒有用呢？萬一大家都討厭我呢？」這種「萬一」的思維，會讓你的大腦啟動驚恐模式、腸胃打結，此時就絕對不可能有創意發想和石破天驚的創舉。

第二種時刻是平淡無奇，就是稀鬆平常的日子，不好也不壞。如果有人問你：「今天過得如何？」你可能會回答：「還好。」但我想請問，有誰想要「還好」的生活？誰想要原地踏步的人生？誰想要身陷毫無記憶點、渾渾噩噩的常規？

可是當你碰到第三種時刻，會感到很神奇。你渾身是勁、充滿勇氣、自信破表，一切都掌控在你手裡，而不是讓情勢左右你。你的熱血深具渲染力，若有人告訴你壞消息，你只會這麼回應：「好，我們來處理。」因為你的想法只專注在解決問題上。與其否定問題存在或打拖延戰術的迷糊仗，你會正面迎戰，著手處理眼前問題。

下定決心過第三種生活，不要先入為主以為自己辦不到，人並非天生就活力四射、熱血沸騰，我知道自己就不是這種人。你可以運用書中分享的工具和習慣，創造這種生活。所以，把這種「我辦得到，我能控制自己思維」的訊息，內化成你自己的東西，明白你為何想成大事，並利用這股動力，一路過關斬將。

另一個達成效率的祕密武器，就是**打造系統**。每次寫新書時，我都會使用某套系統，把過程切分成我可以掌握的步驟，好讓我不會被工作壓得無法喘息。我還有一套房地產系統，我專門用這套系統來發掘尚未公開的隱藏房地產交易案。另外，我有一套晨間常規、運動系統、甚至健康飲食系統。沒錯，我是花了點時間摸索，打造這些系統，可是一旦完成，我就不再有過慮和拖延的情況，只需要跟著這些系統進行即可。每一間成功公司都有一套標準作業程序（也就是 Standard Operation Procedure, SOP）。SOP 可以讓你和公司不再存疑、不再感到不確定，這套證實有效的系統，可以前後一致、快速促成更有效率的行動和成果。

我還有一套可以為工作增加效率的系統，包括每天起床第一件事就是，寫下待辦清單。我會寫下這天我想呈現或完成的構想，有了這些小提醒，我的一天就不會慌張失措，自己也能確實執行必須完成的事。現在輪到你研發屬於你的系統，並把它們當作你更高成就的藍圖。

第三種祕密武器就是**主動規劃**。也就是「著重於思考計畫，而不是實踐計畫」的漂亮說法。多半時候，人們都急著實踐計畫，卻沒有發現自己欠缺規劃之前的願景和創意。但要是規劃時先做筆記，由潛意識引導你，就能快速擬定出更優良的計畫。淋浴時或者晚上睡覺前，讓湧現腦海的想法，源源不絕地流動，然後迅速寫在一張紙上，就能從中獲得好點子。

例如，我有個很趕的時程，必須盡快擬出一份全新訓練課程。我用一天時間寫出課程、製作出全部的投影片，這通常需要一週以上才能完成，那我是怎麼用一天時間完成的？這是因為我事前在腦中構思規劃，然後寫下筆記，記錄我內心想要的訓練課程，並且從這些點子中尋覓靈感。我會事先預想第一場訓練課程要做的事，接著是第二場、第三場。讓潛意識的主宰帶領我，意思是我信任自己的心聲。

我們小時候很擅長聽從內心的直覺，但開始上學、踏入社會後，種種因素的介入，使我們不再那麼依賴直覺。可是事實上，你內心知道的事，大腦未必知道。所以相信直覺吧！讓直覺引導你思考、筆記、擬定計畫，真正執行時你就有可以依循的步驟，將草稿化為現實。

明白自己需要做的事，弄清楚先後順序，然後在筆記中寫下執行流程，也能幫你釐清哪些是應該避免做的事，哪些事則不值得你浪費時間精力，「不去做的清單」就是這樣成形的。

我已經教你好幾樣增加效率的祕密武器，但在我分享更多效率習慣前，我想要解釋一下效率的真實意義，畢竟實在太多人搞錯。你愈能精準定義效率，就愈能跨越障礙，達成超高效率。

第13章

多工處理，不是真正的效率

從二元對立思維的觀點出發，**效率不是讓你大幅跨向目標，就是扼殺你的原動力**。如果你跟大多數人一樣，身上同時要處理許多事務，並認為這是「多工處理」，這種做法其實不會為你帶來效率，因為你不可能同時有效率地進行兩件事，所以無法讓你推動進度。如果你不相信，請老實回答以下問題：「如果你和某人見面，對方說話時，你瞥向手機查看簡訊，請問他說的事情你真的全記得嗎？」大概只有零星一兩句話或幾個重點吧！別再自欺欺人了，科學已經證實，你的大腦不可能同時專注於兩件事。

事實上，大多時候我們做的都是無足輕重的事。如果你不相信，接下來一週可以開始記錄你每個小時做的事，記錄下你正在進行的所有活動，包括在網路上做的事，乃至於手機通話、會議、文書、午餐，到乾洗店領衣服等。等你完成一週紀錄清單，再利用二元對立思維法問自己「我應該做這件事嗎？或者只是在浪費時間」、「這件事可以讓我朝目標前進，還是讓我原地踏步」。

完成練習後，我敢說你會凝視自己狀似忙碌的瘋狂生活，然後說：「哇！我何必為這些事浪費時間？」剎那間，你會發現自己空出一大段時間，而你大可利用這段時間實踐美好的將來！

另一個扯後腿的觀念是「凡事都要盡善盡美」。我們都自詡完美主義者，可是對於每個橫、豎、點、撇、捺，過度執著，會害我們無法專注在真正的重點、實際推動進度，使得我們過度分析導致癱瘓。

假如你對投資房地產正處於觀望階段，思忖自己是否要投入，並告訴自己：「我看還是考慮一下吧！現在時機恰當嗎？我真的適合嗎？投入之前，我是否得先搞懂每份合約和每場交易案？要是我所在州的法規，不允許我用這種方式投資房地產呢？我看下週再來決定好了。」那你就真的玩完了。過度分析，甚至可能讓你永遠不會採取行動、展開投資房地產的事業。

無論你是否曾經考慮從事房地產，我希望你明白，這個說法可以套用在各行各業，也適用於各種投機事業，接下來我會進一步舉例說明。就房地產投資而言，有幾項新任投資人該做的事，上網、詢問朋友相關意見、瀏覽社群網站，看看該領域的投資人都是怎麼做，開車觀摩房屋，去住家修繕零售商家得寶（Home Depot）或勞氏（Lowe's）用品店採購設備和原料，製作商標和名片，把合約讀得滾瓜爛熟。

但事實上，新任投資人應該專注的主要任務是，**發想可以吸引買賣家的獨特行銷手法**、**出價**、**累積買家名冊**、**賣屋**。

如果你想在今日的房地產投資中動力滿滿、創造盈利，最後這四項粗體字任務才是重點。我要重申一遍，我之所以拿房地產舉例，是因為房地產是我的主業，也是我訓練課程的主軸。但這個技巧也可應用在世上各行各業，公司內部充滿各式各樣的活動，但唯獨幾樣才能讓你真正成功。將你的時間和精力花費在賺得到錢的關鍵事務上，雜務可以僱請助理代為處理。如果你創立軟體公司，或是線上課程公司等其他事業，將需要專心處理的事項，濃縮精簡成三、四件，去做這幾件事就夠了。雖然聽來簡單，但不是每個人都辦得到。

以我來說，行銷是我所有公司的主軸。如果我不擅長溝通，尤其在影片中要是沒有說服力，那無論我的產品、課程、方法有多厲害，賣不出去就是賣不出去。如果我在觀眾面前，用枯燥單調的語氣說：「嗨，各位好，我的書很棒，要去買喔！」絕對不會有人想聽我說話！要是我的動作表情宛若機器人，無論書寫得多精采，誰都不會認真聽我說話。我一直致力精進自己的影片錄製表現，盡可能擬定最好的訓練課程。現在，再來說說你手中捧著的這本書，要是我沒有在某支影片或我的行銷廣告上激起你的行動力，請問你會想買這本書嗎？恐怕不會，而我也不會有機會為你的人生帶來正面影響。

你也許心想：「欸，狄恩，那是因為你有激勵人心和推銷的天賦。」讓我告訴你一件事，我小時候是班上最害羞的孩子，超怕在大家面前說話。其實我不擅長的事多得是，我不會讀合約、討厭填寫收據、痛恨有時完成房地產案的所有組織。我不擅長的事，實在太多，老實說我也厭惡到極點，我曾經以為自己非得精通這些事務，否則就玩完了。例如，我以前很確定自己不會在房地產界成功，因為我聽不懂大家慣用的專業術語，最後我在五百件房地產案成交後，才學會這些術語！長久以來，我太專注精進自己痛恨卻根本不重要的事，而覺得自己矮人一截，但有些汽車銷售高手對引擎根本一竅不通，還不是業績長紅！所以，我又何必讓房地產術語這種小事拖累我？

我心知肚明，想要高效率，就得精通幾件事，如果我能做到最好，就可能成功。我後來熟練到能找到別人沒發現的案子，也很擅長尋覓擁有現金並有意購買我房屋的買家。這兩件就是房地產交易中最重要的事，其實我也只靠這兩件事就賺進第一桶金，我不再浪費時間在自己不擅長或很難賺到錢的事務上。

事實上，只要做對幾件事，就能躍升超級成功人士。所以怎麼做才好？**將所有時間精力都投注在第一順位與成功所不可或缺的事務上**。如果你公司的存亡有賴於團隊組織，就傾力組織一支超級團隊。如果你需要在六個月內獲得利潤，好讓公司正常運行，就把行銷和銷售當作首要任務，其他事可以交由他人處理或暫緩，等到你有時間再回過頭處理。

請切記，效率攸關行動。為了磨練至熟練的程度，你必須安排好事務的時程。要怎麼做？以下是你現在就要開始做的三件事：

- 查看接下來兩週內必須完成，可累積良好動力的任務。

- 列出待辦任務的邏輯順序，並且設定期限。
- 大事化小。

前兩者一目了然，但「大事化小」的意思是什麼？換句話說，別訂立模糊龐大的任務，如「我要去開發手頭有現金的買家，向他們出售我的房屋專案」。要是你的任務太龐大籠統，就很難化為行動。大事化小的意思是，把大型任務切分成可以落實的小任務。舉例來說，你可以改成「在臉書和 Craiglist 上，張貼徵求買家獨一無二的貼文」，因為這是你可以規劃、安排時程、立即行動的事。

正如前面兩條所言，你必須依照事情的輕重緩急，認真花時間實踐你的任務。舉房地產買賣為例，你可以明確規定下週二上午十一點，利用午餐時間在 Craiglist 和臉書上，張貼廣告。每篇廣告各花一個小時準備，這段期間內手機關機，過濾各種可能害你分心的事物，好讓你在規定時間內完成最重要的任務。

這就是最高效率的強大成分，大事化小，把某件大任務切割成可以消化的小任務，到時你只需要等著接一通又一通的電話，找到買家，剎那間還會想著：「我的天，還真的成真了，我的人生真的即將改變了！接下來會如何發展？」然後你接到下一場交易，依照同樣的流程進行。

記住，設定時間和期限非常重要，限時會產生急迫感。請問企業家和成功人士表現最好的時刻為何？面臨壓力時。我不是要你拖到最後一刻才做，而是要你給自己一個合理卻緊繃的時間範圍，好完成重要任務。

高效率習慣❹ 自私是好事

既然你知道了什麼是真正的效率，我就跟你分享自己花了一點時間才學到的習慣。聽來完全違背常理，所以請耐心聽我說。我們都相信為他人奉獻才是自己最好的版本，為他人貢獻是很好，卻不是讓自己變得優秀的快速捷徑。事實上，這樣反而會傷害你深愛且你最想幫助的人，至於原因，請聽我娓娓道來。自私時，我們能展現出最優秀的自我，我指的不是言行舉止的自私，而是運用時間的自私。**當你能自私管理自己的時間，到頭來對你最在乎的人，反而最好。**

要做到自私，我們就得以不同角度觀看自私。**與其把這當成自私自利的行為，不妨以樂觀正向的態度看待自私。**如果你可以加薪發財、清償債務、開支票解決生活上的問題、讓你所愛的人提前退休、存到可供孩子上大學的資金，這又怎麼稱得上是自私？想像一下，要是你自私管理個人時間，收入就能三級跳、減少生計問題，讓你跟心愛的人有更多時間好好相處呢？

自私一點，減少分心的機會，就能創下雙贏——成功非凡、生活平衡。

以下是另一段鞏固這種信念的說詞：「如果你在工作時間內分心，就無法為心愛的人留下什麼。然而要是你運用策略，為自己爭取更多時間，很快就能回饋那些對你影響至深的人。」

為了降低分心的機率，你必須決定哪些人在你工作時是值得你注意的，並將心思全放在可讓你步步高升的人事物上。你必須磨練自己在讓人不斷分心的世界裡，保持專注。你控制不了經濟、競爭對手或是股市，但你控制得了自己運用時間的方式，隨時提醒自己，分心可能會讓你損失幾百萬美元。

想一想分心會害你損失多少時間、金錢。如果你每天在社群網站耗個三十分鐘，就等於每週花費三個半小時，這些時間你本來可以用來拓展目標。講電話、傳簡訊、電子郵件、查看社群網站的通知，全部相加起來，最後損失的金錢簡直無法想像。

你覺得自己應該隨傳隨到嗎？千萬別這麼想！唯有閒閒沒事做的人，才會手機一響就立刻查看，看是誰幫你的臉書貼文按讚，或是在你的 Instagram 上評論。如果你下定決心要變得更有效率，讓人難以捉摸行蹤，他們很快就會發現你不會立即回覆訊息或電子郵件，聰明人會知道你很忙，正在衝刺事業。

此外，你務必主動出擊，而不是被動反應。這忠告對於電腦和手機使用更是中肯。運用電腦取得學習資訊，而不是無聊想要娛樂消遣時玩電腦。答應自己不要上網看負面新聞頭條，也千萬不要查看銀行帳號，後來變成觀看一百支教你怎麼擠掉超大青春痘的 YouTube 影片。

我真心認為電子郵件是最難避免、最容易讓人分心的日常挑戰。要是有人寄電子郵件給你，就好像他們希望你立刻跳起來回應，通常一般人的反應是：「請問你要我跳多高？」但事實上，你不必按照對方指示，等時間方便再回覆即可，使用自動回覆系統告訴來信者：「我每天會在下午兩點和晚間七點這兩個時段回信，其餘時候都在衝刺事業。」我看過別人這麼做，覺得這一招真的很聰明！

讓你分心的不只有數位媒體，什麼都能讓你分心！一週下來，就算不是天天，也會不時有人打電話約你喝咖啡、吃午餐、喝酒。如果你想見他們，很好！你可以說：「好啊！不過星期二我整天都要工作，週三下午五點倒是可以，想約一下嗎？」運用策略安排無關乎工作的時間，學會適時拒絕，不要樣樣都點頭說好，你就朝富裕更近一步！

還有我要請你幫幫忙，千萬別試著合理化你的分心，別告訴自己因為工作事業沒進展，所以花個一小時去逛社群網站，看看朋友都在做什麼也無妨。這種思維會讓你陷入負面心態，失去自信，繞了一大圈又回到你原本努力想擺脫的生活。

高效率習慣❺ 只要有一個人辦得到，你也辦得到

別道聽塗說。就許多事業而言，最大的一項挑戰就是挖掘到好案子。大家看見厲害的交易高手，都會忍不住說：「哎，還不是他們幸運，我運氣才沒他們那麼好。」我們看見那些已經成功的人時，往往會把成功歸於他們的所在地、人脈，或者偶爾純粹運氣好。再不然就是這些人會成功，是因為他們比較聰明，或者一口咬定他們是向父母伸手拿錢，才能展開新事業。

事實上，這些都只是你對自己說的謊話，你知道怎麼成為交易高手嗎？當然就是交易！全心投入測試並修正你的交易手法，直到成功為止。每天用一個小時磨練你的交易技能，三十天之後，你就會成為交易高手，儘管是先前那些道聽塗說，也無法讓你脫離正軌。想要成為交易高手，就是全神貫注地執行任務，切勿分心。這就跟所有人生道理相同，一次跨出一小步，下定決心去做就對了。

道聽塗說的說法是你發財之路的路障，也就是阻擋你賺到理想收入的程咬金，包括：

- 缺乏計畫
- 缺乏技能
- 缺乏自信
- 恐懼或擔憂「萬一」的情況
- 缺乏目標
- 缺乏組織系統
- 完美主義
- 拖拖拉拉
- 分心
- 從自己嘗試的錯誤中學習

那你該如何克服賺錢的障礙？利用超簡單的二元對立檢查表單。利用這份表單，每週問自己幾個問題，以下是我給房地產訓練生的建議表單：

- 我是否已經開價？

- 我是否開發更多買家？
- 我是否有修改和擴展前面兩項，或是專注行銷？

你可以依照你的事業類型變更檢查表單，藉由這個方法監督自己，增加效率。但請注意，如果你是新手，或許不免遲疑，新來的房地產訓練生對我說：「我還沒有成交過，不曉得問題出在哪裡。」面對這種問題，我當下第一個問題都是：「你目前開過多少次價？」可以想見答案多半是「噢，我還沒開價過，一直都在研究合約」或是「我朋友告訴我現在不是從事房地產的好時機」。

拒聽對事業成功無益的廢話。刪減這些無關緊要的東西後，你就有時間去實踐攸關個人使命的事，邁向美好未來。我希望我說的夠清楚，好讓你能全神貫注去做最關鍵的事，並且當成首要任務。

現在來看看你擔心的事，讓我套入情境講解。想必你很清楚人有兩大驅動力：痛楚和快樂，我們勢必會做出遠離痛苦，邁向快樂的決定。如果我們經濟拮据，無法送孩子上好學校，就會為此感到痛苦，自然會想賺更多錢，好讓孩子能上最好的學校，讓我們感到快樂滿足。

但有件事會從中作梗，阻撓痛苦轉化為快樂的過成，那就是擔憂。擔憂令人裹足不前，一週、一個月、一年，甚至更久無法前進，害你甜蜜的感情生活無法升級，或是離不開一段有毒的人際關係，再不然就是無法離職，展開你夢寐以求的事業，也可能讓你不敢告訴父母某個殘酷真相，無法抽身跳出自我毀滅的行為模式，例如酗酒、賭博、吸毒。

好消息是我們不必活在擔心受怕之中，多到數不清的人告訴我，他們想要聽我的建議，開始努力賺錢，可是又馬上補充：「偏偏我現在壓力太大，生活中有太多值得操心的事。我得靜待良機。」

不！我再說一次，你不必活在擔心受怕之中。我傳授房地產賺錢法時，十分清楚大家內心的疑問：「要是沒用怎麼辦？要是失敗了怎麼辦？要是我找到一筆有賺頭的生意，卻不知道怎麼做才能成交呢？要是另一半認為我是笨蛋，居然選擇這門事業呢？」根據許多情況來說，擔憂可溯源至童年心理，也許連你都沒有自覺，但當我們想要幹一番大事業時，就會自動喚醒童年恐懼而不敢行動。

假設你正在考慮來一場職業生涯大改革，創業或是跳槽到其他公司，甚至轉換跑道。想像一下，做出這類改變時，你可能會擔心哪些事，要是有財務風險，你可能會對自己說：「如果我這麼做就可能破產，最後落得一無所有的地步。」要是你考慮去上健身課程，可能心想：「我辦不到，我太老了，只是丟自己的臉。」抑或你想決定終止一段有毒的感情關係時，忍不住擔心：「這段感情食之無味，棄之可惜，誰曉得我何時可以找到下一個對象。」

沒錯，諸如此類的擔憂都讓人提不起勁，但你得跨過眼前的恐懼，想像一下要是你決定不改變，就要再多擔憂一年，甚至未來五年。如果你不肯採取行動，就不會獲得新進展，只會跟之前一樣原地踏步。你還是沒實現發大財的美夢，還是超重十四公斤，工作依舊讓你無聊到哭。

如果你誠實面對自己，就會明白這感覺有多慘。現在用心體驗這種感受，要是你讓擔憂主導掌控你的人生，日後依然會有同樣感覺。

與其擔憂，你值得更好。我敢說你不想再繼續當奴隸，但不幸的是，這就是你目前的狀況，也許過去某段慘痛經驗影響你現在的行為，無論是什麼讓你操心到不敢行動都不值得，只要跨越擔憂，更美好茁壯的你，就在遠方等待你。

美國暢銷書作家萊恩．霍利得（Ryan Holiday）有一本探討這類題材的好書《障礙就是道路》（*The Obstacle Is the Way*），書中提到你的天堂或是我所謂的更上一層樓，其實就近在擔憂的另一端，但由於你容許擔憂阻礙你前進，所以看不見天堂。你可能認為迴避恐懼焦慮就能找到方向，但你其實必須直接穿越恐懼焦慮。

「轉念作業」（The Work）創辦人拜倫．凱蒂（Byron Katie），對於感情觀點十分犀利，她有一個非常適合處理擔憂的方法。強調你必須根據下列四道問題面對擔憂：

1. 你的擔心是合理的嗎？也許你會回答是，也許不是。
2. 你的擔憂絕對合理嗎？當你把擔憂放在「絕對合理」的顯微鏡下仔細檢視，可能會發現相反的答案。
3. 當你對自己訴說這個擔憂的故事時，請問你有何感受？當你想到擔憂背後的故事（老是焦慮你恐怕鑄下大錯，或是別人會對你口出惡言），你可能會發現擔憂沒有你想的那麼沉重。
4. 沒有擔憂的感覺會是什麼？想像一下，如果不需要掛心煩惱地度日，你的人生會是什麼模樣？

最後一個問題需要稍加解釋。如果你熟悉《哈利波特》（*Harry Potter*）電影或書籍，或許對鄧不利多（Albus Dumbledore）的某樣小道具略有印象，就是能從大腦中提取記憶觀看的工具。想像你從腦中提取擔憂，逐出腦海。或者，如果可以反過來看呢？不是單純說「我不認為這對我有效，因為我之前試過，但沒效」，而是說「是啊！我試過了，可是沒用，現在我知道哪些不該做，這次我必勝無疑。」

你大可不必擔心時機不對，例如經濟應該改革，你得先等貸款批准，或者除非看到個人存款達到某某數字，才能繼續追逐夢想。你才是掌控人生的人，憂慮不該成為你的主人。

寫到這個主題時，我分外激動，這是因為我讓憂慮浪費了好幾年的人生歲月。我擔心自己不夠聰明，無法爬到更高階。我有閱讀障礙，沒有讀過大學，這樣的我憑什麼以為自己寫得了書？我還記得在閱讀課上的掙扎，所以寫書真的是我想都沒想過的創舉，我又憑什麼以為自己可以當作家？面對自己現在擁有的一切，我應該知足感恩了，不是嗎？

錯了，我後來不再擔憂自己是否夠聰明的負面故事，一旦停止憂慮，我就不再擔心，我可以自由寫作，在公開的演講上侃侃而談，爬上更高階的人生。

高效率習慣❻ 繳納成功稅

你有繳過成功稅嗎？哎呀！我知道自己肯定繳過。我賭你在人生各方面也繳過成功稅，只是不是用這種想法看待罷了。好吧！我知道你這下大概暗想：「狄恩，成功稅到底是什麼？」

這個嘛！在定義成功稅之前，容我先跟你分享一則小故事。

本書的讀者、從社群網站認識我的朋友，以及在「每週智語」（Weekly Wisdom）網站等地方追蹤我數年的朋友，想必都清楚我小時候不是學校最聰明的小孩，也沒有含著金湯匙長大，高中差點畢不了業，大學更是想都別想。

不過幸好，我小時候就知道自己要無所不用其極，邁向成功之路。我知道要是自己能勤奮不懈，永不放棄，胸懷大志，我的成就便可超越每個老師的期望。這也是為何我國中時，會去賣泡泡糖，剛上高中就去賣木柴，為何所有朋友都上大學，我卻在老爸位於紐約馬爾伯洛市（Marlboro Township）的修車廠當黑手。

事實上，我拚命工作，認真到我爸還為此把修車廠更名為「保羅與狄恩修車廠」。哇！我應該算是很成功吧？高中都還沒畢業，名字就已經印刷在市中心的店面招牌！我的朋友之中，有人讀大學，有人從軍，有人則是前往建地工作，而我的名字卻出現在一間生意不錯的修車廠，在我的腦海中，我已經是人生勝利組。

但後來一切都變了樣。高中畢業後不久，我爸經歷一場對他造成嚴重打擊的離婚，嚴重到他已無心管理修車廠，人生也舉白旗投降。我還記得當時接到他打來的電話，他在電話裡對我說：「狄恩，很抱歉，我要退出了。這間店要關門了，銀行會抵押這棟房子，請你另尋出路，看你能否在『三R工業』（Triple R Industries）找到工作。」「三R工業」是我們鎮上唯一一間機械加工工廠。就這樣，我的世界天崩地裂。

幾個月前，我還沾沾自喜自己的名字印在店面招牌上，現在卻感到孤立無援。未來似乎不如先前想像的閃耀光明，朋友還在建地工作，或者逍遙自在地就讀大學，但我卻覺得自己一無所有。

我開始把修車廠的設備，搬到我住處一間年久失修的大車棚，能搬多少是多少。我生火取暖，用我的工具裝設壓縮器，開始幹活。

我還記得那時心想：「我玩完了，我不過是個假貨，憑什麼以為自己會成功？公司已經吹，我也完蛋了！不如放棄算了。」

你是否曾想過放棄？是否經歷像現在或過去某個時刻，覺得自己面臨史上最嚴峻的考驗，而你可能再也見不到明日的太陽？那你是否見到明日的太陽？如果沒有，我今天可以告訴你，你會的。

回首當初，我了解搬進大車棚時，可能是我創業生涯的低谷，但那段時光其實只是為了走到今日義務所繳納的成功稅。

現在請讓我用淺顯易懂的方式說明成功稅，而且我是真心相信有成功稅。要是我們經歷的所有狗屁倒灶、苦頭衰事，其實都是為了證明我們值得享有成功呢？要是你經歷重重考驗，其實都只是為了「繳納成功稅」呢？

聽起來可能很蠢，但如果這個宇宙真有一名成功審計員，他勤勞記錄每個人經歷的爛事，嘉獎那些正面迎戰、從經驗中學習，最後重見光明的人呢？我真心相信默默耕耘奮鬥的人、不顧他人眼光埋頭苦幹的人、堅忍不拔咬牙度過最嚴格考驗的人，最終都將獲得他們夢寐以求的成功。

要是所有辛苦奮鬥都是為了你刻意安排，證明你值得內心渴望的成功呢？要是一切都按照天意發生，而「成功審計員」也一一劃掉選項，最後說「這是當然，畢竟她值得成功」呢？

那一年和之後幾年，我繳了成功稅，不遺餘力地賣力拚搏，埋頭苦幹，成就更美好強大的自我。要是沒有一路上的障礙顛簸，我就不可能成為現在的自己。所以，**何不往後退一步，看看你當前人生面臨的困頓艱難，直視真實的困難，知道這只是你需要義務繳納的成功稅**。

我教導孩子要珍惜自己遭遇的困境，而我相信世界會以成功回饋我們。目前我女兒為了壘球隊勤奮練習，努力成為最佳投手。大家都在開開心心放暑假、吃垃圾食物、無所事事時，我女兒卻每週三天苦練投球，目標成為最強投手。請問她在做什麼？她是在繳納自己的成功稅！

以下提供一種看法。請你暫停一下，在一張紙或你的手機上寫下：「我想要遭遇更嚴重的問題。」

「狄恩，搞什麼鬼！我才不要更嚴重的問題！」先給我一分鐘，讓我試著改變你的想法。

如果我給你下列兩個選項，請問你比較傾向選擇哪一個，成為你人生中最嚴重問題？

A. 我點了雞肉，但是服務生卻送來牛排。

B. 我的會計師搞砸了，我的房地產交易本來能賺到七萬美元，最後我卻只拿到六萬美元。

你會選哪一個？

關於人生中遭遇的問題，美國牧師諾曼．文森特．皮爾（Norman Vincent Peale）的說法如下：「問題就是生命的徵兆。你遭遇的問題愈多，你就愈有生命力。」

如果你人生遇到最嚴重的問題是服務生送錯餐，或是有人在路上超你的車，那就代表你沒有力求進步，努力成為最好的自己！如果服務生送錯餐，我只會向對方微笑說「謝謝」。我知道這例子很爛，但我想表達的觀點很重要。我想鼓勵你，勇敢接受更艱難的人生問題。

問題愈是嚴重，承受的風險愈大，就愈打不死你，而你也能為自己和家人爭取到最美好的結果。如果你真心渴望成就最美好的自我，就必須歡迎更嚴重的問題找上門。

我不是要你出門招惹是非，只是想告訴你，當你的人生開始升等，你所面臨的風險升等，事業、健康、財富等升等，你就不得不預測，甚至熱切盼望問題跟著升級。

扭轉人生問題，並且用正向態度看待問題！「該繳的成功稅，我會繳，不管世界丟給我多大的難題，我都會正面迎戰！」你應該把這句話寫下來！寫在你的日記或是手機裡，每天拿出來看，把這當成你的全新口號。

要是事情不如預期，與其覺得挫敗，不如抬頭望向天空，說：「拜託，審計員先生，我知道你在搞什麼鬼！就讓我好好繳完我的成功稅吧！我會茁壯成長。」當我們有意識地選擇不再折磨自己，就能體會人生的真實滋味。東尼．羅賓斯曾說：「一個人要花多久時間，才能做出決定或改變？一瞬間！」所以這一刻就下定決心，**不要再把你的挫敗看成人生低谷，當作是你為了發揮自我潛能而義務繳納的成功稅**。

當你開始用這種方式看待生命中的大小事，就會感到前所未有的輕鬆自在，如同從肩頭卸下千斤重擔，而你也總算能釋放真實的自我。

致謝

我相信人都是從經驗和成敗中，獲得資訊、累積知識，進而發揮個人潛能。當我們在這世界採取行動，就會不斷進步，所有知識和資訊都將內化為深沉的智慧和直覺。本書一開始，我說過要把這本書獻給我親愛的好友，東尼·羅賓斯、喬·波利許、丹·蘇利文，因為他們帶給我正面影響和通往成功的捷徑。但我也感激他們踏上這段旅途，更感謝他們擁有學習知識、從中發掘智慧的勇氣，並且無私地向世界分享。

我從像他們這樣的大師學習，另外還有美國人際關係學大師戴爾·卡內基（Dale Carnegie）、勵志演說家厄爾·南丁格爾（Earl Nightingale）、激勵成功大師拿破崙·希爾（Napoleon Hill），以及幾個我想加入這份名單的人，美國最受歡迎的心靈作家艾克哈特·托勒、世界心理學大師偉恩·戴爾（Wayne Dyer）、《覺醒的你》（*The Untethered Soul*）作者麥克·辛格（Michael Singer）、《高效習慣》作者布蘭登·博查德、美國理財專家大衛·巴哈，我很想多提幾個人名，可惜篇幅不夠，無法讓我一一列出。靈魂一旦吸收了撼動人生的大師話語，你就很難分辨他人與自我想法的界線，創作這本書的某些章節時，我反覆問這個問題：「這是打哪來的靈感？是我從自己的嘗試錯誤法、自己的成敗中發現的嗎？或是我向跟我命運相同的前人身上學來的？」

到頭來，你會發現這就是傳遞智慧火炬的用意。他們交給你一張路線圖，讓你在自己的人生中快速融會貫通，而我也希望你速成達標。在本書中，我會盡自己所能，告訴讀者我是從哪裡學到某種智慧或練習，我知道自己肯定遺漏了某些概念的來源，所以在此我要讓所有曾經指導我的生意夥伴、作者、朋友、親近的人，乃至在街頭巧遇、跟我分享受用想法的每一個人知道，有賴於各位日積月累的智慧，讓我們可以快速成功，而不是只能靠自己慢慢摸索。

我也想感謝創作這本書時，協助我的各方人士。我一邊經營好幾間公司，努力當世界第一的老爸，從事房地產交易，在美國各地演講，帶領大師課程，同時指導少年棒球聯盟（Little League）和壘球隊，時間常常不夠用。沒有我的姪子透納．希爾頓（Tanner Sheldon）幫我梳理這本書，調整書中各個部分；沒有布魯斯．維克斯勒（Bruce Wexler）幫我釐清每個章節的邏輯，確保主題與內容素材的流暢統一；沒有亞利桑那州斯科茨代爾的團隊，以及我的左右手傑瑞米．賈伯特（Jeremy Gabbert），我就不可能寫出這本難以置信的好書。謝謝我的財務長兼好友尼克．薩瓦齊亞（Nick Savocchia），謝謝每天跟我合作的所有人，是你們讓我發光發熱，讓我得以運用我的特殊技能，落實我的成功習慣，讓我恣意發揮個人潛能，我想要好好感謝你們。沒有這些人，單憑我一人辦不到這麼多事。

在我之前的一本書中，曾經引用一句話：「需要一整座村莊，才養得好一個孩子。」哎呀，其實寫出一本好書，透過廣告行銷，讓最需要的人取得這本書，也需要一座村莊和一個家庭的力量。最後的最後，同時也是最重要的，我要感謝我的可愛家庭，我的愛妻喬奈兒（Jonelle）、女兒布蕾娜、兒子布洛迪。你們就是照亮我生命的光芒，讓我發光發熱，讓我有去愛的理由，讓我一輩子都想成長進步，因為你們，我想成為一個更好的人，世上沒有哪一種愛可以比得上父愛。謝謝你們當我的孩子，對我而言，這就是最棒的禮物。

關於作者

如果狄恩．格拉齊斯辦得到，人人都辦得到。他的故事為人帶來希望和實際期許，相信每一個人都能完全發揮潛能，實現屬於自己的美國夢。格拉齊斯出生在距離紐約市一百一十公里的紐約上州小鎮，從小在一個清寒家庭中長大，有段期間甚至和父親住在一間浴室。

從小為錢所苦，經歷父母數不清的婚姻，未滿十九歲已經搬過二十多次家，格拉齊斯從來沒上過大學，也不覺得自己聰明到上得了大學。然而，在祖母卡蜜拉．法尼茲．波斯特（Carmella Fanizzi Post）的鼓勵之下，格拉齊斯開始相信自己無所不能，潛力無窮。祖母告訴格拉齊斯，切勿背負著過去的重擔而活，他應該開創屬於自我的將來。

格拉齊斯認真收下這份唯一的資產，也就是努力實現美好人生的決心，後來他成為成功企業家、房地產大亨、多部《紐約時報》暢銷書作家、成功課程大師，並且周遊列國，對一萬五千名觀眾演說。他是《成功完全攻略》、《成為房地產百萬富翁》（*Be a Real Estate Millionaire*）、《三十天房地產獲利》（*Thirty Days to Real Estate Cash*）、《你的城市，你的獲利》（*Your Town, Your Profits*）、《房地產獲利即刻入袋》（*Profit from Real Estate Right Now*）等暢銷書作者。過去八年來，格拉齊斯每週一都會製作成功經驗分享的系列影片，激勵世界各地的人。

若格拉齊斯沒有擁有史上最棒的禮物，也就是他的過往，一切都不可能成真。從閱讀障礙、低人一等的自卑感，乃至小時候財務困難帶給他的不安全感，格拉齊斯從這些點點滴滴之中，發展出獨特才能，打造懶人成功食譜，而分享讓人發揮潛質的技巧，就是格拉齊斯的天賦。

格拉齊斯和太太及兩個孩子現居亞利桑那州鳳凰城，他指導少年棒球聯盟、壘球隊，也會盡自己所能出席參與孩子的各種活動。他也是 www.thebetterlife.com 的創辦人，創造出帶領大家一天天微調習慣的三十日挑戰，三十天結束後踏上財富豐饒的道路，過著他們值得的人生。

附錄❶ 漸進式七題練習

漸進式深究七大「動機」表格適用於各種場合，以下提供七道問題的樣本：

有關成就理想自我，你覺得什麼最重要？

有關踏上成功之路，你覺得什麼最重要？

你為何覺得＿＿＿＿＿＿＿＿＿＿很重要？

將答案填入以上問題的方格

你為何覺得＿＿＿＿＿＿＿＿＿＿很重要？

將答案填入以上問題的方格

你為何覺得＿＿＿＿很重要？

將答案填入以上問題的方格

你為何覺得＿＿＿＿很重要？

將答案填入以上問題的方格

明確來說，你為何覺得＿＿＿＿很重要？

將答案填入以上問題的方格

你為何覺得＿＿＿＿很重要？

簡要總結一下，將答案重新寫在這裡。

每份表單的最後一問題的答案就是你最主要的「動機」！

七大動機表格的使用範例

有關成就理想自我，你覺得什麼最重要？

有關踏上成功之路，你覺得什麼最重要？

賺大錢

你為何覺得賺大錢很重要？

將答案填入以上問題的方格

還清貸款

你為何覺得還清貸款很重要？

將答案填入以上問題的方格

這樣我就不用把努力賺來的錢交給別人

你為何覺得不用把努力賺來的錢交給別人很重要？

將答案填入以上問題的方格

因為我想將自己努力付出獲得的成果用在其他事情上

你為何覺得將自己努力付出獲得的成果用在其他事很重要？

將答案填入以上問題的方格

照顧我那守寡、需要幫助的母親

明確來說，你為何覺得照顧守寡、需要幫助的母親很重要？

將答案填入以上問題的方格

因為她為了送我上大學犧牲不少，我想確保她老了之後有人照顧。

你為何覺得母親老了之後有人照顧很重要？

將答案填入以上問題的方格

因為我想掌控人生，幫助身邊（無能為力）的人，讓他們知道自己很珍貴、值得、被愛。

簡言之，有關成就理想自我，你覺得什麼最重要？

你最大的動機是：掌控自我人生，幫助身邊（無能為力）的人，讓他們知道自己很珍貴、值得、被愛。

附錄❷
壞忠告反思練習

在以下練習中寫下這幾年來你聽過的所有壞忠告、思慮不周的警告和指導，以及害你付出慘痛代價的忠告。

接著，寫下這些忠告害你付出的代價，當你讀到這些壞忠告的文字敘述，就會明白自己不能再讓他人毫無根據的忠告左右自我的人生方向。養成全新的習慣，別再聽信壞忠告，採用有資格開口的人給予的好忠告，消滅你內心的反派分子，升級你的自信心。

你聽信了什麼壞忠告？	這則忠告害你付出什麼樣的慘痛代價？

附錄❸
兩張照片的故事練習

挑一張你最經典的舊照，再挑一張嶄新自我的照片。過去的那個你應該面露疲態、全身沒勁、不是處於人生巔峰期。全新的你則應該精神飽滿，活力四射、充滿愛與對人生的熱情！

選好你的照片，印出來後黏貼在表格裡。

好好享受這個練習吧！

以前的我	現在的我
照片黏貼於此	照片黏貼於此

以前的你具備哪些特質	現在的你具備哪些特質
照片黏貼於此	照片黏貼於此

你以前的分身	你現在的分身
照片黏貼於此	照片黏貼於此

附錄❹ 升級你的專長

以下練習需要你花幾分鐘寫下你擅長的技能和強項，然後在每個答案旁寫下你可以用來改善這些技能、加強能力的方式。做這個練習時不必花時間思考你的弱點。你很快就會發現，如果將精力、焦點、時間、力氣用在自己擅長的事物上，其他不太擅長的事都不會是問題。

你的強項是？	你該如何增強技能？

附錄5 大聲說不的練習

現在我要做一個練習，可以一口氣幫你達成兩個任務。首先，這個練習能幫你找出你不應該做的事。再來，這個練習能讓你發現最適合自己、最能讓你致富的機會。首先要做的事就是回答以下問題：「你最享受做的事是什麼？」再來，請你思考自己的專長是什麼。想像一下要是你不在場，你的死黨、同事、職員正在談論你，你覺得他們會說你最擅長什麼？接著就來談錢，而且是賺大錢。如果真的付諸行動，什麼事最可能讓你致富？再來列出你的賺錢目標，我要你思考自己現在應該採取哪些行動，才能離目標更近。最後，我需要你仔細認真盯著你列出的內容，不在表格內的都很可能是你應該為了「賺大錢」大聲說不的清單。

你最享受做的事是什麼？

你真正擅長的事是什麼？

做什麼事最可能讓你踏上致富之路？

為了成功，你要採取哪些賺錢目標及行動？

哪些事不在你的表格上，可是你還在進行、現在需要終止？

附錄❻ 突破人生的絆腳石

思考一下，你希望人生哪方面獲得空前大突破，接著再停下來思索，問問自己為何這些想法還沒實現。為了進行這個練習，請你思考以下哪個因素是你人生突破的絆腳石：經濟、時間不夠用、老闆、職員、不支持你的伴侶、教育程度、資金不足、健康狀態、人際關係。當你思考自己為何還沒實現人生願望，請留意第一個浮現腦海的答案是什麼？你想到對方說的哪些話？

妨礙你實踐夢想的絆腳石是什麼？	妨礙你實踐夢想的絆腳石是什麼？

你認為負面言論的來源為何？	

附錄❼

揪出你的開關鍵用詞

在以下練習中，請寫下你這一生中慣用的開關鍵用詞。仔細思考這些開關鍵用詞，想一想它們引起什麼樣的情緒，接著改掉負面用詞，以能夠賦予你力量的新開關鍵用詞取而代之。請問它們能為你的人生帶來什麼樣的正向情緒？

試列出幾項你個人的負面開關鍵用詞	請問這個開關鍵用詞引起什麼樣的情緒？

試列出你可以套用的全新開關鍵用詞	請問這個開關鍵用詞引起什麼樣的情緒？

翻轉學 翻轉學系列 074

億萬富翁的成功習慣

通往財務自由與高成就之路

Millionaire Success Habits: The Gateway to Wealth & Prosperity

作　　者　狄恩・格拉齊斯（Dean Graziosi）
譯　　者　張家綺
總 編 輯　何玉美
主　　編　林俊安
封面設計　兒日設計
內文排版　黃雅芬

出版發行　采實文化事業股份有限公司
行銷企畫　陳佩宜・黃于庭・蔡雨庭・陳豫萱・黃安汝
業務發行　張世明・林踏欣・林坤蓉・王貞玉・張惠屏・吳冠瑩
國際版權　王俐雯・林冠妤
印務採購　曾玉霞
會計行政　王雅蕙・李韶婉・簡佩鈺
法律顧問　第一國際法律事務所　余淑杏律師
電子信箱　acme@acmebook.com.tw
采實官網　www.acmebook.com.tw
采實臉書　www.facebook.com/acmebook01

I S B N　978-986-507-556-9
定　　價　380 元
初版一刷　2022 年 1 月
劃撥帳號　50148859
劃撥戶名　采實文化事業股份有限公司
104 台北市中山區南京東路二段 95 號 9 樓
電話：(02)2511-9798　傳真：(02)2571-3298

國家圖書館出版品預行編目資料

億萬富翁的成功習慣：通往財務自由與高成就之路 / 狄恩・格拉齊斯（Dean Graziosi）著；張家綺譯 . – 台北市：采實文化，2022.1
368 面；14.8×21 公分 . --（翻轉學系列；74）
譯自：Millionaire Success Habits: The Gateway to Wealth & Prosperity
ISBN 978-986-507-556-9（平裝）
1. 成功法 2. 財富
177.2　110015242

采實出版集團
ACME PUBLISHING GROUP